李培林 著

SOCIOLOGY AND
THE GREAT TRANSFORMATION OF
CHINA

社会学与中国社会巨变

社会科学文献出版社
SOCIAL SCIENCES ACADEMIC PRESS (CHINA)

目　录

第二编 20世纪上半叶中国社会学

导论　社会学与中国经验

一　什么是社会学？

（一）什么是社会和社会学？

在各种社会学的教科书和学术著作中，"社会"和"社会学"的定义多达十几种乃至几十种。这种定义杂陈而不统一的情况，可能恰恰说明社会学的学科特征，也与人们对"社会"这个概念的理解差异有关。很多绞尽脑汁为社会学规定的所谓经典定义，事实上绝大多数很快就被人们忘记了。

要回答"什么是社会学"的问题，首先要弄清楚是要在什么意义上理解"社会"的概念。在日常生活语言里，人们对"社会"有多种理解，它既可以是无所不包的"大社会"，涵盖人类生活的一切领域，也可以是区别于经济、政治、法律、文化的"小社会"，甚至这个"小社会"还可以被一层层地继续剥离。从语义学和语源学上来看，"社会"是"社"和"会"的结合，而"社"和"会"都是一种具有制度和礼仪的群体生活形式。"社会"就其本意来说，就是一种相对于个人的群体形式，所以"社会学"最早在中国被翻译为"群学"。群无定界，自然可以有大群和小群。

古典社会学家大多具有宏大的志向，为社会学赋予了揭示"大社会"统一运行规律的使命。例如孔德就曾认为，社会学在人文社会科学中的地位，就如同物理学在自然科学中的地位，是一门揭示社会现象背后统一支配规律的学科，所以他曾把社会学称为"社会物理学"。但是，由于社会科学的专门化趋势以及社会现象的复杂性，这种宏大志向下对社会学的认识，很容易使社会学成为一种社会哲学，从而失去现代社会学的经验学科特点。

更令社会学家尴尬的是，当经济学、政治学、法学等相继划分出自己的学科领域，而人类学、社会心理学、社会工作学科、犯罪学、大众传播学、社会管理学等又纷纷脱离社会学的母体自立门户时，社会学的研究还剩下什么？面对一些杂志发表的以"舞蹈社会学""美食社会学""服装社会学""拉关系社会学"为题的文章，社会学家往往自嘲说，社会学快成了研究别的学科不屑研究的剩余现象的"剩余学科"。并不是说社会学不研究这些问题，任何对具体细微社会现象进行的社会学研究都可能成为开山之作，如涂尔干对自杀现象的研究。问题是很多打着社会学研究旗号的文章，都只是对某种社会现象的一般描述，与社会学分析根本不相干。

当然，社会学的研究在社会分层、社会流动、社会组织、社区、城市化、集体行为、家庭婚姻、社会运动等一系列关于社会结构和社会变迁的领域里仍具有主流地位。但社会学作为一门学科，需要有一个学界共识的定位，作为社会学区别于其他学科的标杆。

现代社会运行的基本规则，可以划分为三种：政府规则、市场规则和社会规则。中国过去长期生活在计划经济体制下，人们对政府的力量和规则并不陌生，现在中国实行社会主义市场经济体制，人们对市场在资源配置中的基础作用也有越来越深刻的认识。但什么是社会规则，并不是所有人都清楚，也很难轻易达成共识。

在一个大的社会中，人们的生活分成不同的领域，而不同的领域又有不同的规则。例如，市场领域的最高价值是竞争，宗教领域的最高价值是信仰，企业领域的最高价值是利润，家庭领域的最高价值是情感，道德领域的最高价值是责任，法律领域的最高价值是公正，等等。这些不同的最高价值之间是有冲突的，如果我们把一个领域的最高价值推行到所有社会生活领域，就会造成社会生活的混乱。所以要在这些不同价值之间，建立沟通的桥梁和保持均衡的法则。政府规则、市场规则和社会规则的三分法，是我们选择的一种在经验领域中容易达成共识的办法。

政府的运行载体是文官科层制，它要代表绝大多数人的意见，提供普惠的公共产品和公共服务。它令行禁止的执行机制和强大的贯彻力量，可以大大减少外部交易成本，但它很容易产生自我膨胀并难以精简的趋势，往往使组织内部的交易成本难以约束，即通常所说的官僚主义问题。市场的运行载体是企业，它以追求利润最大化为目标。企业通过市场竞争降低生产和经营成本，但往往又因为竞争过度而增加交易成本，所以企业为降低交易成本会产生走向垄断的问题，从而影响到竞争规则，这样就又需要反对垄断。社会的运行载体是非营利的社会组织，也包括社区等自组织领域。它们应当坚持公共服务的目标，而且运行成本应当低于政府，政府可以用购买服务的办法支持它们的公共服务活动。在中国，由于社会组织发育不全，血缘、亲缘、地缘关系网络往往成为社会运行的非正式制度和潜规则的载体，这也是一个特别需要研究的方面。

在这样一个关于政府规则、市场规则和社会规则的三分框架下，形成了政治学、经济学、社会学这现代社会科学的三大经验学科。当然，也有"国家－社会"的二分法，把社会视为区别于国家政权的民间社会或市民社会，这种划分延续了古典的历史哲学传统，往往在政治学或政治社会学分析中被采用。它的优点是理论脉络清晰，但却难以适用对复杂具体问题的分析。

目前社会学专业的学生对什么是社会学的提问，实际上还包含着另外一层意思，即学习社会学的知识对就业有什么意义？社会学的教学培养是针对哪些社会职业岗位的？当然我们可以理直气壮地说，大学是一种通识教育，传授一些从事各种社会职业所必备的基础知识，是人类的精神家园，而不是职业培训所。但是，现代社会职业分工日益专门化，社会知识体系和信息编码系统快速变化更新，社会需求和市场需求的变化不断迫使教育机构做出课程设置和课程知识的调整，特别是人们越来越普遍地把教育作为确定未来社会职业位置的人力资本投资。在这种大背景下，教育不能无视人力资本投资者和社会的需求，社会学的教学和研究必须能够提供比以往更加实用的知识和更加专业化的技能，不仅要培养学生的分析能力和创新能力，也要培养学生的就业能力和创业能力。在社会政策、社会组织、社会保障、社会救助、社会福利、社区服务、社会工作、城市发展、人力资源、人口生育、大众媒体、社会调查、教育培训、家庭婚姻咨询、社会安全等各个领域，社会学都肩负着培养职业人员和专门人才的重大责任。

（二）社会科学不再单纯以研究对象划分学科界限

以往的教科书，开宗明义首先要说明一门学科的研究对象，因为这种研究对象的界定，一直是一门学科区别于其他学科的界标。但是，在近几十年的学术发展中，随着人们对社会现象复杂性认识的不断深化，各个学科研究领域的不断拓展，以及跨学科研究的趋势越来越明显，根据研究对象来划分学科界限的做法越来越不适用。例如，关于腐败现象的研究，就很难界定属于哪一门学科的研究领域。政治学在研究这个问题，认为腐败的根源是权力缺乏监督；经济学在研究这个问题，认为腐败的产生是体制不健全条件下"寻租"行为的结果；法学在研究这个问题，认为铲除腐败的根本途径是建立法治政府；社会学也在研究这个问题，认为杜绝腐败必须建立具有约束力的广泛社会监督；等等。

经济学近几十年来研究领域大大拓展。经济学对人力资本、犯罪、司法审判、家庭中的利他行为、生育行为、环境保护、意识形态等问题的研究，使其研究的问题远远超出了传统的经济学领域，特别是经济学新制度主义学派的兴起，使经济学方法几乎成为一种普遍的分析工具。这种经济学研究向经济学非传统研究领域的拓展，被其他学科的一些学者称为"经济学帝国主义"。其实这种拓展，代表了社会科学的一种发展趋向，即不再以研究对象作为学科划分的根本界标。这种趋向其实在很多学科里都存在，只不过在经济学里表现得更为突出罢了。

随着社会学自身的分工化和专门化，它与其他学科之间在研究领域方面的区分也日益模糊，大量跨学科、多学科、边缘学科、综合学科的研究涌现出来。一方面，社会学的一些传统研究领域，如家庭、婚姻、组织、犯罪、社区、行为等，已经不再是社会学的绝对优势领域，经济学对生育行为和集体行动的研究、法学对社会法的研究、历史学对社会史的研究、心理学对人际交往和社会行为的研究等，都对社会学在这些领域的传统优势提出了严峻挑战；另一方面，社会学也超越了传统的研究边界，在诸如权力结构、区域发展、话语实践、市场网络、消费行为、信息传播、生态环境等过去陌生的或属于其他学科的领域中取得了令人瞩目的成果。这意味着学科划分已不再仅仅是以研究对象为分界，研究方法和学科视角日益成为学科存在和发展的重要理由。

不同学科在研究对象界限上的模糊，也使现代社会学在理论重建过程中产生了一种返回古典思想的潮流，推动了"社会理论"的发展建设。本来，现代社会学的发展使它越来越远离形而上的庞大体系，也基本上放弃了如孔德、斯宾塞、帕森斯那样试图构建解释一切的宏大理论的努力。社会学为了克服宏大理论在社会现象解释上的简单化缺陷，加强了对理论本身的反思和建构，在社会交往与沟通、结构化与反思性、公共领域与结构转型、权力－话语与组织－制度、民族国家与暴力、阶级－阶层分化与职业流动、社会资本与文化资本、社会组织与社会网络、性别与性、全球化与地域化、意识形态与文化认同等方面，都有了突破性的进展。这些都使社会学的理论阐释力显著提高，学术规范性明显增强。但社会学理论的专门化趋势，在学科领域日益交叉的今天，却遇到了不同学科之间进行学术对话的困难。每一门学科，甚至每一门学科的每一个专业领域，都有一套自己的学术概念、学术语言、学术焦点问题、学术分析路径，学术对话的难度大大增加。在这种情况下，社会学的理论重建工作产生了一种返回古典、走向综合、走向对话的潮流。当代的社会学理论大师们，如英国的吉登斯（A. Giddens）、法国的布迪厄（P. Bourdieu）、德国的哈贝马斯（J. Habermas）和贝克（U. Beck），建构的结构化理论、实践理论、沟通理论、风险社会理论和社会建构理论，更多地被人们称为"社会理论"，而不是"社会学理论"。

总之，社会科学的各个学科之间，正在出现一种新的趋势，即学科的划分，更多是根据学科的观察视角、理论体系和研究方法，而不是完全根据研究的对象。

（三）社会学的科学化和人文化双重特征

在研究人类社会的学问中存在社会科学和人文科学的划分，有人曾提出社会学究竟是走向科学化还是人文化的问题，而社会学与政治学、经济学被归为社会科学的三大经验学科以及这些学科对量化分析方法的广泛使用，使人们产生社会学越来越科学化、技术化的印象。

在以往的国际社会学界，10 位研究者中大概只有 3 位使用社会统计方法从事研究，但今天，这个比例也许正好要反过来。以随机抽样和对抽样数据的统计分析为标志的社会统计方法，在过去几十年中有了长足的发展并日益完善。其对社会变迁的描述、分析和追踪能力，使得社会学研究越来越成为专门化程度很高的、可以用经验数据加以验证（或验误）的社会科学门类。社会统计方法在社会学中的普遍运用和强势扩展，虽然仍受到具有人文理论取向的学者的怀疑、批评和抵制，但却得到注重应用的社会学研究者的普遍认同。社会统计分析方法之所以得到如此迅速发展，一方面是由于计算机和统计软件的惊人发展速度使其成为一种非常便于入门的"基本技术"；另一方面则是由于量化分析的研究结果具有可积累、"可重复"的性质，符合对社会科学的某种"科学化"的要求。当然，比较适合于"大范围""远距离"和"追踪性"的研究，也是社会统计方法在社会学界日益盛行的原因。

但是，社会学的"科学化"努力却遭遇到一个难以克服的困难，那就是社会现象是极为复杂的，人们建立的任何分析模型，都不可能涵盖所有的影响因素，而任何一个重要变量的缺失，都可能改变所有变量之间的关系。因此，所有社会学的所谓"科学"研究结果，实际上都是相对而言的。

现在，社会学的这种"科学化"趋势，也影响到社会学传统的质性研究方法，造成"质"的研究的困惑。例如，一方面，很多学者希望他们的访谈资料也能具有统计意义上的"代表性"，但结果是，为此制定的类似问卷的统一访谈提纲往往限制了访谈的话题，使访谈的记录枯燥而且重复。更为尴尬的是，这种使访谈资料"科学化"的努力，不仅未使访谈资料获得科学化的形式，而且还丢失了真实鲜活的实质。另一方面，访谈资料作为生活语言，具有话语/本文、符号/意义、能指/所指的两重性，本身就是一种隐喻。意义的揭示需要解释的过程，而研究者的解释，因研究者的不同而有差异，有时这种差异甚至会扩大为对立。换句话说，研究者和被研究者的关系，其实并非主体和客体的关系，而是主体间的关系，即访谈资料的意义会根据"主体间性"发生变化。这样一来，研究者是否能自认为比被研究者高明、深刻，从而具有肢解、切割、筛选和重新解释生活语言的权力？研究者的解释，是否会并不是"揭示"而是"遮蔽"了生活语言的真实含义呢？因为访谈资料的话语意义对访谈的"情景"有很大的依赖，而使用访谈资料的人却无法再造和重复"情景"。问卷调查数据的问题是完全舍弃和遗忘了调查"情景"，并主观假定这些"情景"不影响对数据的解释，所以数据的测算是可重复的"科学工作"，而访谈资料的解释则变成不可重复的"艺术工作"。因此，要走出个案研究的"非科学"窘境，也要努力超越"经验社会学"，努力把实例"一般化"，使自己的研究结果具有更普遍的解释力和更广泛的对话能力。

其实，社会学研究使用什么方法，是依据所研究问题的需要来选择的，并不存在哪一种方法更为"科学"的问题。社会学研究既需要有科学的分析方法，也需要基于经验的丰富想象力。没有想象力的社会学家不可能是一流的社会学家。知识生产与商品生产不同，它实际上无法批量，因为前者是创造，后者是复制。曾有人认为，信息复制和传播技术的发展，改变了知识价值的评判标准，由"唯一"走向"众多"。例如，原来书籍珍贵的是珍本、善本，现在珍贵的是发行量；原来追求的是只此一件，现在追求的是流行。这是一个很大的误解，其实那些被制造出来的无数光盘和纸币，都是一长串的零，使它们有价值的，是背后具有专利权的母版。知识生产是一种很个体化的创造，尽管也需要协作，但无法靠人多势众和群众运动。爱因斯坦就是爱因斯坦，他就是母版。知识作坊和商品工厂遵循着完全不同的运作规则。所以说，社会学的科学化和人文化双重特征是互为补充、相得益彰的。

二 社会学的基本假设和经验基础

（一）社会学是否需要基本假设

大多数社会学教科书都不太讨论社会学的基本假设问题，一些其他学科的学者有时也感到社会学是一门缺乏基本假设的学科，加之社会学研究的领域非常宽泛，这就使研究不同问题的社会学者在学术争论中往往缺乏共同的语境。

中国早期的社会学受人类学研究方法的影响，对学科基本假设问题不太重视，甚至认为假设的设立会影响研究结果的真实性。这种看法并不是完全没有道理，因为从生活到话语已经存在一层"遮蔽"，从话语到文本产生了又一层"遮蔽"，当把生活感受转化成数据和数据之间的关系，有时就像把千滋百味的精美宴席变成味道单一的维生素或蛋白质。所以人类学比较强调口述史和个案"深描"的永恒魅力，因为这种方法具有强大的"去蔽"能力，能够产生颠覆正式文本的思想冲击力。其实这种看似没有假设的研究方法并不是真的没有假设，它的基本假设就是：一切没有长期实地观察体验的研究结果，结论都是可疑的。

费孝通先生曾谈道，在到英国学习之前，他并不是有意识地提出假设和论证假设，而是有意排斥理论假设的。例如，在编写《花篮瑶社会组织》时，他极力避免理论上的发挥，认为实地研究者只需事实不需理论，理论只是"叙述事实的次序要一个合理的安排罢了"。《江村经济》是费孝通先生学术生涯的奠基之作，也是他的博士论文。但在江村（江苏省吴江县开弦弓村）进行实地调查时，他却主张"调查者不要带理论下乡，最好让自己像一卷照相的底片，由外界事实自动的在上射影"。到英国学习以后，费孝通先生感觉到这种方法论上的见解"埋没了很多颇有意义的发现"，在写《江村经济》时感到"没有一贯的理论，不能把所有的事实全部组织在一个主题之下，这是件无可讳言的缺点"（费孝通，[1943] 1990：11 - 12）。

当然，仔细研读费孝通先生的《江村经济》，可以看到该书也并不是完全没有研究假设。如他在说明调查开弦弓村的"理由"时说："开弦弓是中国国内蚕丝业的重要中心之一。因此，可以把这个村子作为在中国工业变迁过程中有代表性的例子；主要变化是工厂代替了家庭手工业系统，并从而产生的社会问题。"（费孝通，[1939] 1986：18）在费孝通看来，如果说江村的家庭蚕丝手工业是一种迫于人多地少的压力而内生的发展，那么工厂工业的下乡则是迫于外来力量的挑战而产生的挽救乡村工业破产的应对。换句话说，农村之所以改变几千年的平缓发展而进入加速变迁是由于一种"外来势力"的影响："现代制丝业的先进生产技术引进日本、中国以后，乡村丝业开始衰退。这一工业革命改变了国内乡村手工业的命运。"（费孝通，[1939] 1986：11）这种研究假设与当时的思想潮流也不无关系，所以费孝通说：

"变革者趋向社会主义的思想代表了当前中国知识阶级部分思想状况。这是同西方的现代技术和资本主义工业系统一起引进的新看法。"（费孝通，［1939］1986：150）

总之，费孝通把研究假设看作一种学术界碑，是区别社会调查和社会学调查的一个重要标志。他认为自己的《江村经济》是"从社会调查到社会学调查或社区研究的过渡作品"，而社会调查与社会学调查或社区研究的区别，就在于只是对某一人群社会生活的闻见的搜集，还是依据某一部分事实的考察来验证一套社会学理论或"试用的假设"（费孝通，［1943］1990：11-12）①。

有些社会学研究者具有很好的调查经验和统计技术，却往往苦于写不出真正具有学术价值的文章，其中一个很重要的原因，就是提不出很好的假设。提出一个好的假设，不仅需要扎实的理论功底，需要对社会现实具有深刻的理解和洞察力，还需要很好的想象力。否则你掌握的资料和数据再丰富，也只是一堆材料而已。用著名社会学家米尔斯的话说，社会学研究就是发挥"社会学的想象力"（Mills，1970）。

社会学家在运用问卷抽样调查方法的数据进行统计分析时，最为苦恼的是数据的测算结果不能支持自己费尽心机提出的假设。每当遇到这种情况时，他不知道究竟是应该推翻自己的假设还是怀疑自己数据的质量。而多数学者实际上所能做的是，根据数据的测算结果来修正假设。在一次学术研

---

① 实际上，费孝通有意识地采用"社区研究"方法调查和写作的《禄村农田》，仍然没有解决理论逻辑线索与调查资料的叙述是两张皮的问题，这成为他学术研究深化的巨大障碍。不过，从《禄村农田》起，他开始具有村庄发展的类型比较眼光。

讨会上，一些青年学者把这个到底是应当丢弃假设还是怀疑数据和测算的苦恼问题，向美国华裔社会学家林南提出，林南教授几乎毫不犹豫地回答说，坚持你的假设，重新审查数据。他的理由是，一个成熟的假设具有深厚的理论和经验研究的基础，而数据质量和测算方法犯错误的概率更高。如果经过反复检验证明数据和测算都没有任何问题，那说明你可能具有重大发现，但这种机会在一般研究中是很难遇到的。

基本假设对于一门学科、一项研究都非常重要，对于整个学科来说更是如此。

（二）社会学的基本假设

如果说在基本假设上社会学与经济学有什么区别的话，那就是"社会人假设"和"经济人假设"的区别。

经济学的"经济人假设"，也被称为"理性人"的假设，几乎是一切经济学派进行经济分析的共同逻辑前提。它主张，人们的一切经济行动都受物质利益的驱动，但这个前提从一开始就受到社会学关于"社会人"假设的对抗。多数社会学家更倾向于认为，现实中的社会行动（也包括经济行动）有着复杂的动因，仅仅从经济单向维度来解释具有极大的局限性，很多非经济因素是决定人们行动的重要变量。例如，什么是"利益"？多数人认为而且科学也证明吸烟有害健康，但现实中仍存在大量烟民，我们不能因此就认为烟民的吸烟是非理性的自杀行为。为了能够包容这种利益需求上的个体差异，经济学家引进了"效用"这个概念来表示对某种需求的满足。

对某种效用的追求，起初被理解为某种"稳定的偏好"，但现代心理学的实证研究表明，人们的需求是分为不同层次的。在食品、衣着等需求基本满足以后，人们会追求安全、成就感等更高层次的需求，所以"偏好"也不总是稳定的。为了对此做出解释，经济学引入了"边际效用递减"定律，来说明效用并不是人们所需要的对象的一种不变属性，随着人们对某种需要对象的占有量的增加，其效用的增速会降低，这种边际效用最终会跌到零甚至低于零。

古典经济学关于"理性人"的假设，认为每个人的行为选择主要受其个人内化偏好的影响，而不是受其他人的决策和行动的影响。如果每个人的偏好都取决于其他人的偏好，市场均衡理论就无法测定和成立。但经济学对"制度"的研究表明，"制度"类似一种公理化的自然习俗或生理学上的习惯性上瘾，它对个体的行为有重大影响。在一种制度下，个体的行为也会产生"路径依赖"，从而产生趋众行为（North，1990）。凡勃伦通过对"炫耀性消费"的研究探讨了个人消费选择之间严重的相互影响（Veblen，[1899] 1994）。

所以，目前"理性人"的假设已经是假设在一定制度下的、偏好受多方面影响的、在追求并非单一经济利益的"效用"的理性人。从这个意义上说，经济学与社会学基本假设的差异在逐步缩小。

"农民是否具有理性"的问题，曾是学术界长期争论的一个话题，也是认识经济学和社会学基本假设差异的经典问题。人们似乎还从来没有对其他社会群体表示过这种疑虑。这种疑虑实际上来自一个很根本性的提问，即农民在工业化的过程中如何实现从传统到现代的过渡？这个过渡是否意味着价值取向上的裂变和革命？在社会学关于传统乡村的研究中，传统的小农在很长一段时期，一直被视为另类，通常被描述成封闭、保守的群体象征符号。几乎在所有经典社会学家的论述中，农民的价值取向和群体特征都被作为与现代理性相对立的另一极。如梅因（H. Maine）关于"身份社会"与"契约社会"的对立，涂尔干（E. Durkheim）关于"机械团结"和"有机团结"的对立，滕尼斯（F. Tönnies）关于"礼俗社会"和"法理社会"的对立，雷德菲尔德（R. Redfield）关于"民俗社会"与"都市社会"的对立，韦伯（M. Weber）关于"前现代社会"与"现代社会"的对立，帕森斯（T. Parsons）关于"特殊价值"与"普遍价值"的对立，等等。对他们来说，从前者到后者的过渡，是一种"结构的转型"或"模式的转换"。所有这些阐述都在暗示，农民所具有的是一种"哲理"，它不同于以经济理性为基础的现代理性，因为虽然农民也追求趋利避害，但不追求收益最大化。在人类学领域，多数研究是采用参与观察的个案调查方法，更注重远离"宏大历史记述"的非文字经验事实、集体记忆和口述文化，努力挖掘的往往是个案的特殊性。即便探讨小农行为一般规则的研究，也往往强调这种规则不同于其他社会群体行为规则的特殊性，特别是强调这种特殊行为规则的文化意义。在这样的探讨中，小农的生存方式成了一种特殊的文化遗产，并不因为普遍的现代化而发生彻底转变。在多数人类学家看来，把传统乡村的小农纳入社会现代化变迁的研究，是一种学术上的"武断"。

　　为了说明这一点，人类学家习惯引证的经典例子一个是马林诺夫斯基（Malinowski, 1922）发现和概括并随后被许多人类学家解说的"库拉交换圈"。对于这种具有经济交换功能的"臂饰"和"项圈"的交换圈，几乎所有人类学家都指出了单一经济理性维度解释的"荒谬"和"幼稚"。另一个是吉尔兹（Geertz, 1973）发现和描述的、作为"深层游戏"的"巴厘岛斗鸡"。边沁（J. Bentham）在《立法理论》一书中从功利主义立场出发，提出"深层游戏"（deep play）的概念，指的是那些参与赌注过高的赌博游戏的人陷入一种非理性的行为逻辑。而吉尔兹揭示，巴厘岛人类似赌博的斗鸡游戏，在深层阶段更为重要的已经不是物质性获取，而是名望、荣誉、尊敬、敬重等"地位象征"。这种被边沁主义者视为非理性的"深层游戏"，蕴含了巴厘岛人社会生活的"核心"驱动力和全部意义。大部分注重"小传统""地方性知识"的实体主义学者，都不认为小农是非理性的，而认为小农的理性只不过是一种不同于"功利主义"的"另类理性"。

在经济学中，关于农民理性的争论形成了两大学派。蔡雅诺夫（A. V. Chayanov）在《小农经济的理论》（[1925] 1986）中认为，小农经济是一个不同于资本主义企业的独立体系，有自己独特的运行逻辑和规则。它对最优化目标的追求和对利弊的权衡，体现在消费满足程度和劳动辛苦程度之间的估量，而不是在利润和成本之间的计算。斯科特（J. C. Scott）在他研究东南亚小农生计的《农民的道义经济学：东南亚的反叛和生存》（1976）一书中也指出，小农经济行为的动机与"谋利"的企业家的行为动机有很大差异。在小农特定的生存环境中，其"规避风险"的主导动机和与自然的"互惠关系"，体现的是小农对抗外来生计压力的一种"生存理性"。小农由于生活接近生存线的边缘，并受制于气候的变幻莫测，对新古典经济学的收益最大化几乎没有计算的机会。典型的情况是，小农耕作者力图避免的是灾难性的歉收和绝产，通过冒险发大财对他们来说是不切实际的想法。用决策论的语言说，小农的不冒风险是为了降低最大损失的主观概率，在这方面，他们与熊彼特式的企业家完全不同。这类解释隐含的一种判断是，现实中并不存在独立的和抽象的经济行为，一切经济行为都是社会行为，所以单一的经济推论是武断的和外来的逻辑。

与这种小农"另类理性"的解释相反，另一派经济学家论证了"经济理性"解释小农经济行为的"普适性"。舒尔茨在《传统农业的改造》一书中认为，小农并非没有经济理性的另类，他们作为"经济人"，其实很类似企业家，同样富有进取精神，尽管他们由于技术和资本的限制，经济规模较小、收益较低，但其生产趋近一种既定条件下较高效率的"均衡"水平，一旦有新的经济刺激，小农一样可以进行传统农业的改造，而不需要外来的集体组织（Schultz，1964）。波普金（S. Popkin）在《理性的小农》（1979）一书中分析小农的政治行为时则更进一步认为，小农简直就可以比拟为一个"公司"的投资者，他们的行动选择完全是在权衡各种利弊之后为追求利益最大化做出的。

也有一些学者试图在研究中包容和调和以上两种解释逻辑的矛盾。黄宗智（Ph. Huang，［1990］2000）在研究中国长江三角洲小农经济时指出，人口的压力和耕田的减少使小农采取了趋于"过密化"的生存策略，即在单位劳动日边际报酬递减的情况下，小农为了生存仍不断增加单位耕田面积劳动力的投入，以换取单位面积产出的增加。这种维持生计的策略完全不同于追求利润最大化的资本积累策略，但这并不表明小农缺乏经济理性，一旦有了外部的刺激，如随着中国改革开放后乡镇企业的发展，其他替代的就业选择使小农耕作劳动投入的"机会成本"增加，小农就能走出支配他们的"过密化"生存逻辑。

从以上的分析也可以看到，社会学关于"社会人"的基本假设，相对于"经济人"假设，极大地扩展了解释社会行为的变量和维度。它的优点也许是更加靠近真实，提供了更多的观察视角；它的弱点是，由于给人们赋予了增加各种新的解释变量的权利，而每一个新的解释变量的增加都可能全盘改变推论结果，所以社会学的教科书中很少有"公理""定律"的结论。

（三）注重研究重大现实问题的学科特点

注重对现实社会问题的研究，是社会学一个很重要的学科特征，以至于有些人把社会学误解为"社会问题学"，还有些人把社会学的这种关注解释为"实证"特征。其实这是一种误解，因为你可以在社会学的基础理论著作中找到很多不同的理论流派，如转型理论、冲突理论、功能理论、互动理论、交换理论、系统理论，等等。但这种"误解"也不是没有因由，社会学的产生就是与发达国家在工业化初期产生的解决社会问题的需求相联系的。涂尔干的一本研究非日常现象的《自杀论》，竟然对社会学的学科化具有那么重要的奠基意义，这在其他学科的思想发展史上是鲜见的。

而且，社会学一些重要学派的形成，往往是因为从经验研究出发，对既有理论和既有研究方法提出新的挑战。"芝加哥学派"的形成就是一个很有代表性的例子。1918－1920年，美国社会学"芝加哥学派"的两个领军人物托马斯（W. I. Thomas）和兹纳涅茨基（F. Znaniecki）发表了五卷本的《身处欧美的波兰农民》（［1984］2000），震动了学界。托马斯等人甩开史学界传统上侧重的、围绕领袖人物和重大事件的政治、战争等主题，寻求从"普通人"的失业、贫困、社会动荡、拥挤、无根漂泊等问题入手，"自下而上"地书写历史。他们称自己的新方法是"生活研究法"（The Life Study Method），是让外来移民自己讲述生活故事，注重收集研究对象讲述生活经历的文献，特别是信件。五大卷的《身处欧美的波兰农民》多数汇集了类似的活材料。作者有他自己的假设，即认为不管是青年男女离开美国的农场去都市寻找工作，还是一个美籍非洲人离开南方农业区迁向哈雷姆或芝加哥，也不论是一个波兰农民来到匹兹堡的一个钢铁厂工作，还是一个意大利家庭离开家园到布法罗的罐头食品厂谋生，在所有这些情况下，人们都是将一种结合紧密的、以家庭为基础的传统文化抛到身后，而去努力适应一个更为个人主义的、更具竞争性的社会；但作者希望，这种普遍性的东西，能够通过生活故事自己述说出来。他们反对"社会普查"堆积数据和偏于道德说教的"常识社会学"（common-sense sociology）。如《匹兹堡调查》写道："在那儿你会看到瓦解社会的力量多么令人不可抗拒，而进步的力量又如何被萎靡不振和自私自利的社会风气拒之门外。"根据托马斯的"生活研究法"，《身处欧美的波兰农民》中占主导的是来自外来移民的"活材料"，而不是作者对这些材料的解释和分析。

受托马斯等人影响很深，也属于美国社会学芝加哥学派的老怀特（W. F. Whyte），似乎在试图走出一条独特的、更加文学化的加工调查材料的道路。之所以称他为老怀特，是因为他的儿子小怀特（M. K. Whyte），现在是美国以研究中国问题著名的社会学家。老怀特1943年写的《街角社会》，研究的是波士顿的意大利人贫民区。他在研究上是个不愿循规蹈矩而且有点桀骜不驯的人，这本书的文体既不是学术著作也不是小说，而是介于两者之间的东西；在叙述故事的过程中，这本书还不断引证调查访谈的对话，就像一般的学术著作引证经典的名句。老怀特曾想成为一名小说家，并以《街角社会》的初稿去参加非小说书稿大赛，但他又成功地使《街角社会》被富有严格学术传统的芝加哥大学社会学系接受为博士论文，并在答辩中胆大妄为地反击对他的论文"没有明确概念定义和系统文献回顾"的严厉批评。《街角社会》后来成为芝加哥学派的代表作之一，甚至成为一种"讲述外部世界的叙事方法"，成为后来喜欢个案访谈调查方法的学者争相效仿的楷模。

《街角社会》更加文学化的方法，使得它与早期的那些经典社区著作有很大不同，如沃纳（W. L. Warner）的《扬基城》（*Yankee City*）、林德夫妇（Robert Lynd & Helen Lynd）的《中镇》（*Middletown*）以及韦尔（C. Ware）的《格林威治村》（*Greenwich Village*, *1920 - 1930*）。韦尔的《格林威治村》，其实与《街角社会》的主题很相像，写的是20世纪30年代格林威治村如何在快速的城市扩张中被并入纽约市的过程，而韦尔的关注点是，在这个过程中，格林威治村独有的特征如何仍能保持而未被吞噬。但这几本社区研究的经典，在叙述方式上仍然是以逻辑线索为主，而不是以故事线索为主，就像《中镇》，是按照谋生、成家、育儿、闲暇时间的利用这样一些通用的题目来写的。

中国正处在快速的社会变迁过程中，社会学家对社会结构和社会转型、城市化和社会流动、贫富差距和社会公正、就业和社会保障、社区和社会重建、家庭婚姻和生育行为、社会安全和社会心态等一系列重大现实问题的研究，为中国社会学提供了丰富的经验知识，也极大地推动了中国社会学的发展。

三　中国经验的形成及对中国社会学的意义

（一）东方现代化与中国经验的提出

"东方现代化"这一问题的提出，是因为在过去若干个世纪中，现代化几乎与"东方社会"无缘。在很长一段时间内，在很多人看来，"东方现代化"是否可能是一个只能"悬置"的问题。起初"东方"还只是一个地理和文化的概念，而"西方"社会是从古希腊、罗马文明发展而来，在中世纪时代，地中海曾被看作世界的"西方"。中世纪以后，西方人眼中的世界中心转到西北欧，世界的范围也扩大到南美洲和北美洲，这种地理和文明范围的扩大也导致"东方"概念的变化。16–17世纪，西方向东方扩张，东方世界被按照离世界中心——西欧的远近来划分为近东（地中海到波斯湾）、中东（波斯湾到东南亚）、远东（太平洋地区东亚和东南亚国家）。在从黑格尔到汤因比的历史哲学中，"东方"文化都是被"西方"文化超越的存在。马克思也曾猜想，东方社会可能不同于西方的进化型社会。他依据当时有限的东方社会（特别是印度）的文献，指出自给自足的小农经济是理解亚细亚社会结构高度稳定的一把钥匙。他说："这种简单的生产肌体，为揭示下面这个秘密提供了一把钥匙：亚洲各国不断瓦解，不断重建和经常改朝换代，与此截然相反，亚洲的社会却没有变化。这种社会的基本经济要素的结构，不为政治领域中的风暴所触动。"（马克思，[1853] 1972：367）

在过去的现代化理论逻辑中，现代化从来都是与西方社会相联系的。而这个西方社会，从古希腊、罗马文明开始，经历了文艺复兴、启蒙运动、工业革命和现代民主潮流的洗礼。在西方的政治和经济术语中，"西方"是与经济发达、政治民主、社会自由相联系的，与此相对应的"东方"，往往与经济欠发达、政治集权和社会家族化相联系。

这种思想定式甚至使地理上属于亚洲、亚洲最早实现现代化的日本也并不认为自己是"东方国家"。日本明治维新时期的启蒙思想家福泽谕吉，早在1885年3月16日的《时事新报》上就发表文章《脱亚论》，主张日本"所奉行的主义，惟在脱亚二字。我日本之国土虽居于亚细亚之东部，然其国民精神却已脱离亚细亚之固陋，而转向西洋文明"。他还呼吁说："我国不可狐疑，与其坐等邻邦之进，退而与之共同复兴东亚，不如脱离其行伍，而与西洋各文明国家共进退。"福泽谕吉还在《文明论概略》中说："如果想使日本文明进步，就必须以欧洲文明为目标，确定它为一切议论的标

准，以这个标准来衡量事物的利害得失。"（福泽谕吉，1982）

第二次世界大战以后，社会主义国家的现代化运动和殖民地的解放运动，使"东方"和"西方"成为政治概念，"东方"被西方冷战理论赋予了非民主的集权含义。魏特夫（K. A. Wittfogel）认为，东方社会不同于西方，是一种"治水社会"。这种社会的农业由于干旱而需要依赖协作的灌溉系统，而这种协作进而需要纪律、从属关系和强有力的领导，从而形成政治权力控制的庞大社会组织网，这是"东方专制主义"的历史根源（魏特夫，［1957］1989）。

后殖民主义的解构话语中，"东方"则成了解构西方话语霸权的武器。萨义德（E. W. Said）秉承福柯通过知识关系揭示权力关系的方法，在1978年发表了《东方学》一书。该书分析了几百年来西方的学者是如何认知、想象及建构"东方"的，并提出一套学说来挑战西方学界关于"东方"的霸权话语，反对以"种族主义、意识形态"的方式建构一套与东方学相对立的"西方学"，引发了一场影响全球的后殖民文化研究的浪潮（萨义德，1999）。

苏东剧变以后，"东方"的概念被进一步"意识形态化"。福山借用黑格尔的关于历史以自由原则的凯旋而终结的论断，从苏联解体和"资本主义的胜利"中看到"历史的终结"（Fukuyama，1993）。而亨廷顿在《文明的冲突和世界秩序的重建》一书中，看到1989年以后世界分裂成七八个多极格局，两大阵营的对立被文明的冲突替代，这种冲突主要是美国和欧洲代表的西方文明，与伊斯兰文明、中国文明或俄罗斯东正教文明的对立（Huntington，1996）。有趣的是，第二次伊拉克战争以后，又出现了关于西方的分裂和

两个"西方"的话题，即所谓"真正的美国的西方"和
"欧洲的后西方"、新美国和老欧洲（托德，2002）。

东亚一些国家和地区的经济成就，实际上已经提出了
"东方现代化"可能性的命题。仅经过一代人的时间，东亚
新加坡、韩国、中国台湾、中国香港等国家和地区就成为
"新兴工业化经济体"（NIEs），做到了欧美用差不多一个世
纪才达到的经济腾飞，在世界经济体系中成功地实现从边缘
向半边缘的跨越。新的有关"亚洲价值"的学说随之出现。
一些"新儒家"学者，根据东亚现代化的经验，对韦伯关于
新教伦理与资本主义发展的文化归因命题提出挑战，试图建
立儒家文化与东亚发展的内源发展理论。美国华裔历史学家
余英时先生从长时段的历史考察入手，认为中国传统儒家文
化的价值中也存在勤俭那样的工具理性，这是明朝中叶后商
业蓬勃发展的原因（余英时，1987）。曾任香港中文大学校
长的社会学家金耀基先生则直率地指出，东亚社会经济发展
之谜，对韦伯关于儒家伦理阻碍资本主义发展的命题提出
"经验现象的挑战"，现在要翻这个"长期以来几为学术界
默然遵守的铁案"（金耀基，1993）。世界银行的专家们似
乎也从东亚的发展中看到新的前景，发表了《东亚奇迹：经
济增长与公共政策》一书，用"惊心动魄"的美誉赞扬东
亚的发展（World Bank，1993）。

与此同时，也有一些学者对所谓"东亚奇迹"提出质
疑。美国社会学家戴约以泰国为例指出，东亚国家和地区的
经济发展存在"三明治陷阱"，上面是发达国家抢先占领并
用一切手段维持的高附加值产品市场，而下面是劳动力费用
更低的国家日益强劲的竞争压力，所以保持持续高速增长很

困难（Deyo，1995，2000）。美国经济学家克鲁格曼则在《亚洲奇迹的神话》一文中直接宣称，东亚经济的成长没有提供比西方传统自由市场经济更为先进的发展模式，所谓东亚"四小虎"其实都是"纸老虎"（Krugman，1994）。1997年席卷东亚的金融风暴，造成汇率和股市狂跌，物价大涨，甚至社会和政局动荡，使"东亚奇迹"的话语陷入"失语"状态，对"东亚现代化"是否可能的疑虑重新开始在学术界弥漫。

然而，东亚国家在金融风暴中的迅速恢复增长，使人们对"东亚模式"重新产生兴趣，不过各种解读也是毁誉参半。至于所谓"东亚模式"的成功，存在几种不同的解说：一是"自由市场经济"说，即认为东亚的成功在于模仿了西方体制，采取了彻底的自由经济政策，因此可以调动全世界的资源进行有效配置（World Bank，1993）；二是"政府干预"说，认为东亚的政府有意识干预市场，利用产业政策来扶持某些关键性的战略产业（Amsden，1989；Wade，1990，2000）；三是"外向型经济"说，认为国际贸易对东亚经济发展的成功至为关键，东亚实行的外向型发展政策，成为提高国际竞争力的巨大动力（Krueger，1992）。而对于"东亚模式"的批评，则多数集中在"政府过度干预""民主化缺失""权贵经济""裙带关系"，等等。

东亚新兴工业国家和地区的发展经验，由于其地域和人口规模有限，以及发展过程处于冷战的总体背景，实际上还是被作为"西方现代化经验"的一部分和实验场，或者作为其延伸、扩展和推进。

中国大陆改革开放以来经济的持续高速增长，使世界的注意力再次关注"东方"。中国、俄罗斯、印度等大国的快速发展，让人们再次提出了"东方现代化"的可能性问题。而且，中国等大国的情况各不相同，中国现在的人口已经比所有西方发达国家加在一起的总人口还要多。中国等大国的兴起，不仅会深刻影响世界经济政治格局的变化，而且会形成一条与"西方现代化"不同的"东方现代化"道路。所以说，"东方现代化"不完全是一个具有地域规定性的概念，它应当包括所有为世界现代化提供不同于西方的新经验的发展道路。

"中国经验"可以说是这种新经验的一个重要组成部分，作为一个学术概念，它应当有这样几个规定性：第一，所谓"中国经验"不同于"中国模式""中国奇迹"等概念，它不是仅仅指"成就"，也包括"教训"，包括走过的发展路程的一切特殊经历；第二，"中国经验"特别指一些因为中国特定的人口规模、社会结构、文化积淀特点而产生的新的发展规则，一些对深化关于现代化道路的认识有探索意义的东西；第三，"中国经验"是开放的、包容的、实践中的、没有定型并在不断变化和发展中的经验，它尊重其他的经验选择，它不是作为"西方经验"的对立面而建构的，也不强调自己的普世性，它的存在只是说明统一律与多样性完美结合的可能性。

（二）中国经验和中国社会学的发展

"中国经验"的产生，在世界范围内使人们重新思考和审查历史发展前景的可能性。因为在"中国经验"基础上形成的"东方现代化"道路是开放的、包容的、走向文明融合而不是文明冲突的道路。中国一系列的国际国内政策所显示的走大国和谐兴起道路的决心，将会改变和修订"西方现代化"的逻辑。

在传统的现代化过程中，现代化的后来者不过是学习、模仿、复制和翻新现代化先行者的经验，现代化国家与发展中国家存在巨大的"历史时空"的差距，现代化的过程似乎就是一个西方现代化模式的复制和再生产过程。但是，全球化的趋势改变了这种状况，资源在世界范围内的重新配置，使不同发展程度的国家处于同一个"历史时空"，这个特点改变了许多现代化的规则。

中国社会学面临难得的发展机遇。这个机遇的到来，与中国社会的巨大变迁、"中国经验"产生的广泛影响，以及中国社会学多年来基于深入调查积累的研究成果，都密切相关。

同时，中国社会学的发展也面临诸多理论和经验领域的挑战，主要集中在三个方面：一是如何从规律和法则的高度来认识、理解和阐释中国的巨大变迁；二是如何回答中国发展中目前和一些中长期的重大现实问题；三是如何构建基于中国经验的社会学理论。

关于如何从规律和法则的高度来认识、理解和阐释中国的巨大变迁，不是一件很容易的事情。因为中国正在经历的巨大社会变迁是前所未有的，尽管从1840年以降，很多有识之士就在讨论"千年未有之变局"，但近几十年来中国的变化，如人口规模之大、发展速度之快和变化程度之深，在世界现代化历史上是空前的。

人口规模之大，是说全世界目前发达国家的总人口也没有中国的人口庞大，这么大规模的人口进入现代化的过程，就像一辆庞大超重的列车，一旦发动起来快速前行，如何控制是一个很复杂的问题。对中国这样一个十几亿人口的大国来说，人口变量是任何研究都难以回避的。中国人口总量、人口结构和人口素质的变化，会改变很多发展的结果和规则。中国的发展不但与人口小国有很多不同的要求，而且与人口零增长甚至负增长的国家相比，也面临完全不同的对经济增长的要求。

发展速度之快是说在全球化的过程中，中国的发展并不是完全重复过去一般的现代化过程，而是把很多国家一百年，甚至几百年的变化过程压缩到几十年的时间里完成。现在技术、资本、产品、制度、思想等要素传播和流动的速度已经不能与过去同日而语，正像网络速度和牛车速度无法比较一样。在这样的快速变化之下，中国前工业化的、工业化的和后工业化的发展问题集中显现，前现代的、现代的和后现代的现象并存，各种社会矛盾错综复杂。因此，我们必须在新的社会多样化的条件下，探索促进社会整合、社会团结、社会和谐的新途径。

变化程度之深，是说变迁是全方位的。一方面是经济体制转轨与社会结构转型的同步进行。经济发展的主题往往使人们把社会结构的变化单纯视为经济改革的自然结果或伴随现象，而实际上，社会结构的转型本身，就是一种推动经济社会发展的独立力量。中国社会结构变化的优势是弹性依然很大，具有很大的空间，当改革调动起人们的积极性和创造力的时候，整个社会很快充满了活力。农业中技术对劳动的替代，农村劳动力向非农产业的迅速转移，乡村人口向城市的大量集中，都给社会带来巨大的收益。另一方面，就业结构、生活方式、行为选择、价值观念都发生了深刻变化，也产生了一些新的问题。例如，随着中国从农业社会向工业社会的转型，以血缘、地缘关系为纽带的传统社会关系转变为以业缘关系为纽带的现代社会关系。从某种意义上说，人们所生活的社会正在从一个原来的熟人社会转变为一个陌生人的社会。在这种情况下，如何重建社会信任关系就是一个新课题。再比如，随着经济基础的重大调整和多种经济成分的发展，社会利益格局产生了深刻变化，不同的社会阶层和利益群体也产生了不同的利益诉求。处理这种不同利益主体之间的摩擦、矛盾甚至冲突，也是一个市场经济条件下的新课题。还比如，伴随着经济社会的快速变化，不同的社会阶层、不同的年龄段人口、不同区域的人群，在一些基本价值的认识上产生了巨大差异，这就涉及如何在新形势下建设核心价值体系和形成社会共识的问题。

如何回答中国目前发展和一些中长期发展的重大现实问题，是社会学的发展必须面对的。有的学者认为学问可以超越现实问题，我觉得至少社会学作为一门经验学科，是无法回避重大现实问题的；不仅无法回避，而且必须直面。社会学在历史上的几次大发展和形成的一些有影响的学派，都与解决现代化过程中一些特定的重大现实问题有关。

有些问题我们很难从过去的历史经验中找到现成的答案。比如在推进市场化改革的过程中，中国的收入差距在不断扩大。直到20世纪90年代中期，多数学者还认为，这种差距的扩大是市场化改革的"自然结果"，随着社会的发展进程以及人们生活日益富裕，分配问题会自然得到解决。但中国贫富差距扩大的趋势是否符合库兹涅茨（S. Kuznets）先扩大后缩小的"倒 U 形"曲线的规则，以及这种差距扩大的趋势会最终带来什么结果，至今仍然难下定论。因为在全球化竞争背景下，中国不同产业的比较收益差距扩大，非实体经济的飞速发展使财富积累速度加快，产业集群化的现象使投资向特定区域更加集中，体力劳动的充分供给和竞争过度造成低位劳动工资水平停滞不前，腐败和非法收益的存在都成为导致收入差距进一步扩大的影响因素。在社会主义市场经济条件下，如何解决好公平与效率的均衡问题，在理论和操作层面都面临很多难题。

另外，有些问题我们面临两难选择。如一方面要解决社会保障资金的短缺问题和扩大社会保障的覆盖面，另一方面又要注意经济增长的周期性波动规律与社会福利刚性增长规律的差异，防止福利主义的陷阱；一方面要通过技术创新来实现产业升级和增加市场规则的制定权，另一方面又要通过发展劳动密集型产业来扩大就业。仅以就业问题来说，自 20世纪 90 年代中期以来，由于技术和资本对劳动的替代，中国经济增长的就业弹性在不断降低，每年新生劳动力的供给还在持续增长，国有企业人员精减的改革还未全部结束，农业劳动力向非农产业转移的压力还非常巨大。一些相信"技术进步的力量"的学者认为，从农业时代到工业时代，从工业时代到信息时代，技术一直在增加就业机会而不是减少就业机会。但在中国现阶段，劳动密集型产业对解决就业问题的特殊意义，不能因强调技术进步而被轻视和低估。与此同时，中国现在又面临就业紧张和劳动力结构性短缺并存的新问题。

还有些问题需要根据中国的国情加深研究。比如，中国在改革和发展中产生的大量从农业向非农产业转移的"农民工"[①]。通过推动劳动力市场的形成，农民工为中国的市场化转型和现代化发挥了重要而特有的作用。近十几年来，"农民工"在中国一直是学术界、政策制定部门和新闻界关注的热点。在 1984 年以前的改革初期，中国农村劳动力向非农产业转移的主要方式是通过乡镇企业，其主要特点是"离土不离乡、进厂不进城"，这曾经被称为"中国式的城市化道路"。1984 年，国家放宽了对农民进城的限制，拉开了农民大规模进城务工经商的序幕。西方国家有很多学者一直对中国大规模的民工流动可能造成的社会后果表示担忧，中国也有学者把进城的农民工视为对社会稳定的一种威胁，认为流民潮几乎就是社会的一个"火药桶"。但为什么大规模的农民工流动没有引发社会动荡？处于城市低收入地位的农民工为什么没有产生强烈的社会不满情绪？在城市聚集居住并经常受到不公正待遇的农民工为什么没有产生大规模的集群行为？研究发现，农民工的收入地位更多是由教育、工作技能等获得性因素决定，而不是身份歧视因素决定；同时研究还发现，收入和经济社会地位相对较低的农民工，却意外地具有比较积极的社会态度，这种状况更重要是由于农民工向上走的利益曲线，以及他们更容易把农民作为比较的参

---

① "农民工"这个概念主要指户籍身份还是农民、有承包土地，但主要从事非农产业工作、以工资为主要收入来源的劳动者。2006 年 1 月 18 日，《国务院关于解决农民工问题的若干意见》通过，这是"农民工"的概念第一次写入中央政府具有行政法规作用的文件。"农民工"包括两大部分：一部分是在家乡附近乡镇企业工作的、"离土不离乡"的农民工；另一部分是离开家乡到外地打工的农民工，也称"流动民工"。

照体系。影响农民工行为的可能不是经济决定逻辑，而是历史决定逻辑。

另有些问题我们要根据中国的发展阶段来思考。比如我们说"政府的宏观调控、市场的资源配置和社会的利益关系协调"，是现代社会运行的三种基础机制。换句话说，在建设社会主义市场经济的过程中，我们的关注点是处理好政府和市场的关系。在社会发生巨大变迁的新形势下，如何认识深刻变化了的社会，如何正确处理政府、市场、社会三者之间的关系，是需要重点解决的新问题。但直到现在，社会是什么？社会在哪里？社会怎样运行？具体地说像教育、医疗机构这样的不同于政府机构和企业的"非营利组织"怎样改革？社区怎样建设？这些问题在理论和可操作的层面都还没有完全讲清楚，还需要在实践的基础上继续进行探索和深化认识。

第一编

西学东渐与中国社会学的产生

第一章 启蒙与西学东渐：
社会学的产生

一 社会思想与社会学思想

在西方，社会学的产生一般从法国的孔德算起，学术界中多数人认为他是社会学的创始人，因为是他为了区别于已被"庸俗的"社会统计学家"剽窃"了的"社会物理学"概念，首先创造了 Sociology（社会学）这个拉丁语和希腊语的混合词，并在 19 世纪 30－40 年代出版的六卷本《实证哲学教程》的第四、五、六卷（特别是第四卷）中，首先提出了社会学这门新学科的观点。但孔德的思想在西方一般仍被归于社会哲学的范畴，也就是说在他那里，社会学的思想还没有脱离哲学的母体，社会学在研究对象和研究方法上还没有获得区别于其他学科的专门性。社会学的学科化一般从法国的涂尔干算起，因为是他于 19 世纪末首先在大学里开设社会学课程，在 1895 年发表了《社会学方法的规则》，并随后创办了《社会学年鉴》。他使社会学在正式教育体系中确立了独立的学科化地位，成为脱离哲学母体的独立学科。关于这段社会学创始和学科化历史的解说，虽然也有一些笔墨官司和思想姻缘的公案①，但基本上是白纸黑字摆在那儿，

---

① 如法国已故的现代著名社会学家阿隆（Raymond Aron），（转下页注）

没有太多的异议。

但社会学在中国的产生就成了一个问题，而且是一个颇有争议的问题。要澄清这个问题，首先要把社会思想与社会学思想区别开来。学术思想的学科化应当说是一种近现代的现象，是学术研究中社会分工精细化的结果。古代和古典时代的先贤圣哲，基本上都是百科全书式的人物，他们学贯古今，知通百科，堪称思想大师。尽管他们在某些方面可能更加专门化一些，更加偏重于我们今天所说的人文科学、社会科学或自然科学，但他们绝非今天我们所说的专家。这个现象，在东方国家和西方国家是一样的。古希腊先哲亚里士多德在西方被许多学科尊崇为开山鼻祖，他不但著有《形而上学》《物理学》等哲学和自然科学著作，还著有《伦理学》和《政治学》等人文科学和社会科学的著作，而这些著作中包含的思想涉及哲学、物理学、生物学、心理学、逻辑学、伦理学、政治学和经济学等，他也就因此而被许多学科奉为创始人或奠基人。把整个自然界和人类社会视为一个统一的研究对象，并把所有的知识融入一个统一的体系，这可能是西方近现代以前所有学者的共同特点和意识，起码是近现代以前那些堪称思想大家的学者的共同特点和毕生追求。

西方直到 18 世纪的启蒙思想家，学术研究的学科化过程仍未完成，伏尔泰、孟德斯鸠、狄德罗、卢梭等一大批学

（接上页注①）就极力扬孟抑孔，认为孟德斯鸠是先于孔德的社会学理论家，而不仅仅是思想先驱。孟德斯鸠的理论解释比孔德更具有新意，孔德的学说不过是简单化了的决定论哲学，所以阿隆的社会学理论教程是从孟德斯鸠讲起，而不像一般人那样从孔德讲起（Aron，1967；阿隆，1988）。

者，我们可以称他们为思想家，但却很难称他们为政治学家、经济学家、法学家等，因为他们的思想尚未经过专门的学科化，知识在他们那里是一个包罗万象的、可以解释一切的整体。如孟德斯鸠并没有因为写了《论法的精神》（旧译《法意》）就成为专门的法学家，他在法国更经常被称为文学家、政治理论家或法律史家。英国著名的经济学家凯恩斯，在他的《就业、利息和货币通论》一书的法文版序言中，甚至说"孟德斯鸠是法国最伟大的经济学家，只有亚当·斯密才能与其相比拟"（Keynes，1953：13）。这也不知他是真心认为孟德斯鸠富有开创性的经济思想，还是讽刺法国缺乏经济学的思想大师。以英国的绅士做派来看，更像是前者。每天下午正点喝红茶的英国学者，不会潇洒到在自己书的外文版发行时开这种国际玩笑，但穿着牛仔裤就上大学讲台的法国教授们，对这种来自英国的赞誉之词却并不以为然，反而认为这是一段"颇有争议的俏皮话"。西方启蒙思想家实际上是从摧毁知识的旧体系，特别是形而上学体系发端的。他们那时认为，对宏大体系的刻意追求已经不再是理性的动力，反而成为理性的障碍和制约。但事实上，启蒙思想家所激烈抨击的知识构造的传统，是从不证自明的定理出发，演绎出一成不变的知识体系的做法，他们自己却以归纳的自由精神创造着他们所追求的新的知识体系。在他们中间，我们也许无法像我们习惯的那样，发现像西方 17 世纪学术思想从笛卡儿到马勒伯朗士、从斯宾诺莎到莱布尼茨、从培根和霍布斯到洛克的清晰发展线索，但他们共同具有的建立新的百科全书知识体系的系统精神，却是理解他们学术追求和思想取向的钥匙（卡西勒，［1932］1988，序：1 –

35）。换句话说，西方 18 世纪启蒙思想家完成的是思想认识论或知识观念论的革命，但他们并没有完成知识的学科化和专门化的过程。套用库恩关于科学群体的观念"范式"的说法，这也可以说是一种尚未进行观念"范式转换"的"历史的局限"。

在思想大师们的知识体系具有包罗万象、浑然一体的特点的时代，社会思想是每一位思想大师必然具有的，而且是不可能不具有的思想。只不过在古典时代，思想家达到大师的地步，不像现在有诺贝尔奖或者其他什么国际大奖这种既荣耀又实惠的名号，所以那时若不是被赐一个什么等级的爵位，就只能是赐一顶哲学家的桂冠。而在哲学家那里，社会思想往往被视为其哲学思想的婢女、陪衬、延伸和尾缀，教科书或思想家的评传，也往往是先评介其哲学思想和政治思想，然后来个关于伦理、教育、历史等社会思想的尾巴。所以，写社会思想史，人们必然追溯到历史上第一位思想大师那里。而写社会学思想史，只能从孔德写起，就像写经济学思想史只能从亚当·斯密写起一样，顶多加上点在此之前的"思想先驱"之类，而不能不管什么学科都去抱亚里士多德的佛脚。百科全书式的知识体系与学科化的知识体系是不同的，社会思想与社会学思想也有本质区别。每一门知识完成其学科化的时间也是不同的，大概哲学最早完成其学科化，经济学的学科化大概比社会学早了一代人的时间。亚当·斯密（1723 - 1790）已经著作等身、寿终正寝之时，孔德（1798 - 1857）才刚识文断字，而政治学的学科化还要晚很长时间。

中国的社会思想也可以追溯到古代的诸子百家，但中国

的社会学思想是什么时候产生的呢？中国的社会学又是什么
时候完成学科化的呢？谁是中国的孔德？谁是中国的涂尔干
呢？如果没有西方学术思想的引入和中西文化的交流、冲突
和撞击，中国学术思想的学科化过程是否仍会按照它实际经
过的轨迹进行？换句话说，中国古典知识体系过度人文化的
底蕴，能否使现代学科化意识的产生成为一种中国知识体系
自身的自然发展的过程？凡事都要有个标准，有个说法，有
个尺度。什么是现代的学科化意识呢？这种学科化意识显然
不是创造个新名词、杜撰个新概念或提出个前无古人的什么
"学"那么简单。法国著名的现代结构主义哲学家福柯，这
位更经常被国内学人尊崇为具有解构意识的"后现代"大
师，曾在他的方法论奠基之作《词与物》中，把西方从文艺
复兴至19世纪的知识结构变迁划分成三个阶段：16世纪文
艺复兴时代的知识体系是建立在"相似原则"上的，17、18
世纪古典时代的知识体系是建立在"有序原则"上的，而
19世纪现代的知识体系是建立在"因果律原则"上的。追
寻最终根源的因果律，探索现象背后的统一的普遍规律，是
现代知识体系共同的主题（Foucault，1966）。并非所有的现
代人都具有现代的意识，也并非现代的意识仅仅产生于现
代。从把上帝作为一切现象的终极原因，到追求各个具体领
域中具有解释力的普遍法则，这是跨时代的学术意识的过
渡，但这种过渡和学科化意识的形成经历了几个世纪和数代
人的时间。牛顿寻求物理学领域中上帝的第一推动力，寻求
解释从苹果落地到行星运行的万事万物的"万有引力"定
律；布封寻求植物学领域中普遍法则，寻求解释植物的物种
分类和物种生成转换的"有机分子"定律；亚当·斯密寻求

经济学中财富的奥秘，寻求引导人们从私利本性出发走到公益的未预期结果的"看不见的手"；孔德则寻求人类社会中像其他领域一样起支配作用的不变的法则，寻求社会历史根据"秩序"和"进步"的法则从神学阶段到形而上学阶段再到实证科学阶段的根本发展规律。

中国古典时期并不缺乏对解释万事万物的统一因果律的寻求精神，阴阳五行学说就是这种寻求的结果，但这种学说过早的精致化，以致成为泯灭其他思想创见的具有至高无上意义的统制学说。而且，这种与浑然一体的知识体系相适应的体系精神，在长期的自身发展中，再也没有完成时代门槛的跨越，没有演变和转型为对具体学科领域中统一因果律的寻求。各个具体的学科领域，无论是哲学、炼金术还是医学和画学，仍然习惯于沿用阴阳五行的统一假说来解释专门领域中的具体现象和技术。所以中国可以在1578年就出现李时珍的《本草纲目》，很早就有细致的完整的动植物分类学，可以在1637年就出现宋应星的《天工开物》，很早就有各种生产技术和制造方法的分类，但由于缺乏对具体学科领域中自身的统一因果律的寻求，所以从《本草纲目》中没有发展出分子生物学，从《天工开物》中也没有发展出现代的物理学和化学；同样中国从自身发达的哲学思想、伦理思想和史学思想中也难以产生社会学。对具体学科领域统一因果律的寻求是一种现代的学科化意识的萌生，这种意识在中国的萌生是西学东渐的结果。所以说，中国历史上有博大精深、系统完整且智慧璀璨的社会思想，但社会学和社会学思想在中国的出现却是西学东渐、文化融合的产物。

为什么说中国社会学思想的产生，除了西学东渐的影响，也同时是文化融合的产物呢？这是因为，中国 19 世纪末 20 世纪初走向实证的启蒙思潮，恰恰与社会学的实证特点合拍了。孔德在阐述社会学的实证特点时就曾指出，实证的精神就是用实在、有用、确定、精确的知识取代虚妄的神学和形而上学的东西，用对现象的不变规律的研究取代从所谓的第一原因出发的解释，而且他还自傲地宣布，从他开始，对社会现象的研究才真正成为实证的科学。梁启超 1923 年在他演讲的《中国近三百年学术史》中，对中国学术开始走向务实的思潮追溯得更远。他认为近三百年的学术思潮是对过去六百年的道学传统的反动，"这个时代的学术主潮是：厌倦主观的冥想而倾向于客观的考察。无论何方面之学术，都有这样趋势。可惜客观考察多半仍限于纸片上事物，所以它的效用尚未能尽量发挥。此外还有一个支流是：排斥理论，提倡实践。这个支流屡起屡伏，始终未能很占势力。总而言之，这三百年学术界所指出的路，我认为是不错的——是对于从前很有特色而且有进步的，只可惜全部精神未能贯彻。以后凭藉这点成绩扩充蜕变，再开出一个更切实更伟大的时代，这是我们的责任，也是我这回演讲的微义"（梁启超，1985a：91）。这也并非梁启超一人的看法，蒋方震在1921 年为梁启超的《清代学术概论》写的序中说："由主观之演绎进而为客观之归纳，清学之精神，与欧洲文艺复兴，实有同调者焉。"又说："今时局机运稍稍变矣，天下方竞言文化事业，而社会之风尚，犹有足以为学术之大障者，则受外界经济之影响，实利主义兴，多金为上，位尊次之，而对于学者之态度，则含有迂远不适用之意味。而一方则谈玄之风犹未变。民治也，社会也，与变法维新立宪革命等是一名词耳，有以异乎？无以异乎？此则愿当世君子有以力矫之矣。"① 这反映了当时学术思潮上走向实证的精神以及与之相伴随的社会上的实用风气。许多学者在概括 16 世纪至 19 世纪 40 年代中国的学术思潮时，都谓之"经世致用思潮"或"明清实学思潮"（陈鼓应、辛冠洁、葛荣晋，1989）。

当然这种西学东渐和知识交融的过程，绝非是充满诗意和浪漫气氛的文化旅游，而毋宁说是在被动的强权和屈辱之下自觉的发愤自强之举。关于这个过程，林林总总的史书上有各种分析，而梁启超的描述可能更接近他们那一代人和他们那一派人的真实想法以及他们所经历的实际过程。

> 原来中国几千年来所接触者，——除印度外——都是文化低下的民族，因此觉得学问为中国所独有。"西学"名目，实自耶稣会入来所创始。其实所谓西学者，除测算天文，测绘地图外，最重要者便是制造大炮。阳玛诺、毕方济等见重于明末，南怀仁、徐日升等之见重于清初，大半为此。西学中绝，虽有种种原因，但太平时代用不着大炮，最少亦应为原因之一。过去事实既已如此，那么咸、同年间所谓讲求西学之动机及其进行路线，自然也该为这种心理所支配。质而言之，自从失香港、烧圆明园之后，感觉有发愤自强之必要，而推求西之所以强，最佩服的是他的"船坚炮利"。上海的江南

---

① 梁启超的《清代学术概论》原是应蒋方震之邀为其《欧洲文艺复兴史》一书写的序言，但"下笔不能自休"，一写就是洋洋数万言，几乎与原书差不多了，结果只好单独成书，并反邀蒋方震为之作序（梁启超，1985a：89 - 90）。

机器制造局，福建的马尾船政局，就因这种目的设立，又足以代表当时西学家之心理。同时又因国际交涉种种麻烦，觉得须有些懂外国话的人才能对付，于是在北京总理衙门附设同文馆，在上海制造局附设广方言馆，又挑选十岁以下的小孩子送去美国专学说话。第一期所谓西学，大略如此。这种提倡西学法，不能在学界发生影响，自无待言。但江南制造局成立之后，很有几位忠实的学者……译出几十种科学书，此外国际法及其他政治书也有几种。自此，中国人才知道西人还有藏在"船坚炮利"背后的学问，对于"西学的观念"，渐渐变了。（梁启超，1985a：91）①

后来，梁启超在1922年为《申报》创办50周年纪念撰写的《五十年中国进化概论》一文中，把这个过程概括为中国的觉悟和学问进步的三个时期：第一个时期是"先从器物上感觉不足"，标志是鸦片战争后的洋务运动；第二个时期是"从制度上感觉不足"，标志是中国在中日甲午战争中惨败后开始的"变法维新"运动；第三个时期是"从文化根本上感觉不足"。梁启超认为，第三个时期的种子可以说由第二个时期播植下来，而第二个时期"学问上最有价值的出品，要推严复翻译的几部书，算是把19世纪主要思潮的一

① 文中阳玛诺（Emmanuel Diaz Jeune）是葡萄牙传教士，1610年明万历年间来中国，毕方济（Franciscus Sambiaso）是意大利传教士，1614年明万历年间来中国；南怀仁（Ferdinandus Verbiest）是比利时传教士，1659年清顺治年间来中国；徐日升（Thomas Pereyra）是西班牙传教士，1673年清康熙年间来中国，他们曾在明末清初协助中国朝廷铸造兵器、改良枪炮。

部分介绍进来，可惜国里的人能够领略的太少了"（［1929］1985b）。所以，所谓"西学东渐"，不过是"西器东渐"和"西制东渐"后的必然结果，三者是一个符合因果逻辑的统一过程。

二　群学与社会学

多数中国的学人都知道，社会学最初在中国被称为"群学"，其最主要的标志就是严复在 1897 年把英国社会学家斯宾塞 1873 年著的 *The Study of Sociology*（《社会学研究》）一书翻译成中文时，译成了《群学肄言》。但问题是，"群学"这个学科名称，究竟是严复以其古文的功底和根据其信达雅的翻译标准杜撰的呢，还是中国当时已经存在"群学"这样一个研究领域，严复不过是为了翻译的方便而套用？如果当时中国已经有"群学"，那当时中国学者思想中所理解的"群学"与斯宾塞对"Sociology"的解说是否一致？如果中国在严复翻译斯宾塞的著作以前并不存在"群学"这样一个研究领域，严复为什么没有选择"社会学"这个日本已有的译法而是选择了"群学"来翻译 Sociology？而严复在当时很明显已经知道日本人把 Society 译作"社会"，他自己也在解说"群学"的同时，经常使用"社会"的概念。

根据笔者所接触的史料看，在严复之前，中国并不存在"群学"这样一个专门的研究领域，也没有人使用过"群学"的概念。换句话说，在严复引入"群学"之前，中国有关于"群"的思想（社会思想），但没有"群学"的思想（社会学思想）。关于这一点，严复自己心里是很明白的。

1902 年严复在写给梁启超的信中叙述翻译的甘苦时，指出计学（经济学）"其理虽中国所旧有，而其学则中国所本无"的道理，这对群学也是通用的。

> 再者计学之名，乃 Economics 字祖义著想，犹名学之名，从 Logos 字祖义著想……又见中国古有计相计偕，以及通行之国计、家计、生计诸名词。窃以谓欲立一名，其深廓与原名相副者，舍计莫从……计学之理，如日用饮食，不可暂离，而其成专科之学，则当二百年而已。故其理虽中国所旧有，而其学则中国所本无，无庸讳也。若谓中国开化数千年，于人生必需之学，古籍当有专名，则吾恐无专名者不止计学。（严复，1996：525 [《与梁启超书》]）

严复是中国最早使用"群学"这个专名的人，他最早使用"群学"一词的时间，大概是在 1894 年。早在 1881 年前后（"光绪七八之交"）①，严复就阅读到了斯宾塞的 *The Study of Sociology* 一书，当时他才 28 岁。严复从洋务派领袖左宗棠等人创办的海军学校——福州船厂附设的船政学堂毕业后，于 1877 年被派到英国格林尼茨海军大学读书，1879 年未毕业便被调回国，次年被李鸿章调到北洋水师学堂任总教习。此后的 1885 - 1894 年的 9 年间，严复在北洋水师学堂任职的同时，奔波于福建和北京两地，连续四次参加科举考

---

① 严复在《〈群学肄言〉译余赘语》中说，"不佞读此在光绪七八之交，辄叹得未曾有，生平好为独往偏至之论，及此始悟其非"（严复，1996：127）。

试均名落孙山。所以严复有较多时间从事翻译，应当在 1894 年乡试落选以后。从发表的译作看，严复较早的翻译作品是英国宓克（A. Michie）著的《支那教案论》（*Missionaries in China*）和赫胥黎（T. H. Huxley）著的《天演论》（*Evolution and Ethics*），这两本著作都是 1894 年后开始翻译的。但在翻译《天演论》之前或之间，严复似乎已经开始翻译社会学和政治学方面的著作，只是他最早的社会学翻译作品没有在当时发表。严复在《天演论》的"导言十三·制私"一节的按语中写道："人道始群之际，其理至为要妙。群学家言之最晰者，有斯宾塞氏之《群谊篇》，拍捷特《格致治平相关论》二书，皆余所已译者。"（严复，1996：321 - 322）可见在 1894 - 1896 年翻译《天演论》之前或之间，严复已翻译过社会学的著作，并开始使用"群学"的专名。只可惜笔者无法找到这两个译本，也未见有发表的记载。另外，严复早期曾试图翻译法国巴黎法典学堂讲师齐察理的著作，他译为《国计学甲部》，但仅译 3000 字左右，具体的翻译时间不详，但显然是其最早的译品之一，翻译时间应在 1894 年或之前。这 3000 字左右的残稿中有两条按语，均与"群学"有关。其中一条原书的译文为："以群学为之纲，而所以为之目者，有教化学或曰翻伦学，有法学，有国计学，有政治学，有宗教学，有言语学。"另一条按语为："群学西曰梭休洛支（Sociology）。其称始于法哲学家恭德（孔德）。彼谓凡学之言人伦者，虽时主偏端，然无可分之理，宜取一切，统于名词，谓曰群学"（王栻，1986：847；文中括号及注释为笔者所加）。

对于 Sociology 这样一门中国"本无"的学科，严复为什么没有使用日本学术界"社会学"的译法呢？美国研究严复的汉学家史华兹（B. Schwartz）认为，严复反对日本用"社会"译"society"，而喜好用传统概念的"群"来译，因为严复认为"群"的意思更接近"society"作为一个社会集团而不是作为一个社会结构的概念；严复译文的宗旨是"最大限度地运用中国古代哲学的隐喻手法来表达西方概念，但具有讽刺意味的是，大多数由他创造的新词在与日本人创造的新词的生存竞争中逐渐被淘汰了"（史华兹，[1964]1995：88）。然而，严复所使用的"群学"的译法，显然不仅仅是对传统概念和中国古代哲学隐喻手法的偏好。严复对"群"的理解，当然首先是受到中国古代哲学家荀子的思想影响。他在解释斯宾塞"群学"的概念时，多次引用荀子的话，如在《原强》中说："荀卿子有言：'人之所以异于禽兽者，以其能群也。'"在《〈群学肄言〉译余赘语》（严复，1996：127）中说："荀卿曰：'民生有群'。"严复援用荀子关于"群"的概念，自然由于"群"比较接近 society 的含义，但更重要的是，严复当时的翻译，具有强烈的实用急用色彩。他是在追求富国强民的道路，而《荀子》中的"富国""强国""王制""礼论""议兵""君道"等诸篇的思想，恰好符合严复的思想取向。特别是《荀子·王制》中关于以群强国的思想，与严复当时悟出的富国道理以及他从斯宾塞著作中读出的"微言大义"，都是一致的。如荀子在《王制》中指出，"人能群"在于人能根据不同社会地位"分"，而"分"之后能"行"，是因为有维持社会秩序的规范"义"，有"义"有"分"才能强胜。

水火有气而无生，草木有生而无知；人有气、有生亦且有义，故最为天下贵。力不若牛，走不若马，而牛马为用，何也？曰：人能群，彼不能群也。人何以能群？曰分。分何以能行？曰义。故义以分则和，和则一，一则多力，多力则强，强则胜物，故宫室可得而居也。故序四时，裁万物，兼立天下，无它故焉，得之分义也。故人生不能无群，群而无分则争，争则乱，乱则离，离则弱，弱则不能胜物；故宫室不可得而居也，不可少顷舍礼义之谓也。能以事亲谓之孝，能以事兄谓之弟，能以事上谓之顺，能以使下谓之君。君者，善群也。群道当，则万物皆得其宜，六畜皆得其兴，群生皆得其命。（荀子，1979：127）

翻译《群学肄言》之前，严复在翻译《天演论》时，就已经引入许多荀子的思想，如他在《天演论》那半是原文之意半是他自己的阐释并且有选择地大大缩略了的译文中，就随处可见群论的语言，某些篇目的题名就直接意译为"善群""群治"等。其实严复真正看重的是斯宾塞的著作，翻译《天演论》不过是翻译斯宾塞著作的准备，因为斯宾塞的著作"数十万言……其文繁衍奥博，不可猝译"（王栻，1986：1327）。《天演论》在严复的心目中，是把生物学原理运用于社会人伦，是"保群"的理论。它就像是斯宾塞群学理论的一个导言，也正因为这一点，严复首先翻译的是赫胥黎的《天演论》，而不是当时英国更著名的具有划时代意义的生物学著作——达尔文的《物种起源》，严复的心思根本没在生物学上，而是在生物社会学上。

严复把 Sociology 翻译成"群学"，还因为他自认为在斯宾塞的著作中，发现了与中国传统儒家学说中经世致用思想相吻合的要义，也就是所谓格物致知、修身治国、内圣外王的道理，而斯宾塞不过是把这种思想发展成一门精致得多的学问。在《〈群学肄言〉译余赘语》中，严复指出："窃以为其书实兼《大学》、《中庸》精义，而出之以翔实，以格致诚正为治平根本矣。"在《原强》中，严复在谈到斯宾塞的"群学"时说得更加清楚。

"群学"者何……凡民之相生相养，易事通功，推以致于兵刑礼乐之事，皆自能群之性以生，故锡彭塞氏（斯宾塞）取以名其学焉。约其所论，其节目支条，与吾《大学》所谓诚正修齐治平之事有不期而合者，第《大学》引而未发，语而不详。至锡彭塞（斯宾塞）之书，则精深微妙，繁富奥衍。其持一理论一事也，比根柢物理，微引人事，推其端于至真之原，究其极于不遁之效而后已。[1]（严复，1996：8）

对于西方社会学早期的代表人物孔德和斯宾塞来说，社会学是各门学科的科学女王，是包括其他一切学科的综合科学，至少也是社会科学和人文科学的总汇，各门学科按照统一的原理被置于社会学这个包罗万象的系统中。这与严复心目中格物致知、经世致用的大法，即作为"天演"之学和

---

[1] 引文括号及其中的注词是笔者所加，严复把英国社会学家 H. Spencer 的名字较早译为锡彭塞，后译为斯宾塞尔，最后定为斯宾塞。

"群治"之学的"群学"，应该说是完全一致的，不存在误读的问题。严复明确指出，"群"是一个比人们一般理解的"社会"更宽泛的概念，他说："群也者，人道所不能外也。群有数等，社会者有法之群也。社会，商工政学莫不有之，而最重之义，极于成国。尝考六书文义，而知古人之说与西学合。"（严复，1996：525［《与梁启超书》］）

当然个别的误读现象也是存在的。几乎在严复翻译斯宾塞《群学肄言》的同时，谭嗣同正在写作他的《仁学》。由于严复的《原强》已于1895年3月4日至9日发表在天津《直报》上，当时影响很大，所以关心时事的谭嗣同于1896年开始着手写作《仁学》时，按说不可能没有读过严复在《原强》中关于斯宾塞的"群学"的那段表示一见钟情的话。不过，不善西文的谭嗣同，虽然对中国传统的儒道释典籍如数家珍，却似乎并未真正理解严复以"群学"的专名介绍的 Sociology 究竟是什么东西。谭嗣同的《仁学》广采佛学、易经、老庄、儒家、西学、算学等各种学术思想于一体，倡导"仁以通为第一要义"，似乎意在为变法思想奠立本体论基础。在《仁学》中，谭嗣同既使用过"群学"也同时使用过"社会学"，但都是各门学科或西方各门社会科学学科的意思，与严复阐述的"群学"相去甚远。在《仁学》的"自序"中，谭嗣同写道：

> 网罗重重，与虚空而无极。初当冲决利禄之网罗，次冲决俗学若考据、若词章之网罗，次冲决全球**群学**之网罗，次冲决君主之网罗，次冲决伦常之网罗，次冲决天之网罗，次冲决全球**群教**之网罗，次冲决佛法之网

罗。（谭嗣同，1994：6；文中黑体为笔者所加）

1993 年加润国先生在给《仁学》加注时，在上面引文的"群学"处特别注明："群学：社会学。"这似乎有画蛇添足之嫌，因为谭嗣同此处所说的"群学"，显然不是孔德或斯宾塞所说的社会学，也不是严复意译的群学，更不是我们今天所说的社会学，而是"各门学科"或"各种学术"的意思。谭嗣同要冲决的"全球群学"网罗，是各种学科的网罗，而不是"社会学"的网罗。况且严复所倡导的"群学"，正是为变法维新开道的学说，岂有被革新者明知而要冲决之理。在《仁学》的"仁学界说"第 27 条中，谭嗣同的"群学"是"各门学科"的意思表达得更加清楚："格致（自然科学）即不精，而不可不知天文、地舆（地理）、全体（生理）、心灵（心理）四学，盖**群学群教**之门径在是矣。"（谭嗣同，1994：9 - 10；文中括号和注释，及黑体为笔者所加）在同一"仁学界说"的第 25 条中，谭嗣同还同时使用了"社会学"的专名，这大概是中国最早使用"社会学"一词的记载①，不过这里也还是"西方各门社会科学学科"的意思。

凡为仁学者，于佛书当通《华严》及心宗、相宗之

---

① 孙本文在 1948 年写的《晚近中国社会学发展的趋向》一文中说，中国社会学在名义上始于 1896 年，当时学人著作中初见社会学之名，但实际上介绍社会学的内容入中国，则在 6 年之后，即 1902 年，其时严复所译英人斯宾塞的群学肄言全部以及章炳麟所译日人岸本能武太的社会学出版（孙本文，1948：46）。孙本文没有指出谁最早使用"社会学"一词，不过 1896 年这个年份与谭嗣同写作《仁学》的年份相同。

书，于西书当通《新约》及算学、格致、**社会学**，于中国书当通《易》、《春秋公羊传》、《论语》、《礼记》、《孟子》、《庄子》、《墨子》、《史记》及陶渊明、周茂叔、张横渠、陆子静、王阳明、王船山、黄梨洲之书。（谭嗣同，1994：9；文中黑体为笔者所加）

谭嗣同并非没有学科分类的概念，在写《仁学》之前，他曾在 1894 年写过《思纬氤氲台短书》一文，详述西方学科的分类："西人分舆地为文、质、政三家……故西学子目虽繁，而要皆从舆地入门。不明文家之理，即不能通天算、历法、气学、电学、水学、火学、光学、声学、航海绘图、动重、静重诸学。不明质家之理，即不能通化学、矿学、形学、金石学、动植物诸学。不明政家之理，即不能通政学、史学、文学、兵学、法律学、商学、农学、使务、界务、税务、制造诸学。"又说"西人表学译名统计"，"图表者，尤所以总群学之目而会其归"（谭嗣同，1994：187－189）。所以，在谭嗣同的学科分类中，"群学"不是一门学科，而只是各门学科的总称。不过，在谭嗣同的心目中，似乎还有关于"群学"的另外一层意思，即"群学"是民众组织起来的学问。关于这一点的佐证是，在他 1898 年发表在《湘报》上的《壮飞楼治事十篇》中，第九篇的题名就是"群学"，但通篇讲的都是如何通过组织各行各业的行会（如学会、农会、工会、商会等），达到"无变法之名，而有变法之实"的目的。可见，当时与严复没有直接交往的谭嗣同，其头脑中的"群学"，还是一个比较模糊的概念。不过谭嗣同在《仁学》中诸如"两千年来之政，秦政也，皆大盗也"的一些振聋发聩的呐喊，以及他的所谓"中外通、上下通、男女内外通和人我通"的醒世奇言，甚至令梁启超都对严复惊呼：谭嗣同"真异才也"。①

"群学"在中国的产生，自然是西学东渐和中外文化碰撞、融合的结果，可它一经导入和产生，就完全被纳入中国的文化话语系统和观念系统，作为新的种子，它也在改变着这一话语系统和观念系统。

---

① 梁启超在 1897 年春写给严复的信中说："侪辈之中，见有浏阳谭君复生者，其慧不让穗卿，而力过之，真异才也！著《仁学》三卷，仅见其上卷，已为中国旧学所无矣。"（李华兴、吴嘉勋，1984：84）

第二章 社会进化：天演、变法、保群

一 天演人变：寻求社会进化的规律

如果说梁启超是中国的孔德，这可能有些言过其实，因为梁启超并没有孔德那样系统的社会学理论。不过，梁启超对中国"群学"创始的贡献、对社会变迁因果规则的有意识寻求以及他的现代学科分类的意识，都使他堪称中国社会学的最重要创始人。而且，梁启超学识的博深和学术地位的显赫之于中国，远高于孔德之于英法或西方。

梁启超的"群学"思想，直接师承康有为，同时又深受严复和谭嗣同的影响。通过严复，他吸收了斯宾塞、赫胥黎的社会进化思想，通过谭嗣同，他对《易经》的变通之理有了更深刻的体会。在《说群》的自序中，梁启超曾谈到他的变法保群思想的渊源。

> 启超问治天下之道于南海（康有为）先生。先生曰："以群为本，以变为用。斯二义立，虽治千万年之天下可已。"启超既略述所闻，作《变法通议》。又思发明群义，则理奥例赜，苦不克达。既乃得侯官严君复之治功《天演论》，浏阳谭君嗣同之《仁学》，读之犁然有当于其心……乃内演师说，外依两书，发以浅言，证以实事，作《说群》十篇，一百二十章。（梁启超，

［1929］1985b ［《〈说群〉自序》］）

康有为大概是在1882年25岁的时候，顺天乡试失败途经上海，开始接触到西方的思想，"益知西人治学之有术"。而到1886年前后，他已经冲破旧学的束缚，完成了从"几何定理"到"人类公理"的推演。① 这样，康有为开始把"天演"和"人变"视为服从统一的支配规律，而最主要的"天演""人变"规律，就是他所发现的孔子在《春秋》里所讲的"微言大义"。康有为在《春秋董氏学》中解释道："三世为孔子非常大义，托之《春秋》以明之。所传闻世托据乱，所闻世托升平，所见世托太平。据乱者，文教未明也。升平者，渐有文教，小康也。太平者，大同之……文教全备也……此为春秋第一要义。"（康有为，1981）这成为康有为用心良苦的"托古改制"的理论基础。作为康有为的大弟子和第一传人，梁启超沿这条道路，作了进一步的探索，并糅进了西方古典政治体制分类理论。

治天下者有三世：一曰多君为政之世，二曰一君为政之世，三曰民为政之世。多君世之别又有二：一曰酋长之世，二曰封建及世卿之世。一君世之别又有二：一曰君主之世，二曰君民共主之世。民政世之别又有二：一曰有总统之世，二曰无总统之世。多君者，据乱世之政也；一君者，升平世之政也；民者，太平世之政

---

① 参见康有为的早期著作《实理公法全书》及后人有关的述评（黄明同、吴熙钊，1988：58－83）。

也……严复曰：欧洲政制，向分三种：曰满那弃者
（Monarchy，君主制），一君治民之制也；曰亚理斯托格
拉时者（Aristocracy，寡头制），世族贵人共和之制也；
曰德谟格拉时者（Democracy，民主制），国民为政之制
也……盖地球之运，将入太平，固非泰西（西方）之所
得专，亦非震旦（中国）之所得避，吾知不及百年，将
举五洲而悉惟民之从，而吾中国，亦未必能独立而不变，
此亦事理之无如何者也。（梁启超，［1929］1985b［《论
君政民政相嬗之理》］；引文中括号及注释为笔者所加）

明眼人一看就清楚，这几乎完全是亚里士多德政治体制
分类学的理论翻版。亚氏在他的《政治学》一书中，按高低
优劣的次序，把政体分为六种：君主制、贵族制、共和制、
僭主制、寡头制、民主制；这六种政体按好坏、理想现实之
别分为两类：君主制、贵族制和共和制是好的、理想的，而
僭主制、寡头制和民主制是坏的、变形的和现实中实际存在
的；同时这六种政体按统治者人数的多寡又分为三种类型：
君主制和僭主制是由一人或二人统治的政体，贵族制和寡头
制是由少数人统治的政体，共和制和民主制是由多数人统治
的政体（汪子嵩，1984：61）。梁启超不过是把这种政体分
类融入一种进化的系统中，这种政体进化的思想又在很大程
度上是通过严复而受到西方思想的影响和启发，而严复在翻
译孟德斯鸠的《法意》（现译为《论法的精神》）的过程中，
显然已通晓西方思想中关于从专制政体到君主政体再到民主
政体的进化理论。严复在他的《法意》译文的一条按语中
说："孟氏所分治制，公治、独治、专制三者。其所称之独

治，于中本无民权，亦非有限君权，但云有法之君主而已。"（严复，1996：395）严复把康有为关于社会经据乱世、升平世、太平世达到世界大同的思想与西方的政体进化思想融合为一体，形成一套较为系统的关于社会演变规律的学说。

如果把康有为和梁启超的三世进化理论与孔德的有关学说加以比较，我们会发现惊人的相似之处。孔德把人类智力的发展分为三个时代：神学的（或想象的）时代、形而上学的（或抽象的）时代、科学的（或实证的）时代。在神学时代，人类把各种现象的存在归因于生命体或与人类相似的力量；在形而上学时代，人类在解释各种现象时乞灵于抽象的实体，如大自然；在科学时代，人类只是观察这些现象，并找出它们之间的因果联系，即支配各种现象的规律。科学的实证思想首先在数学、天文、物理、化学、生物学等领域取得胜利，然后扩展到社会科学，促成社会学的产生。孔德由知识发展的三个必然时代，推演出社会发展的三个必然阶段，即军事时期、过渡时期和工业时期。孔德还认为，这种三阶段发展论，是他"发现的一条伟大的根本规律，这一规律服从于不变的必然性，并具有稳固的基础；而这一基础，或者建立在我们关于组织的认识所提供的理性验证上，或者建立在基于对过去的认真审察而形成的历史检验上"（Comte，1907：2-3）。

令人奇怪的是，孔德在当时比斯宾塞要更加知名，而且在严复翻译斯宾塞的著作之前已经有了孔德著作的英文译本①，

---

① 严复1898年开始翻译斯宾塞的《群学肄言》，但至少在1896年，哈·马蒂诺就编译了英文版的三卷本《奥古斯特·孔德的实证哲学》，由伦敦的Bell出版社出版（王栻，1982：11；科瑟，[1977] 1990：注释1）。

但严复似乎对孔德的思想并不感兴趣。他能从斯宾塞的著作中发现（似乎并无明显联系的）《大学》《中庸》的精义，却并没有从孔德的著作中发现（联系如此明显的）《春秋》的微言大义。

严复对斯宾塞偏爱的原因之一，也许是由于在社会发展规律起源问题上，斯宾塞与孔德的根本差异。孔德是从人类智力的发展规律推演出人类社会的进化阶段，而斯宾塞是从生物进化的发展规律推演出人类社会有机体的进化，所以他们虽然都被冠以"实证主义代表"，但出发点却完全不同。斯宾塞在谈到这种分歧时说："孔德所倡导的目的是什么？是对人的概念的进步作出完整的回答。我的目的是什么？是对外部世界的进步作出全面的回答。孔德认为各种思想具有必然和实在的继承关系，我却认为各种事物具有必然和实在的继承关系；孔德希望弄清自然知识的起源，我的目的是要弄清……自然界各种现象的构成。他研究主观，我探讨客观。"（Spencer，1904：570）斯宾塞的这种立场，显然更接近于中国晚清学术界出于对宋明理学的反动而走向实证主义的思潮，也符合变法维新人士从中国"天人合一""体用不二"的观念范式出发为改革立论的习惯做法；特别是斯宾塞关于"适者生存"的社会进化论，对于追求富国强国之路的变法维新人士来说，真可谓久旱逢甘露。

这种对斯宾塞的偏爱，甚至使严复对斯宾塞的思想可能产生某种误读。斯宾塞的一个重要思想，就是从军事社会到工业社会的社会结构转型的思想，这不同于孔德按社会的进化阶段来划分社会类型的方法，这是按社会结构的构成方式来划分社会类型。斯宾塞认为军事社会的社会结构构成方式是"强制性的"，而工业社会是"自愿合作的"。我们在这已经可以看到后来涂尔干关于"机械团结"和"有机团结"的划分的影子。而古典现代化理论中关于从传统社会向现代社会转型的种种理论划分，如身份社会和契约社会（梅因）、礼俗社会和法理社会（滕尼斯）、民俗社会和都市社会（雷德菲尔德）、前现代社会和现代社会（韦伯）、宗教社会和世俗社会（贝克）等，都是基于同样的对社会结构构成方式的界定以及关于社会转型的假设。但严复出于寻求富强的热情和对军事力量、经济力量的共同关注，似乎并没有强调斯宾塞理论中军事阶段与工业阶段的根本区别，有时甚至把二者等同起来，因为在他的思想里，工业求富和军事求强是一致的；另一个类似的误读例子，是严复从斯宾塞这个 19 世纪英国"放任的个人主义"典型的著作里，读出了强调国家和社会整体力量的群体主义思想（史华兹，1995，序：52 - 53，72）。

从天演到人变的推论，是变法维新学者的理论基础，也是梁启超、严复"群学"的立论基础。康有为早在 1895 年春"公车上书"之前就在《变则通通则久论》中疾呼："天不能有阳而无阴，地不能有刚而无柔，人不能有常而无变。"（康有为，1981：110）梁启超更是在他 1896 年发表的著名的《变法通议》的自序中，开宗明义地指出：

> 法何以必变？凡在天地之间者，莫不变。昼夜变而成日，寒暑变而成岁；大地肇起，流质炎炎，热熔冰迁，累变而成地球；海草螺蛤，大木大鸟，飞鱼飞鼍，袋兽脊兽，彼生此灭，更代迭变，而成世界；紫血红

血，流注体内，呼炭吸养，科科相续，一日千变，而成生人。借日不变，则天地人类，并时而息矣。故夫变者，古今之公理也。（梁启超，[1929] 1985b [《变法通议·自序》]）

严复在他1895年3月发表的《原强》中，也是先介绍达尔文关于物竞天择、适者生存的生物进化论，再叙说斯宾塞的"群学"，虽"其书于达氏之《物种探原》为早出"，但其"宗天演之术，以大阐人伦治化之事"。所以，由天演到人变，是"知治乱兴衰之故，而能有修齐治平之功"的道路。

欲明生生之机，则必治生学；欲知感应之妙，则必治心学；夫而后乃可以及群学也。且一群之成，其体用功能，无异生物之一体，大小虽异，官治相准。知吾身之所生，则知群之所以立矣；知寿命之所以弥永，则知国脉之所以灵长矣……故学问之事，以群学为要归。唯群学明而后知治乱兴衰之故，而能有修齐治平之功。呜呼！此真大人之学矣！（严复，1996：20）

关于自然界和人类社会都服从于统一规律的思想，梁启超和严复等革新派人士都深信不疑，所以他们认为，要富国强民，就要顺应天演之规律，变法维新。而且，梁启超从"天人合一"的思想出发，认为虽然各种社会现象和历史现象"其间必一一皆有因果之联系，而非出于偶然"，但自然界的法则，也并非能够脱离人的作用，"以无意识之自然演成运命"（葛懋春、蒋俊，1984：221）。梁启超在这里，实际上已经透露出他在晚年所说的思想矛盾，即一方面认为，历史和自然界一样，服从统一的因果律；另一方面又认为，历史为人类心力所造成，因果律不可能绝对适用于历史。

梁启超直到晚年（1922 年），才彻底改变了关于统一因果律的看法，又重新提出"历史里头是否有因果律""历史现象是否为进化的"问题，并认为自己过去"完全错了"。因为宇宙事物可分为自然和文化两系，"自然系是因果律的领土，文化系是自由意志的领土"，历史现象最多只能说是"互缘"的，不能说是"因果"的；自然系的活动是归纳法研究得出、受因果律支配和具有非进化的性质，而文化系的活动是归纳法研究不出、不受因果律支配和具有进化的性质（梁启超，[1929] 1985b [《研究文化史的几个重要问题——对于旧著〈中国历史研究法〉之修补及修正》]）。

二　群学：内圣外王和群本主义

上面已经提到，严复不止一次地说过，他在斯宾塞的社会学著作里，发现了与中国传统儒家文化中的格物、致知、修身、齐家、治国、平天下的道理"不期而合"的思想。从今天的研究视角来看，斯宾塞的社会有机体进化论与中国传统的儒家思想完全是两种思想体系，很多地方甚至根本相左，那么究竟是斯宾塞著作里的什么东西让严复感到这种"不期而合"呢？

从东西方思想体系的差异来看，西方的哲学更像是一种智力游戏（人智学），而中国的哲学更像是一种生活的道理

（人生学）。严复翻译的西方著作，主要是经世致用的社会学、经济学、法学、政治学著作，较少涉及哲学等人文学科的著作，这些经世致用的著作符合中国学者对实用学说的偏爱。斯宾塞和孔德一样，自诩自己的社会学是一切社会科学的总汇，揭示了社会发展的根本规律，而在严复看来，中国《大学》中的修齐治平思想，也代表了中国儒家学者关于人生道路和社会发展根本法则的看法。还有，斯宾塞认为，人类社会与生物进化一样，服从"物竞天择"的统一规律，这与中国传统的"天人合一"思想表面看来似乎是一致的。最后，斯宾塞的有机体进化论学说，对于严复这样的渴望中国富强的改良派革新人士来说，是充满诱惑力的，而英国当时社会经济状况的繁荣，无疑使这种诱惑力更增添了神话的色彩。斯宾塞撰写《群学肄言》（《社会学研究》）的1873年前后，英国已经成为世界经济的中心，英国当时的对外贸易额已经超过法国、德国、意大利三国的总和，几乎是美国的四倍。英国控制着海洋，它的海军的独霸地位在当时无可争议，当欧洲大陆上的国家陷入战争和革命的漩涡中时，英国却在国内外独享和平与安宁。曾在英国海军学校学习的严复，自然会将英国这种经济的进步与其思想的进步联系起来。《天演论》等译作之所以能在当时的中国引起如此轰动，与中国知识界对国家富强的渴望密切相关。

当时中国的革新派学者，与孔德、斯宾塞一样，也有一种综合各门社会科学、寻找统一的社会发展规律的雄心，而这种学问上的追求，在很大程度上亦是对西方做学问的方法的呼应。这种做学问的方法，就是寻找符号（文字或社会现象）背后相当于规律的"本文"，而对新派学者来说，也就是中国的所谓要发现"微言大义"。在梁启超看来，中国的学问中揭示"适者生存"道路的"本文"，就是"内圣外王"的道路，这也是中国做学问的最高目的。他说："儒家哲学范围广博，概况说起来，其用功所在，可以《论语》'修己安人'一语括之。其学问最高目的，可以《庄子》'内圣外王'一语括之。做修己的功夫，做到极处，就是内圣；做安人的功夫，做到极处，就是外王。至于条理次第，以《大学》上说得最简明。《大学》所谓'格物致知诚意正心修身'，就是修己及内圣的功夫；所谓'齐家治国平天下'，就是安人及外王的功夫。"① 梁启超还明确指出，儒家学说与近代社会科学在研究问题方面具有所谓的一致性："有许多问题，是近代社会科学研究的，儒家亦看得很重。在外王方面，关于齐家的如家族制度问题；关于治国的，如政府体制问题；关于平天下的，如社会风俗问题。所以要全部了解儒家哲学的意思，不能单以现代哲学解释之。儒家所谓外王，把社会学、政治学、经济学……等等都包括在内；儒家所谓内圣，把教育学、心理学、人类学……等等都包括在内。"（梁启超，[1929] 1985b［《儒家哲学是什么》]）

　　所以，在梁启超看来，社会学首先是外王的学问，即齐家治国平天下的学问，而且是外王的功夫中排在政治学和经

---

①　见梁启超《儒家哲学是什么》，此文是 1927 年出版的《儒家哲学》一书的第 1 章，载《饮冰室合集·专集》第 103 卷。另外，《大学》一书中关于"修齐治平"道路的那段非常著名但也非常啰唆的解说是："古之欲明明德于天下者，先治其国；欲治其国者，先齐其家；欲齐其家者，先正其心；欲正其心者，先诚其意；欲诚其意者，先致其知；致知在格物。物格而后知至，知至而后意诚，意诚而后心正，心正而后身修，身修而后家齐，家齐而后国治，国治而后天下平。"

济学之前的第一位的学问。

梁启超和严复以天演人变理论为基础的"群学"思想，是由"群本""保群""合群""善群""群德""群术""群治"等一系列概念构成的体系，其核心是"以群为本、以变为用"的群本主义，其主干是以"合群"为原则的社会整合思想。

关于"群本"思想，梁启超指出，"群"是"万物之公性"，世上有"能群者"，有"不能群者"，合群是造物，离群是化物，能群者存，不能群者灭，物不一种，种不一变，根据"递嬗递代之理"，必然"后出之群渐盛"，"前此之群渐衰"，野蛮之群不敌文明之群。这几乎完全是进化论的物竞天择、适者生存的思想。从这里也可以看到，从词源学和语言学上说，"群"的概念和意思更多来自中国的文化和儒家学说，但是从解释学和语义学上说，"群学"的思想和这思想的本文主要来自西方达尔文的生物进化论和斯宾塞的社会有机体进化理论。

严复在翻译赫胥黎的《天演论》的过程中，甚至指出赫胥黎的心感而群较之斯宾塞的安利而群是舍本求末。严复的"保群"思想与"物竞天择"的思想如出一辙。

　　赫胥黎保群之论，可谓辨矣。然其谓群道由人心善相感而立，则有倒果为因之病，又不可不知也。盖人之由散入群，原为安利，其始正与禽兽下生等耳。初非由感通而立也。夫既以群为安利，则天演之事，将使能群者存，不群者灭；善群者存，不善群者灭。善群者何？善相感通者是。然则善感通之德，乃天择以后之事，非

其始之即如是也。其始岂无不善相感通者？经物竞之
烈，亡矣，不可见矣。赫胥黎执其末以齐其本，此其言
群理，所以不若斯宾塞氏之密也。（严复，1996：323
[《天演论》按语]）

严复虽然非常强调国家主义和民族主义的思想，但他通
过翻译亚当·斯密的《原富》（原名 *An Inquiry into Nature
and Causes of the Wealth of Nations*，现简译《国富论》）一
书，似乎已经接受了关于从"私利"到"公益"的那只
"看不见的手"的自由主义经济思想：他认为中国历史上治
化难进，在于把义理分开，倡导"君子言义不言利"，而计
学（经济学）的最伟大之功，就在于使义利相合；他还说，
令他读《原富》原文"潸然出涕"的是，"吾未见其民之不
自由者，其国可以自由也；其民之无权者，其国之可以有权
也"（严复，1996：341 - 342，379 [《〈原富〉按语》]）。

与严复相比较，梁启超的群学理论更多地融进了中国文
化中处世做人的道理。一方面，梁启超看到了社会整合（合
群）的重要性，认为合群是适应物竞天择之公理的保群之
道；另一方面，他也把形式上的合群与实质上的合群作了区
别，认为即使有形式上的合群，也终不免一盘散沙，而实质
上的合群要建立在利他主义的"群德"基础上。个人服从集
体（绌身而就群），小集体服从大集体（绌小群而就大群），
公而无私，舍己奉献，这成为以后的改革者和革命者发动和
组织民众时所倡导的首要道义精神，而梁启超显然是将此精
神作为群学要义的首倡者之一。

合群云者，合多数之独而成群也。以物竞天择之公理衡之，则其合群之力愈坚而大者，愈能占优胜权于世界上，此稍学哲理者所能知也。吾中国谓之为无群乎？彼固庞然四百兆人，经数千年聚族而居者也。不宁惟是，其地方自治之发达颇早，各省中所含小群无数也；同业联盟之组织颇密，四民中所含小群无数也。然终不免一盘散沙之诮者，则以无合群之德故也。合群之德者，以一身对于一群，常肯绌身而就群；以小群对于大群，常肯绌小群而就大群。夫然后能合内部固有之群，以敌外部来侵之群。（梁启超，［1929］1985b［《十种德行相反相成义》]）

梁启超关于"群术"和"群治"的思想，进一步显示出他把社会整合的可能性建立在道德的基础上，特别是建立在集体主义的道德基础上。

今夫千万人群而成国，亿兆京垓而成天下，所以有此国与天下者，则岂不以能群乎哉！以群术治群，群乃成；以独术治群，群乃败。己群之败，它群之利也。何为独术？人人皆知有己，不知有天下。君私其府，官私其爵，农私其畴，工私其业，商私其价，身私其利，家私其肥，宗私其族，族私其姓，乡私其土，党私其里，师私其教，士私其学，以故为民四万万，则为国亦四万万，夫是之谓无国。善治国者，知君之与民同为一群之中之一人，因以知夫一群之中所以然之理，所常行之事，使其群合而不离，萃而不涣，夫是之谓群术。天下

之有列国也，己群与他群所由分也，据乱世之治群多以
独，太平世之治群必以群。以独术与独术相遇，犹可以
自存；以独术与群术相遇，其亡可翘足而待也。彼泰西
群术之善，直百年以来焉耳，而其悖兴也若此。（梁启
超，[1929] 1985b [《〈说群〉序》]）

梁启超最初是通过严复对斯宾塞理论的介绍，了解和吸
收了西方的社会学思想，并建立起自己的群学理论。但是，
他把社会整合的可能性建立在集体主义道德基础上的思想，
却似乎更接近他当时并不甚了解的孔德，而与斯宾塞的自由
放任主义思想相悖。孔德的社会学思想强调整体和秩序，而
且也是把社会秩序建立在道德的一致性上。他认为社会有机
体的社会生活不能建立在个人契约和天赋人权之上，社会秩
序要求合法权威、等级制度和道德的一致性，否则就会崩溃
为彼此互无联系的一盘散沙；他还认为，科学的精神要求我
们不能把个人的需求和功利考虑作为出发点，真正的社会单
位不是个人而是家庭，正是在家庭内部，基本的利己主义倾
向受到约束而服从于社会利益。"集体有机体本质上是由家
庭（这是它的真正元素）和阶级、阶层（这是它真正的组
织）以及城市、乡镇（这是它真正的器官）组成的"（科
瑟，1990：10）。孔德给法国社会主义思想家圣西门当过秘
书，他对社会进步、社会秩序和集体权威的赞赏以及对无政
府主义的排斥，无疑也受到过圣西门的影响，而梁启超关于
把"群德"作为社会整合基础的理论，也与其师康有为的大
同思想不无联系。

在梁启超的时代，那些站在学术前沿的少数学者，应当

说对西方的学术思想已经开始有了比较全面而深刻的了解，
而梁启超是这少数人中的佼佼者。他在 1902 年发表的《论
学术之势力左右世界》一文中，列举了影响世界的"十贤"
学说：歌白尼（哥白尼）的"地圆学说"，倍根（培根）的
"格物之说"，笛卡儿的"穷理之说"，孟德斯鸠的"立法、
行法、司法三权鼎立之说"，卢梭基于天赋人权的"民约之
说"，富兰克令（富兰克林）的"电学"，瓦特的"汽机
学"，亚当·斯密的"理财学"，伯伦知理的"国家学"①，
达尔文的"进化论"。除此之外，梁启超还列举了奈端（牛
顿）的"重学"，嘉列（O. Guericke）和杯黎（R. Boyle）的
"排气器"，连挪士（C. Linne）的植物学，康德的"纯全哲
学"，皮里士利（J. Priestley）的化学，边沁（J. Bentham）的
功利主义，黑拔（J. Herbart）的教育学，仙士门（圣西门）
和喀谟德（孔德）倡导的"人群主义"（Socialism）及群
学，约翰弥勒（J. S. Mill）的"论理学、政治学、女权论"，
斯宾塞的群学，以及法国文学家福禄特尔（伏尔泰）、日本
文学家福泽谕吉、俄国文学家托尔斯泰（梁启超，[1929]
1985b［《论学术之势力左右世界》]）。对来自西方的思想，
革新派学者也是有选择的，富国强国的意识是支配其学术选
择的重要情结。梁启超所列的十贤中，伯伦知理无论从社会
名气上还是学术地位上，都无法列其他九贤之右，但梁启超

---

① 伯伦知理（Johann Friedrich Bluntschli, 1808 - 1881）是瑞士的法学家
和历史学家，在私法和国际公法方面有许多著作。可能由于其著作是
以德文写成，梁启超误以为他是德国人，并称其为"政治学大家"。
伯伦知理当时并不具有一流的学术声望和影响，将其列入"十贤"，
大概是由于梁启超对国家学说的偏爱和这一学说当时对中国革新派人
士的影响。

的"君主立宪"情结，使他对伯伦知理的国家主义学说大加
赞赏，同时激烈地批评卢梭社会契约论的"自由主义"基
础；他甚至没有读出卢梭思想中强烈的集体主义倾向，坚持
认定卢梭的理论不适合中国的建国目标，适合中国的是伯伦
知理的国家理论，因为中国最需要的是有机的统一和有效的
秩序，是把"部民"转变为"国民"（梁启超，［1929］
1985b［《政治学大家伯伦知理之学说》］；张灏，1993：169 -
186）。梁启超的这种强烈的"重国家、群体，轻社会、个
人"的思想，在很大程度上对他的学术思想产生了重要影
响，成为他的群学、群论的政治主题，也为他后来在政治上
走向保守埋下伏笔。

第三章 现代化：改良与制度变迁

一 社会学改良思想与学术的制度化

社会整合的实际需要和思想情结是社会学思想产生的重要动因。在 19 世纪 30 年代孔德写作《实证哲学教程》并创立社会学的时候，正是法国 1848 年革命的前夜，经济萧条引起激烈的社会动荡和混乱，知识阶层和中产阶级也出现道德标准的信仰危机。孔德一生经历了七个政权，无数的暴乱、骚动和市民起义，相对稳定时期很少。因此，寻求维护社会稳定和社会秩序的社会整合机制，以及通过社会改良实现社会进化和社会进步，成为孔德社会学的主要特征，也似乎成为后来社会学整个学科的基本特征之一。斯宾塞从 1862 年发表《第一原理》到 1873 年发表《社会学研究》（《群学肄言》）这段时期，正是英国维多利亚时代（1815 – 1914 年）的中期。这是与孔德所处的动乱时代完全不同的时期，是远离革命和动乱的时期，但也是英国即将结束其工业霸主地位的时期，知识界普遍出现危机感，要求进行新的社会整合。斯宾塞的社会学是英国当时这种要求的反映，他的社会有机体学说，为实现新的社会整合和维护社会均衡的秩序提供了社会学理论基础。总之，社会学从它产生的时候起，似乎就与一种本质上属于社会改良的思想相联系，即通过渐进的、非暴力的、非革命的社会进化实现社会进步，通过社会结构的转型实现制度和观念的变革。法国著名社会学家阿隆在谈到社会学家与法国 1848 年革命的关系时曾说，由孔德设想和开创，并由涂尔干加以实践的这种社会学，是以社会而不是以政治为中心的，甚至把政治放到从属于社会的地位，这就往往造成贬低政治制度的变革而重视社会基本现实的变迁。涂尔干热衷于社会问题、道德问题和职业组织的重组，而对议会机构却采取蔑视和冷漠的态度（Aron，1967：278－279）。

　　孔德社会学的社会改良思想和维护社会秩序的思想，受到革命理论家马克思理所当然的激烈批判。而且，这种批判与马克思对亚当·斯密的经济学和黑格尔的辩证法进行的充满赞誉之词的继承性批判是截然不同的。马克思在 1866 年写给恩格斯的一封信中，表达了严谨的德国思想家对孔德实证主义的轻蔑："我现在在顺便研究孔德，因为对于这个家伙英国人和法国人都叫喊的很厉害。使他们受迷惑的是他的著作简直像百科全书，包罗万象。但是这和黑格尔比起来却非常可怜（虽然孔德作为专业的数学家和物理学家要比黑格尔强，就是说在细节上他强，但是整个说来，黑格尔甚至在这方面也比他不知道伟大多少倍）。而且这种腐朽的实证主义是出现在 1832 年！"（马克思，1972：236）到 1871 年马克思写《法兰西内战》的时候，他专门写了"工人和孔德"一小节。他怒斥孔德派为资本统治制度和劳动雇佣制度辩护，并以非常严厉的语词批判道："孔德在政治方面是帝国制度（个人独裁）的代言人；在政治经济学方面是资本家统治的代言人；在人类活动的所有范围内，甚至在科学范围内是等级制度的代言人；巴黎工人还知道：他是一部新的教义问答的作者，这部新的教义问答用新的教皇和新的圣徒代

替了旧教皇和旧圣徒。"（马克思，1972：423－424）

西方社会学思想在产生的时候所具有的明显的社会改良特征，以及改良思想与革命思想之间产生的激烈冲突，在中国社会学产生和发展的过程中再次重演。梁启超和严复在19世纪末建立中国的群学思想的时候，正是1894年中日甲午战争之后，中国处于王朝衰落、内困外辱境况的时候，因此他们的群学具有鲜明的保群保族、富国强国的实用目的，以及由社会学的秩序和进化理论所决定的社会改良特征，就是非常自然的了。

与梁启超相比，严复思想的改良色彩似乎更加鲜明。严复早期为变革救亡大声疾呼，反对专制主义，主张君主立宪，倡导以自由为体、以民主为用，但到晚年，他在政治上逐渐趋于保守，对辛亥革命不理解，并为袁世凯称帝造舆论（张志建，1995：23－24）。不过，他的温和渐进改良思想，却似乎是一贯的，并不仅仅是一种应时政治态度，而是以其群学理论为基础的。他28岁时初读《群学肄言》，就认为自己"生平好为独往偏至之论，及此始悟其非"。他强调群学的主旨是反对盲进破坏，注重建设："群学何？用科学之律令，察民群之变端，以明既往测方来也……乃窃念近者吾国，以世变之殷，凡吾民前者所造因，皆将于此食其报。而浅谫剽疾之士，不悟其所从来如是之大且久也，辄攘臂疾走，谓以旦暮之更张，将可以起衰而以与胜我抗也。不能得，又搏撞号呼，欲率一世之人，与盲进以为破坏之事。顾破坏宜矣，而所建设者，又未必其果有合也，则何如其稍审重，而先咨于学之为愈呼！"（严复，1996：123［《译〈群学肄言〉自序》］）这也就是严复所自认为的"吾国变法当以徐而不可骤也"的道理。

梁启超与严复有很大的不同，他不仅是一位大学问家，也是实际参与和领导变法革新的风云人物。他对于自己介于改良与革命之间的思想，在1902年年底发表的《释革》一文中，作了很细腻的界说。他认为，第一，中国的"革"字，兼具英语中的 reform（改革、改良）和 revolution（革命）两种意思，前者可译为"改革"，后者可译为"变革"，二者的区别是"ref 主渐，revo 主顿；ref 主部分，revo 主全体；ref 为累进之比例，revo 为反对之比例"；第二，"革也者，天演界中不可逃避之公例也"，不论是自然界还是人类社会，都服从适者生存的法则，不适应者就要被淘汰，淘汰分为"天然淘汰"和"人事淘汰"，人事淘汰就是"革"，包括改革和变革（革命）；第三，人们所说的"革命"，实际上也就是变革，革命不局限于政治领域，在宗教、道德、学术、文学风俗、产业等各个领域都可以发生革命，就是在政治领域，革命也不是就意味着王朝的易姓更迭，王朝更迭也不一定就是革命，因为"革命"一词是在英国1688年的"光荣革命"后才使用，而此前几经王朝更迭，都不叫"革命"；第四，1789年的法国大革命使人们都认为革命就是暴力革命，就是王朝革命，从而对革命产生恐惧，而实际上国民变革也是革命，如1868年日本的明治维新，中国需要的就是明治维新这样的大变革，而不仅仅是废八股兴策论、废科举兴学堂的改革，中国面临生死存亡和"被天然淘汰之祸"，因此所谓革命，亦即变革，是"今日救中国独一无二之法门"，"不由此道而欲以图存，欲以图强，是磨砖作镜，炒沙为饭之类也"（梁启超，[1929] 1985b [《释革》]）。所以，梁启超在政治上仍是主张王朝集权下的变法（君主立宪），具有强烈的国家主义和民族主义特征。他曾是改良派的主帅，与孙中山的革命派对立，虽然为讨伐张勋复辟他撰写檄文，不惜与保皇的老师康有为撕破脸皮，但反对暴力革命主张社会改良的倾向，可以说是他一生的思想烙印（孟祥才，1980：106 - 118，247）。

社会改良的思想似乎已经成了社会学整个学科的思想特征，而不仅仅是某些社会学家的学术思想特征或主旨态度。正因为这一点，它也注定被在马克思主义指导下武装夺取政权的革命思想家斥为非马克思主义的或反马克思主义的。苏联在 20 世纪 30 年代、中国在 20 世纪 50 年代，都把社会学整个学科作为"资产阶级的伪科学"进行批判①，并从教育和研究体系中取消了这门学科②。中国直到社会学被取消 27 年后的 1979 年，出于改革开放和实现现代化的建设需要，社会学和政治学等才在邓小平的倡导下得以恢复名誉并随后恢复学科。③ 随后，1980 年南开大学首先恢复社会学系，中

①　中国 20 世纪 50 年代初期对"资产阶级社会学"的批判，到 1957 年与反右派斗争也联系起来。参见胡绳《关于资产阶级社会学的札记（1957 - 1958 年）》《争取无产阶级世界观的彻底胜利——在中国科学院召开的座谈会上的发言（1957 年）》（均见胡绳，1978）。

②　中国在 1952 年高等院校的院系大调整中，模仿苏联的做法，取消了社会学系的设置，财经政法等社会科学教育受到普遍冲击，如政法系科在校生占大学在校生的比重，从 1947 年的 24.33% 下降到 1952 年调整后的 2%，财经系科招生占高校招生总数的比重，从 1950 年的 16.03% 下降到 1953 年调整后的 2.9%（毛礼锐、沈灌群，1989：78 - 79）。

③　邓小平在 1979 年 3 月理论工作务虚会上说："实现现代化是一项多方面的复杂繁重的任务……我们面前有大量的经济理论问题……不过我并不认为政治方面已经没有问题需要研究，政治学、法学、社会学以及世界政治的研究，我们过去多年忽视了，现在也需要赶快补课。"（邓小平，1994：180 - 181）

国社会科学院建立社会学研究所。

社会学的社会改良思想，在中国 20 世纪上半叶的政治革命风云中屡试不果，名誉扫地，但社会学所孕育的社会改革家倡导的变法维新，却使得社会学作为一种学术，在渐进的潜移默化的制度变迁中得以制度化，并通过这种学术的制度化而达至学术的现代化。

变法维新的改良派学者的现代化理想，体现为对富国强国的渴望，而他们富国强国的方略，虽然首先是政治体制、经济体制和社会体制的改革，但最终又都似乎归结为一个民众教育的问题，从而促使他们积极参与和鼓动教育体制和学术制度的改革，这大概是学者的本性使然。

1895 年 3 月，严复在《原强》中说："海禁大开以还，所兴发者亦不少矣：译署，一也；同文馆，二也；船政，三也；出洋肄业局，四也；轮船招商，五也；制造，六也；海军，七也；海署，八也；洋操，九也；学堂，十也；出使，十一也；矿务，十二也；电邮，十三也；铁路，十四也。拉杂数之，盖不止一二十事。"他认为这些西方国家富国强国的制度，移到中国来则往往"淮橘为枳"，难收实效，所以"今日要政"还在开民智、厚民力、明民德。①

1895 年 5 月，康有为在他写的《上清帝第二书》（即著名的"公车上书"）中，提出下诏鼓天下之气，迁都定天下之本，练兵强天下之势，变法成天下之治。关于具体的变法富国方略，他提出六条："夫富国之法有六：曰钞法，曰铁

---

① 严复《原强》初于 1895 年 3 月 4－9 日发表在天津《直报》，这里所引是根据该文的修订稿（严复，1996：17，29）。

路，曰机械轮舟，曰开矿，曰铸银，曰邮政"；同时他也提出改革教育，说"尝考泰西之所以富强，不在炮械军兵，而在穷理劝学"（郑大华、任菁，1994：14，24）。

1896年8月，梁启超在《变法通议》的《论变法不知本原之害》一篇中指出"今之言变法者，必曰练兵也，开矿也，通商也"，但若没有这些方面的专门学校传授这些方面的知识和技艺，则铁路、轮船、银行、邮政、农务、制造等"百举而无一效"，因此"一言以蔽之曰：变法之本，在育人才；人才之兴，在开学校；学校之立，在变科举；而一切要其大成，在变官制"（梁启超，[1929] 1985b）。

1898年12月，《知新报》的评论《论中国变政并无过激》一文，历数中国开放海禁后受西方影响开始时兴的各种"新政"：变科举，变官制，变学校，许士民上书，许报馆昌言，去衰老大臣，派亲王游历，办民团，改洋操，汰旗兵，兴海军，开内地邮政，开海外学堂，立农务局，立工务局，立商务局，立医学，修铁路；以及免厘金，重官俸，废毒刑，免奴婢，徙游民，实荒地，禁洋烟，禁赌博，推广善堂，保护华工，开女学，禁缠足，开赛会，迁新都，开议院，立宪法，开懋勤殿，立制度局，免长跪礼，开太平会，置巡捕房，开洁净局，设课吏馆，立保民约等等（郑大华、任菁，1994：289-306）。这些大多数今天已经融入"日常生活"的制度，20世纪初都是标志着变法维新、富国强国的"符号"。

与这些新制度的符号融入日常生活体系一样，社会学融入中国的知识系统，并在中国的教育体系中获得一定位置，这种不经意观察难以领略其"深刻性"的制度变迁，正是中国在剧烈变幻的政治风云中缓慢走向现代化的实际过程。

中国在洋务运动时期，洋务派领袖人士就建立了许多新型学校，主要是外语、工业和军事学校，如京师同文馆（1862年）、上海广方言馆（1863年）、广州同文馆（1864年）、湖北自强学堂（1893年）、福州船政学堂（1866年）、上海机器学堂（1865年）、天津水师学堂（1880年）、江南水师学堂（1890年）、天津军医学堂（1893年）、天津武备学堂（1895年），但一般是除外文外，这些学堂主要传授西方的理工科基础知识。

康有为是较早注重传授西方人文科学和社会科学知识的变法维新人士。1891年春，康有为在广州设立"长兴学舍"，初时有学生20余人，后因学生不断增加两次迁址，1893年冬迁到广州府学宫深处的仰高寺，易名为"万木草堂"。这是中国第一个把"群学"列入教学课程的学校。后来，梁启超在撰写《康有为传》时，生动地描述了作为大教育家的康有为，并根据康有为撰写的《长兴学记》及其亲身所受的教育，精心绘制了长兴学舍（即后来的万木草堂的前身）的教学体系图（见图3-1）。这个教学体系把学科分为义理学、考据学、经世学、文字学；义理学主要是指哲学和伦理学，考据学包括史学和自然科学，经世学包括政治学和社会学，文字学包括文学和语言学。这大体已经有了今天人文科学、社会科学和自然科学分野的影子。

康有为在广州长兴学舍（万木草堂）的教书时间，主要是从1890年秋到1894年初，此后进京会试，其间也曾回粤讲学。1895年春康有为再次进京参加会试并发动"公车上书"。但他1896年上半年又"讲学于广府学宫万木草堂"，

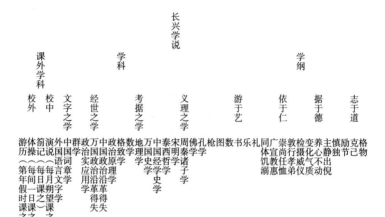

图 3 - 1　长兴学舍教学体系图

来源：该"学表"出自梁启超所著《康有为传》，载《饮冰室合集·文集》第 9 卷，亦载于《康南海自编年谱（外二种）》，北京：中华书局，1990，第 245 页。

"续成《孔子改制考》，《春秋董氏学》，《春秋学》"，1897年 6 - 7 月又曾最后"还粤讲学，时学者大集，乃昼夜会讲"（康有为，1992：19 - 23）。"群学"不知是何时列入长兴学舍教学课程的，关于康有为所教的"群学"课程的内容，在康有为的《长兴学记》《万木草堂口说》以及其他著作中，也都没有任何记载。康有为仍属于不通外文的传统学者，很少涉及西学。因此康有为是否真正讲授过"群学"，实在有可疑之处。① 不过康有为当时的确大量购置西学译本，指导

———————

① 参见康有为《长兴学记、桂林问答、万木草堂口说》（1988）。梁启超所绘制的长兴学舍的教学体系图，基本上是根据康有为的《长兴学记》，但也有出入，其中"志于道""据于德""依于仁""游于艺"诸项及所属分项都是康有为文中所列的，而"义理之学""经世之学""考据之学"和"词章之学"各项，是康有为所列的中国（转下页注）

学生自学西学。上海制造局译印西书才售出 1200 册，而康有为一人当时就购各种西书 3000 余册。同在万木草堂学习的梁启超的弟弟梁启勋回忆道：学生们"要读很多西洋的书，如江南制造局关于声光化电等科学译述百数十种，皆所应读。容闳、严复诸留学先辈的译本及外国传教士如傅兰雅、李提摩太等的译本皆读"。[1]据此，长兴学舍所传授的"群学"，应是严复介绍的斯宾塞社会学，因为康有为在其著作中，并未留下他自己的有关群学思想的文字，甚至从未提到"群学"的概念。然而，最早引进西方社会学思想的严复，在 1894 年以前还未开始译书，他最早介绍斯宾塞群学的文章是《原强》，该文虽写于 1894 年春（"甲午春半"）[2]，但发表于 1895 年 3 月。所以万木草堂所设"群学"课程，只有两种可能性：一种可能性是，群学是在 1895 年以后设立的，这种可能性仍然很小；另一种可能性是，梁启超所绘制的这个课程体系只不过是指万木草堂的学生接触到的学科内容或读书和讨论涉及的知识，是梁启超根据康有为的讲学

（接上页注①）传统的四门"通学"。其所属具体科目以及部分西学内容（包括群学），全都是梁启超根据自己的解释增添的，并改"词章之学"为"文字之学"。最大的修改是梁启超略去康有为原来所列的"科举之学"及所属的"经义""策问""诗赋"和"楷法"诸分项，可能是梁启超认为该课程设置不符合康有为的变法维新思想。

① 参见张伯桢《万木草堂始末记》，稿本；梁启勋：《万木草堂回忆》，载《文史资料选辑》第 25 辑（林克光，1990：109）。

② 严复在 1896 年 10 月写给梁启超的一封信中说："甲午春半，正当东事臬兀之际，觉一时胸中有物，格格欲吐，于是有《原强》、《救亡决论》诸作，登布《直报》……"可见《原强》写于甲午战争即将爆发之时，而发表在天津《直报》上的日期是甲午战争后的 1895 年 3 月 4—9 日（严复，1996：521）。

大纲精心"加工"了的教学体系，并非康有为所设的专门课程。因为康有为一人为师，难以想象能承担这么多的课程，况且数学之类，非他所长，他的西学也只能依赖译本。所以所谓群学课程，不过是指万木草堂的学生在1895年以后接触到的对斯宾塞社会学思想的中国化阐释而已。

但是，至少梁启超头脑里的学科分类体系，已经与中国传统的由子学、经学、史学等构成的知识体系有了根本区别，开始接近现代的知识体系。1902年时，梁启超认为理论是实事之母，理论又可分为理论之理论和实事之理论，前者是指哲学、宗教等，后者是指"政治学、法律学、群学、生计学等"；同年在谈到创立新史学的问题时，他又指出史学与地理学、地质学、人种学、人类学、言语学、群学、政治学、宗教学、法律学、平准学（经济学）等学科有直接关系，而与"哲学范围所属之伦理学、心理学、论理学、文章学及天然科学范围所属之天文学、物质学、化学、生理学"等常有间接关系；20年之后的1922年，他又提出不能把科学看得太窄，以为只有化学、数学、物理、几何等才算科学。"殊不知所有政治学、经济学、社会学……只要够得上一门学问的，没有不是科学"，科学就是"求真知识"，"求有系统的真知识"，"可以教人的知识"，不改变对于科学的偏见，"中国人在世界上便永远没有学问的独立"。[1] 可见梁启超头脑里的"群学"以及中国社会学自身，也有一个通过逐步界定其在学科体系中的位置而得以"学科化"的过程。

---

[1] 参见梁启超《新民议》《新史学》《科学精神与东西文化》等文（李华兴、吴嘉勋，1984：354，287，794-797）。

在中国，"群学"易名为"社会学"，是由于中国人翻译日本学者介绍 Sociology 的著作时，直接采用了"社会学"这种日本学者的译法。辛亥革命之前，就有人以日本学者的著作为蓝本编译了几种社会学的著作，开始采用"社会学"的译名。如 1902 年，章太炎译岸本能武太介绍斯宾塞和吉丁斯（F. H. Giddings，1855－1931）理论的《社会学》，由广智书局出版；1903 年，吴建常转译市川源三的《社会学提纲》，而该书是吉丁斯《社会进化论》的日文易名译本；1903 年，马君武译出斯宾塞《社会学原理》的第二编《社会学引论》；1911 年，商务印书馆出版了欧阳钧编译的日本学者远藤隆吉的《社会学》，而远藤隆吉的著作也不过是转手介绍美国社会学家吉丁斯心理学派的学说；此外，较有影响的还有 1920 年和 1922 年商务印书馆出版的美国社会学家爱尔乌特（C. A. Ellwood，1873－1946）的三本书的译本：《社会学及社会问题》《社会心理学》和《社会问题——改造的分析》。与此同期，大学里开始设立社会学课程：1908 年，美国教会在上海办的圣约翰大学创设社会学课程，由美国学者亚塞·孟（Arthur Monn）讲授；1913 年，上海沪江大学也开设社会学课程，并于 1915 年由美国教授葛学溥（D. H. Kulp）创立社会学系，讲课的除葛学溥外，还有美国学者白克令（H. S. Bucklin）、狄来（J. Q. Dealey）等人；1917 年，北京的清华学校（后来的清华大学）设立由美国学者狄德莫（C. G. Dittmer）讲授的社会学课程；1919 年，燕京大学（美国教会在北京办的大学）成立由美国学者步济时（G. S. Burgess）任系主任的社会学系。除教会学校外，国立的京师法政学堂于 1906 年、京师大学堂于 1910 年，也都开设了社会学课。章太炎的门生、留学日本回国并在北京大学（1912 年京师大学堂改名为北京大学）任教的康心孚，大概是第一位在大学讲授社会学课程的中国学者，他也是中国第一代社会学家孙本文的老师。①

对于中国的社会学来说，可与社会学创始人孔德相比拟的，无疑是梁启超。也许严复比梁启超更了解西方的社会学，但梁启超的"群学"的思想深度及其学术意识远胜于严复。那么，在中国，谁又是使社会学学科化的涂尔干呢？现在看来，在中国社会学的发展史上，无人可与涂尔干相比拟，若一定要相比的话，大概应首推陶孟和（原名履恭，1887－1960）。孙本文虽是早期社会学家中著述较多的人，而且对社会学在中国的传播贡献最大，但他的著作多属于思想和理论的二传手之作。陶孟和是中国最早留学学习社会学的人之一，也是第一位用社会学方法分析中国社会并撰写出社会学专著的人，1915 年他与梁宇皋用英文合著的《中国乡村与城市生活》一书，由伦敦经济学院出版；他是最早在中国讲授社会学的中国教授之一，20 世纪 20 年代初就在北京大学开设社会学和人口学的课；他还是最早在中国组织社会调查的中国学者之一，是中国第一家社会调查机构的主持人，他在 1915 年写的京城人力车夫的调查报告可能是中国学者写得最早的调查报告。当然，就纯学术的比较来说，梁启超的渊博可能远非孔德所能比拟，而涂尔干的精深又远非

①　关于这段中国社会学早期的历史，有各种记载描述，但史料似乎都出自孙本文主编的《社会学刊》（1929－1948）第 2 卷第 2 期的《中国社会学运动的目标、经过和范围》一文（杨雅彬，1987：27－32；胡绳，1978：243－260）。

陶孟和所能比肩。

社会学在中国的学科化过程，反映的正是中国普遍的制度变迁的实际过程，而这种普遍的制度变迁，构成了中国现代化的洪流。社会学的学术制度，就像学校的制度、邮政的制度、铁路的制度一样，是一种现代化的"制度符号"，有了这些符号才能解读和延续现代化的"思想本文"。这些制度的酝酿、引入和建立，也许是渐进的、潜移默化的甚至不经意的；随着时间的磨蚀和它们融入"日常生活"，人们或许已经完全忘记了它们最初所具有的意义；但这些制度的形成过程，的确蕴含着观念的断裂、方法的创新和社会的转型。

二 学术走向生活及其反思

中国社会的现代化是一个漫长的社会结构转变过程，制度变迁是这个过程的组成部分。制度变迁虽不像思想观念变革那么充满着论战的激情和攻守转换的戏剧性，但相对于日常生活的基层结构变迁来说，它毕竟是显著的，具有思想符号和行为规范的普遍意义，特别是政治体制的暴风骤雨般的变革，往往会成为划分时代的标志。在现代化的过程中，日常生活的基层结构的变迁，是最大量发生的、最不为人所在意的和最经常、最持久也是最根本、最深层的社会变迁。很多学者习惯于把思想观念视为比日常生活更深层的东西，而现代社会学方法的导入，将这一观念本身颠倒过来。

历史上的学者，似乎从来注重的都是从书本里寻知识，讲究师承关系，讲求思想渊源。学问的深浅，要看概念的锤炼功夫，要看能否从已有的知识体系中发现新的微言大义，从而建立自己的知识话语和观念符号。日常生活的油盐酱醋茶、食衣住行闲，大概应归于形而下的末流，不是值得学者们关注的东西。现代社会学方法的产生，是把自然科学对"自然现象"的观察、比较、分析的方法移植到社会科学上来，它开辟了从对社会现象和社会事实观察中寻找学问的道路。做学问，要学会询问，这也许就是学问的本义。但在19世纪中叶以前，世界上还很少有人把今天社会学的所谓社会调查方法概括为一种做学问的路子。法国的社会学家、经济学家和工程师勒普莱（F. Le Play，1806－1882）通过对工人家庭进行实地调查和个案调查获得的资料，在1864年写了《欧洲工人》一书，从而使他成为开创社会学调查方法的最早的先驱之一。而法国社会学家涂尔干（E. Durkheim，1858－1917）通过他在1895年出版的《社会学方法的准则》和1897年出版的《自杀论：一种社会现象的研究》，使社会学在做学问的路子方面完全从哲学的母体中独立出来。[①] 革命的理论家为了理论的适用性，也很早就开始使用社会调查的方法。1845年恩格斯在24岁时，就根据实地调查写了《英国工人阶级状况》（恩格斯，1957，2卷：269－287）；而马克思在1880年62岁时还设计过一个长达100个问题的《工人调查表》（马克思，1963，3卷：250－258）。

　　社会学在中国的导入和产生，也使中国学者做学问的方

[①] 在19世纪末20世纪初，由于西方列强拓展和维护殖民地的需要，人类学受到刺激而快速发展起来，对土著社会的关注使许多人类学家赴非洲、大洋洲和拉丁美洲进行实地调查，社会学的参与观察调查方法也因而进一步地发展了。

法为之一变。中国的学者们这时才幡然醒悟，原来学问（尤其是解释具体社会现象、解决具体社会问题的学问）也是可以来自对日常生活的观察的。社会学的社会调查方法在中国的运用，使中国学术的实践取向进一步强化。中国最早的社会调查大概是北京社会实进会（1913 年北京高校学生组织的社会服务组织）于 1914－1915 年对北京人力车夫的调查。此外，1923 年，陈达指导清华学校学生调查了附近的成府村91 户人家、安徽休宁县湖边村 56 户人家和学校雇役 141 人；1924－1925 年，甘博、孟天培、李景汉在北京调查了 1000位人力车夫、200 处出赁车厂和 100 个车夫家庭；1926 年，孟天培和甘博以北京几家粮店的账簿、行会章程为依据，以若干家庭社会预算为参照，调查了北京 1900－1924 年 25 年的物价、工资和生活费用变化情况；1926－1927 年，陶孟和采用家庭记账法，对北京 48 个手工业工人家庭和 12 个小学教员家庭的生活费进行了调查，写成《北平生活费之分析》一书，于 1930 年出版。在中国教学的外国教授，也指导学生进行了深入调查：1918－1919 年，沪江大学社会学教授葛学溥指导学生对广东潮州 650 口人的凤凰村进行了调查，调查结果用英文写成《华南乡村生活》，于 1925 年出版；1922年华洋义赈救灾总会委托马伦（C. B. Malone）和载乐尔（J. B. Taylor）指导 9 个大学的 61 个学生，对直隶、山东、江苏、浙江 4 省的 240 个村 1097 户家庭进行了调查，并以英文写成《中国农村经济研究》出版；1923 年，在白克令教授指导下，沪江大学社会调查班的学生调查了上海附近360 口人的沈家行村，调查结果写成《沈家行实况》（张镜予主编），于 1924 年由商务印书馆出版，这大概是第一个用中文写的农村社会调查报告（杨雅彬，1987：34，55－57）。中国早期社会学调查报告的经典之作，当属李景汉1933年发表的《定县社会概况调查》。笔者在此处不厌其烦地罗列这些中国早期的社会调查，只是为了说明，这种研究的方法，并非中国从来就有的，也并非从中国传统治学文化的土壤里自然长出来的，它像社会学在中国的产生和邮政、铁路、学校等新事物在中国的出现一样，也是中西文化碰撞的产物和中国走向现代化过程中观念断裂的标志。

制度的变迁，只在某些历史时段表现得比较突出，尽管20世纪以来，中国的制度变迁（包括制度革命和体制改革）曾多次成为历史的主题，但制度相对稳定的时期仍然是更为经常、更为长久的状态。制度本身的含义，就意味着它是相对稳定的行为规范，人们不可能永远在制度变迁中生活，就像无法驾车行驶在交通规则日新月异的道路上。制度的建立是为了降低人们行动的成本，制度具有这种节约行为成本的功能，因此制度变迁本身是要付出成本的，只有当制度变迁的收益大于成本时，这种制度变迁才是合乎理性的。但是，相对于制度变迁来说，日常生活的基层结构的变迁每日每时都在进行，它由无数的，似乎司空见惯、习以为常但又实际上变动不居的日常社会现象构成。这种持续的不间断的社会结构变迁是社会发展的常态，只不过有时缓慢得让人感到死气沉沉，有时又加速得让人感到变幻如云、不知所措。社会学所研究、所关注、所要通过社会调查获得的学问，实际上就是关于这种日常生活基层结构的变化规则的知识，这种知识除了来自对日常生活经验的分析综合之外，别无他途。

这种做学问的方法，并不只限于对"现实问题"的研究。在历史研究的领域，这一方法也同样有效。法国著名的历史学家布罗代尔（F. Braudel，1902－1985）在研究15－18世纪物质文明、经济和资本主义时，就特别注重从最基层的日常生活结构的变化入手；他不厌其烦地从各种琐碎的关于衣食住行的资料中去发掘那些人们所不经意的东西，认为这样才能真正揭示市场经济和资本主义的形成。① 这样撰写历史当然不如研究重要历史人物和重大历史事件的传统历史方法简洁，甚至让人觉得把轰轰烈烈的历史写得那么平常乏味、那么枯燥繁琐，但这样撰写的历史也许才是更为真实的，更接近历史本来面目的。中国是史学大国，但对中国的历史，史学家更多关注的是正史，如朝代史（"二十四史"）和编年史（《资治通鉴》等），而不是各种历史档案本身。对中国的"二十四史"，史学家历来关注的也是本纪、帝纪、列传、世家以及王朝更迭等重大事件，近现代治史的学者，才把目光更多地转向考古发掘和历史遗留的实物，注重引证和依据第一手资料，也更注意研究史书中反映日常生活的食货志、刑法志、地理志、礼仪志、乐志、艺文志、职官志、舆服志、选举志等。

　　所以，对于一百多年来中国现代化和社会结构变迁的历程，人们可以从不同的层面和角度来观察。人们比较习惯的

---

① 布罗代尔是法国年鉴历史学派第二代的代表人物，该学派是由费弗尔（L. Febvre，1878－1956）和布洛赫（M. Bloch，1886－1944）创立的，其研究方法受到人类学、社会学、地理学、心理学、经济学和语言学的影响，强调研究要"科学"和"客观"，注重依据经过缜密考证的第一手资料，尤其是档案资料，发掘个别、特殊社会现象之间的历史因果关系。布罗代尔对日常生活的关注，开历史研究的新风（布罗代尔，[1979] 1992）。

层面和感到方便的观察角度，往往是划时代的历史事件、耳熟能详的代表人物和不同派别的社会思潮，而人们最容易忽略的重要层面就是"日常生活"。19世纪末，中国"人多好之"的进口衣物食物用物，如洋布、洋缎、洋呢、羽纱、漳绒、毡毯、手巾、花边、纽扣、针线、伞、颜料、牙刷、牙粉、胰皂、火油、咖啡、吕宋烟、纸卷烟、洋酒、火腿、洋肉脯、洋饼、洋糖、洋盐、洋干果、洋水果、药水、丸粉、马口铁、钟表、寒暑表、风雨针、电气灯、自来水、玻璃镜、照相片、电线、显微镜、德律风、传声筒、留声筒等①，现在早已成为寻常之物，在生活中和人们的记忆中甚至难以留下它们改变生活方式的变迁痕迹；但它们的导入和融入中国日常生活的过程，就像制炮造舰等技术、学校邮政铁路等制度和物竞天择适者生存等思想导入和融入中国社会的过程一样，反映的是中国缓慢走向现代化的社会结构变迁过程，而且是从日常生活的最基础层面揭示这一过程。

20世纪初社会学在中国的导入和产生所推动的学术走向生活、走向实践的取向，以及外辱内忧之下学者所形成的富国强国的强烈使命感，形成了中国社会学的介入生活、干预生活的传统，推动一大批学者走出书斋步入生活基层。同时，也形成了学术上的一个明显特征，即在研究中国时强调文化"特殊性"。

---

① 1895年，康有为在《上清帝第二书》（即著名的"公车上书"，因进京会考的书生可乘公车，所以史称"公车上书"）中，提出务农、劝工、惠商、恤穷的"养民之法"，这里所列的物品，是他在谈到劝工、惠商时列举的关系"民生国计"的外来工业品和引起严重贸易逆差的外来生活商品（郑大华、任菁，1994：19-20）。

关于"特殊性"问题，起初似乎是由于学西方不见实效，焦虑之下反观中国现实，于是发现了中国不具有走西方道路的文化基础这个"理由"。但开始也还只是涉及东方之于西方、中国之于外国在社会结构和文化上的特殊性，后来关于这种"特殊性"的探讨被扩展到很多学术领域，包括学科的理论、规则和方法。

梁启超是较早（1906 年）提出东西方社会具有根本差异的学者。他提出这种差异，不过是为了证明，欧美的经济社会"陷于不能不革命的穷境"，而中国的经济社会，只能"使循轨道以发达进化，而危险之革命手段，非所适用也"。他解释说："我国现时之经济社会组织，与欧洲工业革命前之组织则既有异，中产之家多，而特别豪富之家少。其所以能致此良现象者，原因盖有数端。一曰无贵族制度。欧洲各国，皆有贵族，其贵族大率有封地……二曰行平均相续法。欧洲各国旧俗，大率行长子相续……三曰赋税极轻。欧洲诸国，前此受教会重重压制，供亿烦苛，朘削无艺，侯伯、僧侣不负纳税之义务，而一切负担，全委诸齐氓……凡此皆说明我国现在经济社会之组织，与欧洲工业革命前之经济组织，有绝异之点。而我本来无极贫极富之两阶级存，其理由皆坐是也"（李兴华、吴嘉勋，1984：502 - 503）。梁启超在这里提出的，不仅是中国社会组织特殊论，而且是中国社会组织优越论。

陈独秀在即将就任北京大学哲学系教授的 1915 年，在其创办的《新青年》杂志上发表了《东西民族根本思想之差异》一文，认为，第一，"西洋民族以战争为本位，东洋民族以安息为本位"；第二，"西洋民族以个人为本位，东洋民族以家庭为本位"；第三，"西洋民族以法治为本位，以实利为本位；东洋民族以感情为本位，以虚文为本位"。陈独秀所说的东洋民族，显然是指中国，而且他的阐述中赞扬西洋的民族性、贬斥中国民族劣根性的取向是明显的。他认为中国的宗法制度损害个人独立之人格，窒碍个人意思之自由，剥夺个人法律平等之权利，养成依赖性从而戕贼个人之生产力，所以"欲转善因，是在以个人本位主义，易家庭本位主义"（陈独秀，1915）。

梁漱溟大概是近代以来中国学者中谈东西文化差异问题最多的人，1920－1921 年他就发表了《东西文化及其哲学》一书。除早期那篇使他以中学之学历而能持北京大学教鞭的《究元决疑论》①和关于印度哲学的著作外，这个问题几乎贯穿于他所有著作。而 1928－1933 年发生的"中国社会史论战"，显然刺激了他在这方面的思考。梁漱溟认为，首先，中国是"伦理本位的社会"，中国已蜕出的宗法社会是"家庭本位的社会"，"西洋近代社会是个人本位的社会——英美其显例；而以西洋最近趋向为社会本位的社会——苏联其显例"，"团体与个人，在西洋俨然两个实体，而家庭几若为虚位。中国人却从中间就家庭关系推广发挥，而以伦理组织社会消融了个人与团体这两端（这两端好像俱非他所有）"。其次，西洋"中古社会靠宗教，近代社会靠法律"，而中国

---

① 梁漱溟在北京上完中学后，再未接受正规教育，完全靠自学。1916 年他 24 岁时，在《东方杂志》上发表了谈印度佛学的《究元决疑论》一文，蔡元培看到后即邀他到北京大学哲学系讲授印度哲学课程，而此时在北大哲学系执教的基本上都是留学回来的，此事一时传为佳话，成为蔡元培不拘一格选人才的例证（梁漱溟，1989b：659－698；1989a：20－21）。

社会"以道德代宗教，以礼俗代法律"。再次，中国是"职业分途的社会"，西洋是"阶级对立的社会"，西洋社会"中古则贵族地主与农奴两阶级对立，近代则资本家与劳工两阶级对立"。最后，中国社会只有周期性的治乱而无革命，西洋社会则既有工业革命又有社会革命。梁漱溟强调中国文化和社会的特殊性，大致是为了说明中国民族性的劣根性，而改造这种劣根性要从"乡村自治"开始，不能走西方资本主义的道路。[①]

1947 年，费孝通在经历了他的实地社区调查阶段之后，开始用比较的手法从理论上分析乡土中国的特征。他认为，中国乡土社会的基层结构，是由"一根根私人联系所构成的网络"形成的"差序格局"，而现代西洋是"团体格局"，"在团体格局里个人间的联系靠着一个共同的架子；先有了这个架子，每个人结上这个架子，而互相发生关联"。他还认为，中国乡土社会是礼治社会，西洋现代社会是法治社会；中国乡土社会是血缘社会，血缘是身份社会的基础，西洋现代社会是地缘社会，地缘是契约社会的基础；"从血缘结合转变到地缘结合是社会性质的转变，也是社会史上的一个大转变"。[②] 费孝通在论述中国乡土社会与西方现代社会

---

① 关于中国社会与西方社会这几个差别，梁漱溟在他 1937 年出版的《乡村建设理论》（一名《中国民族之前途》）中都已提出，而据他所说，这种见地和主张萌芽于 1922 年，大半决定于 1926 年冬，而成熟于 1928 年（梁漱溟，1989c：141－573）。此处引自他的《中国文化要义》，该书内容曾在 1941 年在广西大学讲演，1942 年开始写作，但到 1949 年才出版（梁漱溟，1990：1－305）。

② 引自费孝通《乡土中国》，该书是 20 世纪 40 年代后期费孝通应《世纪评论》之约，根据其在西南联大和云南大学所讲"乡村社会学"课程的内容写成（费孝通，1985：29，48－49，77）。

的差异时，有时似乎是作为两种不同的文化类型，但更多的时候又似乎是直接受西方现代化理论的影响（特别是滕尼斯关于社区与社会的结构差别的理论），把这种差异视为传统社会与现代社会的阶段性差异。

随着东亚经济的起飞成功，新儒家学说又重新提起东西方文化差异问题，但这次的命题似乎有所改变，中国人似乎不再有文化上的自贬和自嘲。1983 年，在香港召开的"中国文化与现代化"研讨会上，香港中文大学社会学教授金耀基宣读了《儒家伦理与经济发展：韦伯学说的重探》一文，质疑韦伯在《中国的宗教：儒家与道教》一书中关于儒家伦理是传统中国社会阻碍资本主义发展最主要原因的判断，要翻这个"长期以来几为学术界默然遵守的铁案"。金教授认为，东亚社会经济发展之谜，对韦伯的假设提出"经验现象的挑战"，而这种现象正可以按照韦伯《新教伦理与资本主义精神》一书的方法，以儒家伦理给予"文化的解释"（金耀基，1993：128 - 151）。1985 年，在第二次"中国文化与现代化"研讨会上，陈其南的《家族伦理与经济理性——试论韦伯与中国社会研究》一文，深化了这一探讨，分析了儒家的家族伦理对经济发展的贡献，凸显了儒家"光宗耀祖"的成就目标和精神动力（陈其南，1987）。1987 年，余英时发表了《中国近世宗教伦理与商人精神》一书，试图通过对中国长时段历史的研究来解决这个韦伯式问题。他认为在传统中国的价值体系中，也存在如新教伦理的勤、俭那样的工具理性，这是中国明朝中叶后商业蓬勃发展的原因（余英时，1987）。从此，这个话题似乎成为新儒家的主题，也几乎成为 1988 年在香港召开的第三次"中国文化与现代化"

研讨会的主题（黄绍伦，1991）。①

　　这种具有继承性的对中国社会结构或文化"特殊性"的强调，是很有意义的，但在学术上也有陷阱，它有可能使人们把最终将汇入普遍性的特殊性，当作一种持久的特殊性。世界现代化的过程，尽管也是价值观走向多元化的过程，但从特殊性走向普遍性这一规律并没有因此而改变。如果把关于中国文化"特殊性"的命题扩展到中国的研究和学术的"特殊性"上，那就更进入误区了。科学是超越国家、民族、地域和文化的。作为科学的社会学也只能有一个，它是属于全世界的，它可以有许多不同的学派、不同的视角、不同的观点和不同的思潮，可以有不同的理论发展阶段，可以有对不同社会和不同文化的研究，但属于这个学科的基本逻辑和规则是相同的。

---

①　参见这次研讨会后出版的论文集《中国宗教伦理与现代化》（黄绍伦，1991）。该文集中请重点参阅张德胜的《儒家伦理与成就动机：事实与迷思》（第 62 - 76 页）和 G. G. Hamilton 的《父权制、世袭主义与孝道——中国与西欧的比较研究》（第 203 - 240 页）两文。

第二编

20 世纪上半叶中国社会学

20 世纪上半叶，中国经历了王朝崩溃、军阀混战、外敌入侵、学潮汹涌、民怨鼎沸；但在文化学术领域，却又是思潮激荡、呐喊起伏、大家辈出的时期。中国社会学在此一时期，也呈现了难得的快速发展局面，一些研究成果达到了那个时期所能达到的巅峰，并且迄今难以超越。要为这样一个思想线索纷杂的时期撰写社会学学术小史，自然是一件非常困难的事情。

中国在 20 世纪初出现了一种类似春秋战国时期的学术思想繁荣，究竟是什么因素促成了这种乱世中的繁荣呢？可能大致有三方面因素：一是在西学东渐、中西文化的碰撞之下，国人对传统文化产生从未有过的民族自省和反思；二是在列强入侵、民族屈辱之下，各种新潮思想流行，变法维新、启蒙救亡、革命批判等自强意识强烈，反传统成为主流；三是文人走入实际、走进实践、走向实用的取向明显，改造社会成为学术主旨。

梁启超在他 1923 年演讲的《中国近三百年学术史》中，对中国学术开始走向务实的思潮追溯得更远，他认为近 300 年的学术思潮是对过去 600 年的道学传统的反动，"这个时代的学术主潮是：厌倦主观的冥想而倾向于客观的考察"①。

---

① 见梁启超，1985。这个版本是经过朱维铮先生校注的，比通行的《饮冰室合集》版本少了许多差误。

这也并非梁启超一人的看法，蒋方震在1921年为梁启超的《清代学术概论》写的序中说："由主观之演绎进而为客观之归纳，清学之精神，与欧洲文艺复兴，实有同调者焉。"[①]许多学者在概括16世纪至19世纪40年代中国的学术思潮时，都称之为"经世致用思潮"或"明清实学思潮"（陈鼓应、辛冠洁、葛荣晋，1989）。中国社会学的产生，自然与整个社会的学术思想的发展是一致的，但其走入实际、走进实践、走向实用的特点，较之其他学科更加明显，这主要表现在它对社会调查的重视，甚至成为一种对社会调查的崇拜，发展成社会调查运动。我们在本编里是从学科化的社会学思想开始谈起。

在学术史的分析中，要想保证思想逻辑线索与历史发展线索的一致，是极为困难的，因为学术之树，枝叶繁茂并且分权众多。为了叙述的方便，我们以学术流派为主线，以历史发展为辅线，分析社会学学术思想的变迁。

纵观20世纪上半叶中国社会学的学术思想，大略可以划分为五种思潮：一是唯物史观社会学；二是乡村建设和社会调查运动；三是社会学的"中国学派"；四是社会学的"学院派"；五是社会史研究。这五种思潮的划分，只是为了能够包容所有的社会学学术分支，是为了一种叙述的方便，很难谈得上是完全恰当的，因为有的思潮是一个统一的学派，有的思潮包含了多个学派，还有的思潮与学派的联系并

---

① 见蒋方震（［1921］1985）。《清代学术概论》原是应蒋方震之邀为其《欧洲文艺复兴史》一书写的序言，但"下笔不能自休"，一写就是洋洋数万言，几乎与原书差不多了，结果只好单独成书，并反邀蒋方震为之作序。

不明显。

这五种思潮大体可以分为两条思想线索：一条是理论和经验的线索，另一条是国学和西学的线索，这两条线索是相互交织在一起的。

总之，通过对唯物史观社会学、乡村建设和社会调查运动、社会学的"中国学派"、社会学的"学院派"、社会史研究五个部分的论述，我们基本上可以对中国民国时期社会学的全貌有一个总体的认识。这段中国社会学的学术发展史，是我们认识传统中国社会的重要基础，也是我们今天在新的现实基础上发展中国化社会学所不能忽视的学术遗产。

第四章 唯物史观社会学

纵观20世纪上半叶中国的学术发展，可以发现，唯物史观的导入，在很大程度上改变了中国传统的治学方法。中国传统的治学方法，是以对经史子集的注解诠释为主线，而近代概念梳理和经验实证方法的导入，又使训诂考证方法盛行。但唯物史观的导入，使人们在现象资料背后，去寻找统一的解释逻辑，把历史和逻辑统一起来，开创了一套全新的治学话语系统。唯物史观对中国的史学、哲学、文学、经济学、法学、政治学都产生重大的影响，对社会学亦然。唯物史观、西方社会学和国学，可以说是中国社会学学术思想形成的三个主要影响因素。

一 唯物史观社会学的形成

中国社会学在最初的形成过程中，就产生了唯物史观社会学派，其代表人物有李大钊、瞿秋白、李达、许德珩、陈翰笙等人。那时，这些青年人的人生经历和教育背景各不相同，但向往革命追求进步的取向是一致的。李大钊、李达都曾留学日本，他们是在日本留学时期开始接触马克思的著作和社会主义思想；许德珩曾留学欧美，是从欧美受到社会主义思想的洗礼；陈翰笙通过李大钊了解了唯物史观，并在共产国际工作过；瞿秋白没有上过大学，是因为俄文熟练当记者到苏联采访而接触到马克思主义理论。

中国早期的唯物史观社会学，是以马克思主义的唯物史观和科学社会主义思想为主要内容，他们通常把自己的社会学思想称为"唯物史观社会学"或"现代社会学"。之所以称之为"现代社会学"，是因为他们认为，以前的社会学是"传统社会学""旧的社会学"和"资产阶级的社会学"。李大钊早期也曾受到英国斯宾塞社会进化论和俄国无政府主义者克鲁泡特金互助论的影响，但他后来接受了马克思主义的唯物史观，认为"社会学得到这样一个重要的法则（指唯物史观。——笔者），使研究斯学的人有所依据，俾得循此以考察复杂变动的时候现象，而易得比较真实的效果。这是唯物史观对于社会学的绝大贡献，会与对于史学上的贡献一样伟大"（李大钊，［1920］1984：370）。李达也是从对西方具有广泛影响的"社会契约说""社会心理说"和"社会生物说"这三大社会学说的批判开始，认为"社会学的唯一的科学的方法，是唯物辩证法"（李达，［1937］2007），只有按照历史唯物论的原理，才能认清社会发展的规律（李达，［1926］1980：344）。

中国早期马克思主义社会学者关于唯物史观社会学的知识以及把唯物史观视为现代社会学的做法，有两个思想来源：一是来自当时苏联的马克思主义传统，特别是来自普列汉诺夫和布哈林等人的观点，1928－1930年许德珩曾翻译了布哈林的《唯物史观社会学》，出版后重印十余次；二是来自日本的马克思主义研究者，1919年发表的翻译成中文的日本学者河上肇的《马克思的唯物史观》，第一次比较全面介绍了唯物史观的主要内容，对中国的左翼学者影响甚大。

瞿秋白在20世纪20年代曾担任过上海大学社会学系的

主任，并发表了《现代社会学》《社会哲学概论》等论著。他在《现代社会学》一书中，对社会发展的原因论与目的论、社会现象的有定论与无定论、社会历史的偶然性与必然性等问题，都进行了历史唯物主义的论述。他在书中写道，"没有一种科学足以代社会学研究总体的社会现象，亦没有一种科学足以直接运用自己的原理来解释社会现象，——因此，可以断定必须有一种科学来特别研究那解释社会现象的原理，并且综合一切分论法的社会科学所研究的对象间之关系，——就是社会学"（瞿秋白，［1924］1988：409）。在当时，马克思主义和现代社会学原理往往被视为同义语，社会学与社会主义也有着思想来源上的共同渊源，瞿秋白在狱中《多余的话》里说，"在1923年的中国，研究马克思主义以至一般社会学的人，还少得很。因此，仅仅因此，我担任了上海大学社会学系教授之后，就逐渐地偷到所谓'马克思主义理论家'的虚名。……还有一个更重要的'误会'，就是用马克思主义来研究中国的现代社会，部分的是研究中国历史的发端——也不得不由我来开始尝试。五四以后的五年中间，记得只有陈独秀、戴季陶、李汉俊几个人写过几篇关于这个问题的论文，可是都是无关重要的。我回国之后，因为已经在党内工作，虽然只有一知半解的马克思主义知识，却不由我不开始这个尝试：分析中国资本主义关系的发展程度，分析中国社会阶级分化的性质，阶级斗争的形势，阶级斗争和反帝国主义的民族解放运动的关系等等"（瞿秋白，［1935］2004）。

唯物史观社会学者，并不是仅仅把社会学作为一门学问来研究，而是把唯物史观社会学作为认识中国社会和改造中国社会的思想武器。李大钊针对胡适的"多研究些问题，少谈些主义"的社会改良论，指出研究社会问题一定要和社会上多数人联系起来形成为一个"社会运动"，即"一方面固然要研究实际的问题，一方面也要宣传理想的主义"。他认为主义不是一个抽象的名词，而是一种思想武器，可以用于改变生产资料私有制的革命。他指出，社会的根本问题是解决经济问题，一旦解决了经济问题，那么人口、妇女、劳动、青年、废娼、童工、土地等问题，乃至市民生活等实际问题也就迎刃而解。

唯物史观社会学作为当时的一个马克思主义学派，积极参加了 20 世纪 30 年代关于中国社会性质、中国社会史、中国农村社会性质三大论争，这些论争虽然都是以学术争辩形式出现，但实际上都与中国革命基本问题紧密相关。所以说，在唯物史观社会学者看来，马克思主义的唯物史观社会学，是一种"新社会学"和"现代社会学"，它与西方传统社会学的最根本区别，实际上是改造社会的道路和途径的区别，也就是"革命"和"改良"的区别。而这种区别的理论分野，最鲜明地表现在阶级理论上。例如李达认为，"旧来的社会科学家"，对阶级的概念有种种错误的解释：第一种是根本否认现代社会的阶级差异，说现代社会民主制度以平等为原则，无所谓阶级不平等；第二种是认为阶级的差别和对立是一切社会所通有的，是万古长存的；第三种是认为阶级的差别是由职业的区别而发生的；第四种是认为阶级的差别是由各个人收入的多少而定，因而资本主义社会的阶级是千差万别的。在李达看来，科学的阶级观有三个最主要特征：第一，阶级及阶级社会的存在，与历史上特定的生产形态相结合；第二，社会分裂为阶级的根据，必须就其在历史的特定社会生产体系中所处位置的差异去说明；第三，阶级的剥削与阶级利害的对立必然引起阶级冲突，而阶级冲突是历史发展的原动力（李达，[1937] 2007：383 - 386）。

在中国早期社会学的发展中，唯物史观社会学并非社会学的主流，它主要是在北京和上海流行。北京是由于李大钊等人以北京大学为重心进行的传播，上海则是由于以瞿秋白为系主任的上海大学社会学系为重心进行的传播。赵承信1948 年曾发表《中国社会学的两大派》一文，认为中国早期社会学存在两大主流，即"文化学派"和"辩证唯物论派"。"文化学派"是正宗，是主流，在社会学界占优势；而"辩证唯物论派"尽管对青年影响很大，但并非正宗。赵承信所说的所谓"文化学派"，是指以孙本文等为代表的学院派社会学，而"辩证唯物论派"则是指当时中国社会学的马克思主义学派。这"两大派"当时在很多观点上是互相批评的。例如，孙本文在所著《当代中国社会学》（1946）一书中，开宗明义就指出，"本书认为唯物史观的著作不属于纯正的社会学，故凡从此种史观所编的书籍，概从割爱"。"文化学派"拒绝把来自西方的马克思主义社会学学说纳入正统的社会学学科体系，而"辩证唯物论派"则对自孔德以来的社会学理论和方法采取了激烈批判的态度。这种分裂的局面，不能不对早期社会学的本土化产生了严重的制约。

杨堃在 1943 年写的《中国社会学发展史大纲》一文里，把中国社会学的发展分为萌芽、介绍和建设三个时期，并认为在系统的介绍时期，中国社会学可分为五派：美国文化学派、马克思主义派、法国涂尔干社会学派、美国人文区位学派、英国功能人类学派。他说："马克思主义派在 1930 年左右，颇具有相当的势力，几成为一种普遍的思潮，不仅是以社会学为限。"（杨堃，[1943] 1997：184-191）

二 唯物史观社会学与中国社会史研究

社会史研究曾经是中国社会学的一个重要分支，但在中国社会学于 20 世纪 50 年代初至 80 年代初中断近 30 年以后，社会史研究的传统几乎完全转移到史学领域，社会学界研究社会史的学者为数甚少了，但社会史的研究方法和研究路向，至今对社会学的治学方法有着极大的影响。

在 20 世纪初叶，唯物史观的传播，使新兴的社会学与中国强大的史学建立起密切的关系。李大钊认为"唯物史观是社会学上的一种法则"（[1920] 1984：359），"唯物史观在社会学上曾经并且正在表现一种理想的运动，与前世纪初在生物学上发现过的运动有些相类"（[1920] 1984：366）。但唯物史观这个社会学的法则，在学术界影响最为深远而广泛的却是在史学界，唯物史观通过在史学界的影响，进而在社会学中得到呼应。因为史学是中国传统学术的主流，对社会学影响很大，特别是社会史的研究，是历史学与社会学的交叉学科。史学研究方法的变动，不仅影响史学自身，而且对所有人文社会科学都产生了重要影响。李大钊（[1920] 1984：359）还指出："科学界过重分类的结果，几乎忘却他们只是一个全体的部分而轻视他们相互间的关系，这种弊象，呈露已久了。近来思想界才发生一种新倾向：研究各种科学，与其重在区分，毋宁重在关系；说明形成各种科学基础的社会制度，与其为解析的观察，不如为综合的观察。这种方法，可以应用于现在的事实，亦可以同样应用于过去的纪录。唯物史观，就是应这种新倾向而发生的。"

传统史学的写史，以经史子集等古典文献为主要依据。到 20 世纪 20 年代，随着一些考古的新发现，人们对"史料"的概念发生了变化，要求写史要有"新史料"的印证。如王国维在 1925 年写的《最近二三十年中国新发见之学问》一文中认为，所有晚清民初时期诸多甲骨文、简牍、卷轴、碑刻及外族遗文的发现和整理，使中国的经史传统出现了新变革的肇端。重视史料印证的考据学派，反对盲目信古，开了疑古的先河。这个史学传统，被胡适、顾颉刚等人继承，形成"新史学"派。但胡适等人不同的是，在注重史料的同时，他们也很注重逻辑线索，擅于运用逻辑推论，从旧史料中找出新发现。

新史学派与唯物史观学派有相同的地方，即他们都是对传统史学的反叛，也都注重历史和逻辑的统一，而且在叙述上往往都会有史料服从逻辑线索的特点，只不过这个逻辑线索，新史学派与唯物史观是截然不同的。冯友兰、朱谦之等想走释古的第三条道路，他们认为史料考据学派不关心"眼前社会剧变"，而唯物史观学派则"理论多事实少"。

在唯物史观史学家郭沫若看来，新派学者胡适的《中国哲学史大纲》在中国的新学界也支配了几年，但胡适对中国古代的实际情形还未摸着边际，倒是罗振玉、王国维等人，其蒐集、保藏、流传、考释的功力，使他们成为清算中国的古代社会不可逾越的人物，因为他们就像"一座崔巍的楼阁，在几千年来的旧学的城垒上，灿然放出了一段异样的光辉"（郭沫若，［1930］2008：3－5）。

郭沫若认为，唯物史观史学与同样代表当时中国"新学问"的考据学派，在方法论上有根本差异，这种差异是"整理"和"批判"的差异，"整理"的究极目标是在"实事求是"，而"批判"精神是要在"实事之中求其所以是"。所以，郭沫若希望他的振聋发聩的大作《中国古代社会研究》，能成为恩格斯的《家庭、私有制和国家的起源》的续篇。

郭沫若1930年出版的《中国古代社会研究》，是民国时期中国史学界第一部运用唯物史观进行分析的中国古代史专著，它在当时开创了一套全新的史学话语系统。郭沫若早在20世纪20年代初便开始接受马克思主义，他曾系统研读过《资本论》《家庭、私有制和国家的起源》等著作，并翻译了《政治经济学批判》《德意志意识形态》。《中国古代社会研究》看起来是研究奴隶制和封建制的分期问题，但实际上为中国史学提出了一种全新的解释思路，而且郭沫若广泛征引甲骨文、金文等一系列考古新发现，提出富有想象力的解释和众多新颖的观点。在唯物史观的影响下，出现郭沫若、翦伯赞、范文澜、侯外庐、吕振羽等一系列史学大家。

经济社会史和政治社会史的研究，是社会史研究的重要分支。而把经济社会史研究和政治社会史研究紧密结合起来，开出新天地的，是花了十余年时间翻译三卷《资本论》的王亚南。王亚南1948年出版的《中国官僚政治研究》，是在唯物史观指导下的一本很独特的社会史著作，它融合了经济学、历史学、政治学和社会学的分析视角，考察中国的专制官僚政治的独裁性、封建地主经济的支配地位、中国传统思想儒家学说的独占性以及它们之间内在的联系，并把中国官僚政治与中国社会的宗法组织、伦理传统、儒家思想等一起加以分析，指出以地主经济为物质基础的中国官僚政治，抑制了社会生产力的发展，导致中国社会长期停滞在封建阶段，未能及时向新的生产方式转化，这是中国社会经济特殊发展规律。

可以说，王亚南是中国第一个试图破解"李约瑟难题"的学者。英国著名科学史家李约瑟在考察科学技术演化时曾提出，为什么中国在古代科学技术领先的情况下在近代却落伍了？为什么科学的大振兴或大革命，不在中国或印度发生，而是在西方发生？这就是所谓的"李约瑟难题"。王亚南认为，建立在封建地主经济基础上的中国官僚政治，一方面靠宗法组织和儒家伦理加强统治，另一方面把它的对立面——商工市民力量也同化在它的统治之中。而残酷剥削之下的农民起义，只是改朝换代，而无社会革命。中国辛亥革命前两千多年中只有王朝更迭而无社会革命，其基本原因就在于此（王亚南，[1948] 1981）。

王亚南的结论，证实了马克思的一个著名猜测。马克思依据许多有关东方社会的文献，特别是关于印度、爪哇等地的文献，曾经提出，"这种自给自足的公社，不断以同一形式再生产出来，如果偶然遭到破坏，它也会在同一地点，以同一名称，再建立起来。这种简单的生产组织，为这个秘谜的解决提供了一把钥匙：亚洲各个国家不断瓦解，不断重建，王朝也不断变更，但与此显著相反，亚洲的社会却是看不出什么变化。社会基本经济要素的结构，在政治风云的浪潮中，总是原样不动"（马克思，1963：381－382）。

唯物史观社会学的发展，为解读中国社会开辟了一条新路，深化了中国社会学方法论的探讨。当然，在后来的发展中，它有时也步入教条主义的误区，那是后话。

三　唯物史观社会学与中国农村性质研究

关于中国农村性质的争论，不仅发生在改良派和革命派之间，也发生在马克思主义理论框架内的"土地革命派"与"不断革命派"之间。"土地革命派"与"不断革命派"之间争论的焦点问题是：中国社会的性质是半封建半殖民地的还是资本主义的，中国的革命是民主资产阶级的还是无产阶级的。

当时这种在马克思主义阵营中的学术争论，双方很注重以社会调查的事实为依据。土地革命派的实际领袖人物是陈翰笙，陈翰笙也是留洋回国的学者，先后获得芝加哥大学历史学硕士和柏林大学历史学博士学位，回国后先在北京大学历史系任教授，当时他才 27 岁，是北大最年轻的教授，在李大钊的影响下接受了马克思主义唯物史观。

20 世纪 30 年代中国马克思主义学者之间的"中国农村社会性质论战"，实际上也是受 20 年代末共产国际内部对中国社会性质问题发生争论的影响。当时主持共产国际农民运动研究所东方部工作的，是匈牙利人马季亚尔，他写了一本《中国农村经济》（1928），把争论引向高潮。马季亚尔认为，中国自原始社会解体后，既无奴隶社会，又无封建社会，而只是一种由亚细亚生产方式决定的"水利社会"。到 20 世纪初，西方资本主义传入中国后，中国也就成了资本主义。因此，他认定中国农村也就是资本主义的农村。陈翰笙认为，马季亚尔的理论推论离事实很远，他讲的只是农产品商品化的问题，而中国农产品的商品化，早在宋代就开始了，但这只是商业资本，而不是工业资本。中国农村基本上是个自给自足的自然经济，是封建社会性质，不能说是资本主义社会。在这种争论中，陈翰笙深深感到，由于对中国农村经济缺乏广泛深入的调查研究，在讨论问题时没有确实有力的材料足以说服对方，这是他随后把主要精力用于中国农村经济实地调查的原因。

1929 年，陈翰笙应蔡元培邀请，任中央研究院社会科学研究所副所长并主持社会学组工作。他接任后，立即着手进行农村经济社会调查。陈翰笙的农村经济调查，也是希望通过发展类型的比较来了解中国的全貌。他选择了江苏无锡、广东岭南和河北保定三个调查点，这三个地方的发展不同，但相对来说，都是中国农村经济变化最快的地方。这些调查是非常细致的，如陈翰笙在《亩的差异》一文曾谈道，调查中发现农村中计算土地面积的"亩"差异极大，如根据无锡 22 村 1204 户调查，无锡的所谓亩，大小不同，至少有 173 种，最小的合 2.683 公亩，最大的合 8.957 公亩。就是在同一村里，亩的尺度也有若干种，甚至在一村就有 20 种。这种亩的差异暴露了浮征税捐的种种弊端。

陈翰笙认为，当时的社会学已陷于危险的境地，出现两种偏向："它不是偏倾于社会现象之一种无意义的分类，便只自封于种种哲学观念的一个抽象体系。"[1] 而社会学是研

---

[1] 见陈翰笙（［1931］2002：32）。该文原为英文，载《太平洋季刊》，中文版发表在《劳动季刊》第一卷第一期，陆国香译，上海国立劳动大学出版。

究社会之现时的实质的科学，社会学研究的真正出发点，是了解由生产关系组成的社会基础结构，而在中国，大部分的生产关系是属于农村的，因此中国的农村调查，是中国社会学研究的第一步工作。而过去的大多数的调查，只侧重于生产力而忽视了生产关系，因而无法揭示中国农村社会的本质。陈翰笙通过对中国各地的农村调查，形成了他的土地革命的思路：中国社会纯粹的封建已成过去，纯粹的资本主义尚未形成，是正在转变时期的社会。在这种社会里，土地所有者、商业资本和高利贷资本三者，均以农民为共同剥削目标。因此废除封建的土地制度，进行土地革命，使无地少地的农民得到土地，是发展农业生产，解决农村问题唯一正确的道路。

1933 年陈翰笙与吴觉农、孙晓村、冯和法、王寅生、钱俊瑞、薛暮桥、孙冶方等人在上海发起成立"中国农村经济研究会"，他被推选为理事长。该会 1934 年在上海创办《中国农村》月刊，由薛暮桥主持，形成了主张"土地革命"的马克思主义的"中国农村派"，并参与了一系列学术论战。

在"中国社会史论战"中，在农村性质问题上，代表"不断革命派"（托派）观点的任曙的《中国经济研究》和严灵峰的《中国经济问题研究》两书，就遭到"土地革命派"学者的激烈批判。任曙认为，"全部中国农村生活是千真万确的资本主义关系占着极强度的优势"，"资本主义日益向上增涨，取得支配的地位"，中国贸易"突飞猛进"地发展，"中国资本主义还在继续发展中。它不因内战，灾荒，革命，以及所谓封建剥削的阻碍，而致停止其前进"。任曙引用了大量调查和统计资料来证明他的结论，如 1922 – 1925 年江苏、山西等省区 2000 余农户的调查所显示的平均每户由市场购买各种物品的较高的百分比，"宣告了中国农村经济完全不是自然的封建经济而是处于资本主义的商品经济支配之下"；1875 – 1926 年中国海关轮船和帆船进出的吨位百分比变化，说明代表资本主义时代交通工具的轮船的吨位比重从 1875 年的 85% 上升到 1926 年的 98%；1912 – 1920 年钱庄和银行的兴替，也"可以相当地看出现代资本主义发展的程度"，例如在此期间中国金融业投资的比重，钱庄从 68% 下降到 37%，银行从 32% 上升到 63%；此外，土地的集中趋势、中农的丧失土地和贫农与富农地主的对立，都是由于封建生产的破坏和资本主义关系的形成，而且"土地愈集中的地方，资本主义愈发达"，反之亦然。严灵峰也力图证明，"占有中国广大土地的，已不是维持旧时代残余下来的贵族、宗室，而是资本主义化的地主，或地主化的资本家"（刘梦飞，［1933］1985：498 – 499；张闻天，［1931］1985：247 – 260）。

张闻天对他们的批判，亦引用了大量的有关进出口商品、制丝业、纺织业、土地分配、棉花销售、农产品价格等方面的统计和调查数据，说明数字是死的而解释是活的。如中国进出口贸易的增加只说明商品经济的增加而非资本主义的发展，中国输出的主要是原料而不是工业品说明了中国社会是农业社会而非工业社会，输入的工业品表明的是中国资本主义的不发展而不是资本主义的发展，等等。最后批判的落脚点是中国革命的性质问题：任曙强调中国的土地革命是反对资本主义的，而不是"促进"资本主义的，是非资本主义的前途，而不是资本主义的前途；张闻天则批判道，"中国的土地革命一直到平均分配一切没收的土地，一直到土地国有，是民主资产阶级性质的。他不但不阻止资本主义的发展而且给资本主义的发展肃清道路。这土地革命是反对大资产阶级的，但对小资产阶级的农民，却是有利的"；"然而这土地革命成功后，并不将在中国开辟一个资本主义急速发展的前途，而是将开辟一个非资本主义的前途。因为中国革命的领导者是无产阶级。它在革命中，终不停止于工农民主专政，而将进一步的实行无产阶级的专政。那时要实行的是社会主义，而不是什么'非资本主义'的前途"（张闻天，［1931］1985：266－267）。

到了1935年，这种争论在"中国农村社会性质论战"中进一步展开。这次论战以《中国经济》杂志和《中国农村》月刊为对抗的两个学术阵营，前者称为"中国农村派"，主要有钱俊瑞、陶直夫、薛暮桥、孙冶方；后者称为"中国经济派"，主要有王宜昌、张志诚、王毓铨等。他们论战的代表作均收入了中国农村经济研究会编的《中国农村社会性质论战》一书，于1936年出版。在一些学者看来，在这次论战中，王宜昌、张志诚等复活了任曙、严灵峰的见解，而钱俊瑞、薛暮桥也把问题提到一个新的阶段。

这次论战的导火索，是王宜昌在1935年1月26日天津《益世报》的第48期《农村周刊》上发表的一篇短文《农村经济统计应有的方向》。这篇文章对1934年10月《中国农村》创刊号上薛暮桥《怎样研究中国农村经济》一文的观点进行了批评，提出中国农村经济研究要进行三个"方向转换"："第一方向转换，便是在人和人的关系底注意之外，更要充分注意人和自然的关系";"第二方向转换，便是注意到农业生产内部的分析，从技术上来决定生产经营规模的大小，从农业生产劳动上来决定雇农底质与量，从而决定区别出农村的阶级及其社会属性";"第三方向转换，是在注意农业经营收支的情形，资本运营的情形，和其利润分配的情形。这里不仅要注意到农业的主要业务，而又要注意到副业的作用"。

薛暮桥在发表于《中国农村》创刊号的《怎样研究中国农村经济》一文中，批评了农村经济研究对象问题上几种有代表性的观点：一是批评把自然条件当作主要研究对象的观点，如把"人口过剩"和"耕地不足"作为中国农村破产的根本原因；二是批评把生产技术当作主要研究对象，如通过中美农业人工成本的比较，认为中国农业生产技术落后和缺乏竞争力是中国农村破产的主要原因；三是批评把封建剥削当作主要研究对象，如认为"高度地租""买卖不公"和"高利借贷"是中国农民贫困的三个主要动因；四是批评把农产商品化程度当作主要研究对象，如认为资本主义生产方式已在中国农业中间占有支配地位（薛暮桥，［1934］1984：1－10）。

薛暮桥对农村经济社会研究中几种观点的批评，显然是要划清马克思主义学派与其他学派的界限，在《中国农村》创刊号上为该刊树立鲜明的旗帜。他的批评没有受到力图避开政治争论的改良主义学院派的回应，却受到他们称之为"托派"的"马克思主义学者"的反击，这就是王宜昌强调中国农村经济研究要进行"方向转换"的文章的由来。"中国农村派"和"中国经济派"的争论文章，实际上都大量引用了马克思和列宁的著作①，都是在马克思主义的理论框架内争论问题。

"中国经济派"的理论逻辑是：生产技术是生产力的主要代表，生产力使生产关系进步，土地分配问题在1927年大革命以后就过去了，中国现阶段的农村经济的核心问题是资本问题，现在中国农村"已是商品经济，而且资本主义已占优势"，所以核心问题"并不再是土地所有形态，地权，租佃关系等等，而是资本制的农业生产过程分析"，"要以资本的大小来划分社会阶级，从而说明其中残存的封建等级"（王宜昌，1936：99-110）。

"中国农村派"的理论逻辑是，生产关系的演变"规定一种新的能使生产力更进一步发展的社会形态"，现阶段农村的核心问题是土地分配问题，以及它所隐蔽着的人与人之间的社会关系，所以应从土地所有形态和性质、地权在各阶级之间的分配、农业经营、租佃关系四个方面来研究土地分配问题，并从农村市场、农业成本和雇佣劳动方面研究农业经营（钱俊瑞，1936）。

这种理论争论的背后，实质上是关于走依靠农民的新民主主义革命道路还是走依靠无产者的社会主义革命道路的争论，即仍然是"革命阶段论"和"不断革命论"的争论，不过更学术化了。但是，争论之中也仍然伴有尖锐的指责，"中国经济派"强调，他们的观点是针对1930年以来农村经济研究中只注意人与人的关系的倾向，并指责"中国农村

---

① 争论的双方最经常引用的著作是马克思的《资本论》和列宁的《俄国资本主义之发展》，此外还有马克思的《〈政治经济学批判〉导言》，普列汉诺夫的《马克思主义的根本问题》，考茨基的《农业问题》等。

派"是"中国的民粹派，中国的农民思想家，中国的马克思主义修正派"①。而"中国农村派"则批评"中国经济派"是落后因素在"蠢蠢欲动"，是"风烛残年"式的挣扎和"大开倒车"，后来则概括为"反托派的论战"。

　　这样，我们可以看到，关于中国农村的发展道路，在革命的视角下，有两条路径：一条路径是把中国视为世界资本主义的一个乡村，因此要从资本主义世界经济系统来观察中国农业与工业的分离、都市与乡村的联系，以及工人与农村无产者的天然结合，通过推翻外国资本的支配来争取民族经济的自由发展。另一条路径是从生产关系以及人与人的社会关系出发，强调必须从改造农村土地关系入手，走通过反帝反封建来发展农村生产力并与工业相结合的道路。

---

　　① 张志诚在《关于〈中国农村经济研究方法〉》一文中，引用列宁的《俄国资本主义的发展》的译者杜畏之、彭苇秋在译书序言后面《追加的几句话》来批评"中国农村派"的观点，那几句话是："中国农业资本主义之发展已成彰明较著的事实，而中国的民粹派，中国的农民思想家，中国的马克思主义修正派偏偏看不见，而且不愿看见这个事实，只闭着眼睛喊封建制度来替这个农村资产阶级哭穷"（参见中国农村经济研究会，1936：139）。

第五章　乡村建设和社会调查运动

　　20 世纪 20 – 30 年代，中国兴起乡村建设运动，这个运动类似于俄国解放农奴后的"民粹主义"运动，是中国知识分子的乡村改良运动。中国一部分知识分子在救亡和启蒙过程中，认识到中国总体上是一个乡村社会，因此"民族改造"和"民族自救"必须从乡村建设开始。关于这个"乡村建设运动"的意义，晏阳初（1937）等学者曾提升到很高的位置，认为这是近代以来，继太平天国运动、戊戌变法运动、辛亥革命运动、五四运动、北伐运动之后的第六次民族自救运动。

　　乡村建设运动与当时的社会调查运动是紧密联系在一起的，因为乡村建设意味着知识分子走出书斋、走出象牙塔，是认识社会、改造社会路径的变化；而社会调查运动，同样也是走出书斋、走出象牙塔，是认识社会、经世治学方法的转变。社会学在中国社会调查和乡村建设运动中，都具有主导的作用。

一　社会调查运动

　　20 世纪初叶在中国兴起的社会调查运动，实际上是一个比较复杂的思潮：它既反对遵循道统、模仿古人，也反对崇洋媚外、盲目引进主义和制度；它是一个既不保守、也不激进，既反对复古、也反对革命的改良主义思潮。深入民间、深入乡村，采用科学方法，了解中国国情，是这一批从事社会调查的知识分子的道德旗帜。

社会调查方法与社会调查运动不是一回事，因为社会调查运动具有鲜明的改良主义的政治主张，但二者又是有密切联系的。社会调查作为一种社会学方法，是从西方传入的，在中国大多起始于 20 世纪初的一些教会学校或一些学校中的外籍教授。如 1917 年清华学堂美籍教授狄德莫（C. G. Dittmer）指导学生在北京西郊调查 195 家居民的生活费用；1918 - 1919 年，美籍教士甘溥（S. D. Gamble）与燕京大学教授步济时（I. S. Burgess）等曾仿照美国 "春田社会调查"，调查北京社会状况，并于 1921 年在美国出版《北京，一种社会调查》（*Peking, A Survey*）；在上海有沪江大学社会学教授葛学溥（D. H. Kulp）指导学生在广东潮洲调查有 650 人的凤凰村，写作了《华南农村生活》（*Country Life in South China*），1925 年在美国出版。

社会调查运动是一个知识分子的群体行为，社会调查被他们作为一种信仰、一种人生道路和一种救国方法。参与社会调查运动的大部分学者，本质上是属于学院派的，在拯救中国的问题上，他们都试图避开政治主张上的争论，认为采用 "科学的方法" 了解中国，这才是拯救中国的正途。1932 年，陶孟和在为李景汉的《定县社会概况调查》一书写的序中，很清晰地表达了社会调查运动的主张："在中国，采用科学的方法，研究社会状况，只不过是近十年的事。从前我国的士大夫，向来抱着半部论语治天下的态度，对于现实的社会状况，毫不注意，只以模仿古人为能事。等到西洋的炮火警醒了这迷梦，又完全拜倒在西洋文明之下。每每不顾国情，盲目的整个的把西洋的各种主义和制度，介绍到中国来。以为只要学得惟妙惟肖，便是社会的福利。那知道主义和制度，介绍的越多，中国的社会，反到越发紊乱越发黑暗了。于是一部分有识之士，看出这种只模仿他人而不认识自己的流弊，便起而提倡社会调查运动。主张用科学的精密的方法，研究我们自己的现实社会。我们必须先认识自己的社会，然后才可以根据这认识，规定改进社会的计划。"（李景汉，[1933] 2005）

社会调查运动的核心人物陶孟和与李景汉，他们对社会调查的了解和重视，都是接受西方教育的结果。陶孟和20几岁在英国伦敦大学留学期间，深受社会史学家韦伯教授夫妇（S. Webb & B. Webb）的影响，韦伯夫妇与英国费边社有极深的关系，持有社会改良主义的政治见解，对劳工、失业、贫困、老年人等问题做过大量的口述史调查，并根据调查结果来影响英国有关工时、养老金、工会组织等问题的立法项目。在英国的学习奠定了陶孟和一生的志向，他1913年回国后便立即着手社会调查研究活动。李景汉在他写的《实地社会调查方法》（1933）自序中也曾说，他留学期间，由于当时我国基本调查统计资料，经常无法像美国同学一样回答教师提出的有关问题，极端刺伤了他的民族自尊心，他谈道，"我在美国求学时，因受种种刺激，就已抱定从事中国社会调查的决定。"

陶孟和堪称为中国社会调查运动的先驱和典范。他1928年出版的《北平生活费之分析》，是我国学者最早基于社会调查的著作之一。陶孟和先后组织和主持了大量的社会调查，调查点遍布全国。陶孟和认为，一切社会改良都奠基于社会调查工作，真正的科学不能只建设在推理上，只有注重事实和用归纳方法对事实作系统的研究，现代社会学才能真正得到确立。

北京生活费调查，是陶孟和组织学者和学生，于 1926 年 11 月到 1927 年 4 月对北京 48 户工人家庭和 12 户小学教员家庭做的家庭记账调查。陶孟和采用了有别于问卷的方法实施调查，他首次在中国使用了法国社会统计学家勒普来（Frederic Le Play）创立的家庭记账法，并参照英国贫困问题专家朗特里（Benjamin S. Rowntree）的有关研究，对中国居民生活支出的日常状况展开调查。陶孟和把家庭记账法引入社会学调查，在中国是具有开创意义的，这种方法至今仍是国家统计局家庭生计调查的基本方法。陶孟和在《北平生活费之分析》中，记录了北京大量中下阶层人们的生活状况，统计范围涵盖了半技能的工人如手工艺人、小贩、人力车夫，还有下级警察、仆役、伙计等。陶孟和评论说，这些工人家庭的生活状况仅相当于中世纪的欧洲农民。

基于深入细致的社会调查，陶孟和对贫穷问题的研究达到了很高的学术水平。特别是他对贫穷原因的分析，非常细致地分析了自然的原因、身体的原因、精神的原因、财富和收入分配的原因、失业的原因、劳动状况的原因、人口过剩的原因、政治腐败的原因、列强剥削和战乱的原因、家庭的原因等，并将这些原因归纳为自然的、个人的、经济的、政治的和家庭的五类，显示了他学术分析的功底和思维的缜密。陶孟和（1930）还在中国最早提出了"贫穷线"问题，他在贫穷问题研究上所达到的学术高度，迄今在许多方面还无人超越。

中国社会调查运动在当时主要依托三个学术机构展开：一是北平社会调查所，这个所的前身是中华教育文化基金董事会的社会调查部，由陶孟和、李景汉主持；二是中央研究院社会科学研究所，由陈翰笙任所长，1934年北平社会调查所并入中央研究院社会科学研究所（1945年改称社会研究所，它是现在中国社会科学院经济研究所的前身），由陶孟和任所长；三是中华平民教育促进会，晏阳初为干事长，定县调查是中华平民教育促进会从1926年开始的实验区项目，1928年起由李景汉主持。

早在1925年，李景汉就发表了《北京人力车夫现状的调查》，这是早期中国学者进行的社会调查的经典之作。他的这项调查访问了1300多位车夫，并对其中可靠的1000份资料作了详细统计，同时还调查了出赁洋车的200处车厂以及100个人力车夫的家庭。李景汉后来能够写成《定县社会概况调查》这一社会调查的集大成之作，并非偶然，而且社会调查先驱陶孟和、平民教育之父晏阳初、马克思主义社会调查家陈翰笙、学院派的陈达共同为此书作序，也不是巧合。

20世纪20-30年代引人注目的"中国社会调查运动"，被李景汉誉为一场"真正的革命"，而且是以"有系统的方法从根本上来革命"，"是要实现以科学的程序改造未来的社会，是为建设新中国的一个重要工具，是为中国民族找出路的前部先锋"（李景汉，1933）。

社会调查运动的学者，大多采用问卷调查和家庭记账的方法，进行定量的统计分析，调查的范围也极为广泛，他们认为这才是科学的调查方法。这与吴文藻领导的主张社区研究方法的"燕京学派"有很大的不同，社区研究方法是把人类学与社会学结合起来的调查方法，主要以村落为调查单位，进行质的分析。尽管这两部分学者都有留学和在大学当教授的背景，尽管这两种调查方法都是来自对西方研究方法的吸纳，但他们之间却存在方法论上的争论。

以统计学为基础的"社会调查运动"和具有民族志特征的"社区研究"，后来演变成"社会调查"与"社会学调查"的对垒。主张"社区调查"方法的学者，对"社会调查运动"有很多微词甚至直接的批评。

李景汉在《中国社会调查运动》（1927）一文中认为，他们的社会调查就像"自然科学上的实验法"一样，用统计的方法、图表的方式反映社会状况，这是"科学的态度，客观的方法"，完全不同于"主观的描写"。而"燕京学派"（也被当时的国外学者称为"社会学中国学派"）的带头人吴文藻（1947）则尖锐地批评说，对社会调查与社会统计的注重，"本为科学进步极好的征象，不幸又有人误信'科学即测量'者，甚至亦有误信'在实地调查以前，脑中应只有一张白纸'，即为严守科学精神者。殊不知一切科学工作的进行，事前必须悬有一种可以运用的假设，假设与科学绝不可分；我们的立场是：以试用假设始，以实地证验终；理论符合事实，事实启发理论；必须理论与事实糅合在一起，获得一种新综合，而后现实的社会学才能植根于中国土壤之上，又必须有了本此眼光训练出来的独立的科学人材，来进行独立的科学研究，社会学才算彻底的中国化"。吴文藻还强调，社区研究是一种社会学调查方法，社会学调查与社会调查具有不同的性质：社会调查只是社会生活见闻的收集，而社会学调查是通过对社会事实的考察来验证社会学理论的基本假设；社会调查为的是解决社会实际问题，是社会服务家为改良社会而作的调查，而社会学调查的目的却是要发现社会、认识社会和解释社会；社会调查侧重于定量分析，而社会学调查则强调深入社区，所求材料不求大求全，强调资料的定性分析；社会调查所了解的社会是横断面，是局部的静态结构，而社会学调查的目的是把社会生活理解成纵贯的、连续的、全型的和动态的过程。同样来自"燕京学派"，并曾担任过燕京大学社会学系主任的赵承信，则进行了点名道姓的激烈批评，认为李景汉的定县调查"只是一个以经济为主的统计报告而已"，是一种"社会运动式的社会调查"，是"结论先于调查"（赵承信，［1936］2002）。

社会调查运动和社区研究两派都具有改良主义的政治取向，也都强调社会调查的重要性，但社区研究更强调他们的研究的学术意义、中国化特点和社会学主流地位。

二　乡村建设运动与"村治派"

第一次乡村工作讨论会于1933年7月在邹平的山东乡村建设研究院召开，到会代表70余人；第二次于1934年10月在定县平民教育促进会召开，到会150余人。这两次讨论会的召集者代表着中国乡村建设运动中的两大派："村治派"和"定县主义派"，或曰"旧派"和"新派"。

"村治派"的历史，可以远溯到1904年米迪刚在定县翟城村的"村治"，经过民国以后山西的"模范"村治制度、"五四"后的新村运动，一直到梁漱溟的河南村治学院和山东邹平乡村建设研究院。

　　梁漱溟是乡村建设运动的理论大家。以梁漱溟为代表的"村治派"，其理论基础建立在中国传统文化体系之上。梁漱溟认为中国社会与西方社会不同，是"伦理本位、职业分立"的社会，中国农村的崩溃，是由于固有的礼教精华的衰退。所以，在"村治派"看来，乡村建设的最高理想是社会和政治的伦理化，基本途径是乡村合作化和工业化，基本手段是"软功夫"的教育工作。以梁漱溟的山东邹平乡村建设研究院为代表的"村治派"，也被一些日本学者称为"农业社会主义派"。

　　梁漱溟作为一个印度哲学的专家，与乡村建设运动发生联系并成为乡村建设的理论家，也是历史因缘。梁漱溟是个奇才，他出于世代文官家庭，但他追求维新派，热心于"社会主义"。23岁时，从未上过大学的梁漱溟，因发表《究元决疑论》，受到北京大学校长蔡元培的赏识，被聘请到北大当讲师，讲授印度哲学。31岁时他辞去北大教职，转而立志于乡村教育运动。1930年他到河南村治学院任教务长，1931年他在邹平创办山东乡村建设研究院，1932年他发表《中国民族自救运动之最后觉悟》，1937年他发表《乡村建设理论》（亦名《中国民族之前途》），成为乡村建设运动中"旧派"的精神领袖。

　　梁漱溟没有受过社会学或经济学方面的专业训练，也不善于使用统计数字和从事细致的社会调查工作，他的乡村建设的实践和理论，其实都是很哲学化的，不过他有自己的一套具有理论魅力的逻辑。梁漱溟认为，中国旧的社会结构（社会组织构造）的特征是"伦理本位""职业分立"，"只有周期的一治一乱而无革命",社会秩序所赖以维持的要点是"教化、礼俗、自力",这些特征使中国社会散漫、消极、和平、无力,所以非有历史大转变,中国文化已盘旋而不得进;西方文化的特征是"权利本位""阶级分立",较之中国的长处是"科学技术"和"团体组织",因由团体生活所以有强烈的阶级和国家意识。西方的个人主义其实是集团生活发达的社会产生的一种有价值的理念,并非不顾公益悖乎道德的行为;西方文化传入中国后使中国旧的乡村构造遭到破坏,中国社会更陷入散漫和无力的境地,所以要根本改造乡村,其途径就是建立新的乡村组织(梁漱溟,[1937]2006:272)。

在梁漱溟看来,这种新的乡村组织是政治和教化合一的自治组织,是从办乡学村学开始,通过乡学村学改造乡约村约,并进而从乡农学校中分化出乡村的监督教训、行政和立法的自治组织,以取代原有的乡公所、区公所,从而成为新的社会制度的基础。所以梁漱溟([1937]2006:389)说:"我们以上所讲的这个组织固然是一个乡村组织,或曰乡村自治组织;可是我们想着我们将来的整个的国家政治制度,也就是本着这么一个格局、这么一个精神、这么一个规模发挥出来的。所以我常常喜欢说:我们是在创造一种新的社会组织构造,我们是要从乡村培养新组织构造的基芽。这个意思就是说整个社会制度(政治制度、经济制度),都是在乡村中生它的苗芽,后来的东西就是它的发育。"

按照梁漱溟的设想,乡村建设在政治上是由散而合,在经济上就是由农而工。也就是说,中国的工业化道路不是直接办工业,而是先制造出工业的需要来,从农业生产和农民消费两个方面刺激工业，从农业引发工业，更从工业推进农业，农业工业互为推进，实现"工业向农村分散，农业工业相结合，都市乡村化，乡村都市化"的理想。梁漱溟认为，这种工业化的道路，与西方国家近代的工业化道路是不同的，"西洋近代是从商业到工业，我们是从农业到工业；西洋是自由竞争，我们是合作图存"（梁漱溟，[1937] 2006：508－515）。

统观梁漱溟的乡村建设理论，其在乡村发展方面的主要主张有下列几点：第一，主张由农业引发工业，反对走发展商业资本的工业化道路，也就是从农民生活需求出发，改造整个中国经济，这既不同于当时日本提倡的工业到乡村去，也不同于马寅初等提倡的以小工业和手工业补足农业。第二，主张为消费而生产的工业化，反对为营利而生产的工业化，力图建立一个大社会的自给自足，防止陷入彼此竞争、偏颇集中、阶级分化以及社会关系恶化。第三，走工业统筹建设的第三条工业化道路，认为中国不能走西方资本主义的以营利为核心的发展商业资本的工业化道路，也不能走苏俄强制集团化的社会主义工业化道路，要走一条侧重社会主义的以乡村建设为基础的工业化道路。

梁漱溟的乡村建设理论实际上是一个很矛盾的东西[①]：他深受中国传统文化的影响，同时从中西文化的比较中也看

①　梁漱溟一生"身在问题中"，变化取向，先是倾向革命，主张西方实利主义和民主宪政，随之"激进于社会主义"，认为人类生活需要社会主义，但29岁之前还信奉佛教出世思想，"蓄志出家为僧，不许可婚娶"，但后来转而信奉入世的儒家思想，坚信"世界最近未来将是中国文化的复兴"（梁漱溟，1942）。

到中国文化的弊病，骨子里却有中国文化优越的心态；他看到了中国农村的种种问题，并大加鞭挞，但骨子里还是一种乡土立场；苏俄使农民"由散而集"对他充满了吸引力，但对苏俄强制性的集团化又充满恐惧；一方面他对西方社会的技术进步、民主政治甚为羡慕，另一方面又对资本主义市场竞争、追求营利充满厌恶。他似乎是站在中国传统文化的中庸之道的立场上，对各种文化、制度、学说、观点和理论进行取舍。此外，与尽量远离政治上"主义斗争"的学院派学者不同，梁漱溟是积极介入各种政治争论的。

三 乡村建设运动与"定县主义派"

"定县主义派"或曰"新派"，主要由晏阳初领导的平民教育促进会推动，以定县为乡村改良的实验基地，其理论上的特点是受西方文化影响较深。"定县主义"就是外国学者对平民教育促进会在定县的实验工作所加的用语。

"定县主义派"的理论基础，是一种人本主义。他们认为中国当时的生死问题不是别的，是民族衰落、民族堕落、民族涣散，根本上是"人"的问题。而中国人生活的"基本缺点"是"愚""穷""弱""私"。正如李景汉在为自己的《定县生活概况调查》写的序言中所说的，"中华平民教育促进会运动的目标是要在生活的基础上，谋全民生活的基本建设，解决生活的问题。根据中国社会的事实，深知'愚''穷''弱''私'为人民生活上之基本缺点；因此主张四大教育，即以文艺教育救愚，以生计教育救穷，以卫生教育救弱，以公民教育救私。平民教育既是以实际生活为研究对象，就必须到民间来实地工作，……因此本会对于社会调查甚为注意，并认清中国的基础是农村，所以特别着重农民的教育与农村的建设，遂选定县为实验区"（李景汉，[1933] 2005）。

"新派"也有两个精神领袖般的人物，即晏阳初和陶孟和。晏阳初童年在传教士举办的西式学堂接受教育，后就读于香港圣保罗书院（香港大学前身），并先后获得美国耶鲁大学经济学学士学位和普林斯顿大学历史学硕士学位。他1920年回国后，在上海基督教青年会全国协会智育部主持平民教育工作，1923年与陶行知、朱其慧、蔡元培等人在北京发起成立中华平民教育促进会，并任总干事，1926年在河北定县以翟城村为试点开展平民教育与乡村改造实验。与许多理论家不同，晏阳初作为实干家，积极提倡"博士下乡"，并且身先士卒，举家迁往农村。他的同事有许多是留学归来的博士、硕士，许多人舍弃了大学校长、教授的工作和当官升迁的机会，来到农民之中，探索农村建设、民族自强自救的道路。

晏阳初在"定县实验"时，深感中国教育制度完全抄袭西洋，以致大学毕业生对本国情况与问题缺乏认识，且耽迷都市对农村不屑一顾。为此他决心将乡村建设学院扩充为平民大学，包含四个学院——平民教育学院、平民生计学院、平民卫生学院、平民政府学院，以储备平民教育及经济建设的各种人才。按晏阳初的设想，他所要进行的实验，并不以教育人民识字为满足，而是要建立一个乡村建设的全国模范县。这一设想，得到定县士绅米迪刚的全力支持，并愿以其所在乡为基地。晏阳初本身并不是理论家，他在理论上也比较推崇梁漱溟的乡村建设理论，但是他聚集了一大批知识分子投身乡村建设运动。

李景汉的定县调查是定县实验的一部分，这是中国首次以县为单位的系统的实地调查，《定县社会概况调查》一书为研究 20 世纪 30 年代中国北方的农村社区提供了翔实的资料，也是中国 20 世纪前半叶最具影响力的社会调查著作之一，曾在国内外产生了很大影响。定县社会调查先后持续的时间长达 7 年，它分为县、村调查两部分，先是从宏观入手，对全县的历史、地理、赋税、风俗习惯等进行了概略的调查，然后对 62 村的教育、娱乐、宗教、卫生、生活、经济等方面情况进行调查。《定县社会概况调查》这部千页巨著，分别从地理环境、历史沿革、政府机构、人口家庭、教育、健康与卫生、农民生活费、乡村娱乐、风俗习惯、信仰、赋税、财政、农业、工商业、农村借贷、灾荒、兵灾等 17 个方面对定县的社会概况进行了全面描述，并附有 314 个表格和 62 张照片。该书涉及面之广、资料之丰富、论据之充实，在中国过去描写县域的著述中前所未有，当时国内外社会学界称之谓中国农村生活的百科全书。这部著作也是西学中用的一次尝试，它本身已构成了中国社会学史的一个重要组成部分，为研究中国社会学史留下了不可多得的资料。晏阳初、陶孟和、陈达、何廉和陈翰笙等知名人士都为该书作序，从各种不同角度肯定了这部著作的价值。孙本文、吴景超等著名社会学家也高度评价了这本书。现在，这本著作已成为国内外人士了解 20 世纪 30 年代中国社会问题的必备读物，它为研究定县及整个华北的社会概况提供了可供比较的基础资料。

四　对乡村建设运动的批评
和"都市救济派"

乡村建设运动的"旧派"和"新派"，均受到当时左翼学者的批评①，而且在左翼学者看来，"村治派"和"定县主义"在理论上是殊途同归的。左翼学者对他们的理论批评，主要集中在以下几点：第一，"新派"认为中国的问题的症结是"愚""穷""弱""私"，"旧派"认为是散漫、消极、和平、无力，但这些都是现象层面的社会问题，而这些社会问题的存在有更根本的社会原因；第二，"新派"和"旧派"的共同理论基础是建立在抽象的"人"和"民族"概念上，没有与中国的民族革命运动联系起来，亦没有考虑中国在遭受帝国主义侵略情况下改造中国问题发生的变化；第三，把中国整个的社会政治经济问题，简化成一个农村组织问题，一个平民教育问题；第四，"旧派"是中国伦理本位文化的顽固保守派，对西方文化采取"中学为体西学为用"的态度，"新派"则以"中国五千年的历史，五千年的

---

① 连乡村改良运动的领导者之一杨开道先生，亦半是反思半是批评地说道："劳民伤财这是梁漱溟先生给山西村治的总评，也可以借用于一切改造旧村的活动，尤其是现代化运动，科学化运动。无论你谈自卫也好，自治也好，经济也好，教育也好，一切农民没有资格了解，没有法子参加的。十亩地的自耕农，已经是耕作的牛马，而不是社会的中坚，何况耕人土地的佃农，为人雇佣的工人。资本越少，土地越少，作工器具越旧，工作效能越低，农场收入越少，农家生活越低，一个循环不已的圈子，只有越走越低。旧村改造的工作，等于推车上山，起初比较容易，以后越来越难，也许会从半山倒塌下来。"参见杨开道《农村建设之途径》，载《大公报·乡村建设》第17期。

习俗为敌"，对西方文化无条件的崇拜，并欲以西方的精神技术和物质帮助，造成中国农村的所谓"现代化""科学化"。

对于"旧派"和"新派"，来自马克思主义"土地革命派"学者的批判，则更为激烈。他们认为，改良主义运动的实际工作，无论是从教育农民入手，从改良农业技术入手还是从组织乡村自治入手，都有一个共同的特征，就是都以承认现存的社会政治机构为先决条件，对于阻碍中国农村乃至整个中国社会发展的帝国主义侵略和封建残余势力的统治，是秋毫不犯的；所以，"尽管许多从事乡村改良工作的人员抛弃都市的享乐，而到农村去做那些艰苦的工作，精神是可钦佩，主观上是为了拯救中国农村的崩溃（当然也有把乡村工作当作进身之路的），但客观上起到开倒车的作用"，因为中国农村所需要的是推翻帝国主义的侵略和铲除封建残余势力的统治，而"在各种改良主义的麻醉下，以平民识字课本、改良麦种、改良农具作钓饵去吸引农民，以自治、保甲、民团等等新的桎梏，去束缚农民底解放斗争……"；所以，"这里显然是两种不同的主张。这两种主张的相互论争，当然不是无原则的互相倾轧，而是两条路线的斗争。我们且不说恢复并巩固现存的社会秩序，同否定这社会秩序是两种截然不同的主义；即以对于发展教育和改良技术，提高农业生产的见解而言，这里也存在着两种根本的主张。"（孙冶方，[1936] 1987：653 - 654）

薛暮桥对"知识分子的乡村改良运动"专门撰文提出批评。他指出，"乡村改良运动"这派别中间，比较著名的有梁漱溟先生所领导的邹平的乡村建设运动、晏阳初先生所领导的定县的平民教育运动、高践四先生所主持的无锡教育学院等，尽管他们的理论不同、方法各异，可是他们的来源和基本精神却大致相同，但"单靠它来改造农村，复兴民族，那末我们不得不承认它是已经失败了"，因为乡村改良既"不能抵御帝国主义者的经济侵略"，也"不能阻止地主豪绅们的剥削农民"，所以必须纠正过去所犯错误，"使它成为一个民族解放和乡村改造运动"（薛暮桥，［1937］1980）。

　　围绕乡村建设道路展开的激励学术争论，也波及乡村建设运动之外，并形成了以吴景超为代表的"都市救济派"。"都市救济派"从人口与土地的关系出发，主张通过发展中国都市工业来救济乡村，即认为应当把农村社会纳入都市问题来解决。这一派的看法集中表现在吴景超1935年发表的《第四种国家的出路》一书中。吴景超受美国"芝加哥学派"人文区位学思想的影响，根据人口密度和职业两个标准将世界上的国家划分为四种：第一种国家，人口密度颇高，农业中谋生的人在总人口中的百分比较低，如英国和德国；第二种国家，人口密度颇低，农业中谋生的百分比较低，如美国和加拿大；第三种国家，人口密度颇低，在农业中谋生的人百分比较高，如俄国；第四种国家，人口密度颇高，在农业中谋生的人百分比较高，中国和印度即属于此类性质的国家。吴景超接着指出，影响一国人民生活程度的因素有四个：国家的资源、生产的技术、分配的方式、人口的数量，中国作为第四种国家要提高人民生活水平，就需要充分利用国内资源、改良生产技术、实行公平分配、节制人口数量。以此为核心思想，吴景超分析了农民生计困难的几种原因：一是农场过小，二是生产方法落后，三是交通不便，四是副业落后，最重要的是，地主、高利贷者、各种苛捐杂税以及股匪和兵痞都构成了剥削农民的主要社会因素。因此，吴景超认为，中国农民生活问题的中心，就是土地问题，政府应当用减租的方法使地主将土地出售，并由政府借款帮助农民购买土地。

从上述角度出发，吴景超（1936）认为，中国既不能寻求西方发达国家纯粹的资本市场竞争的出路，也不能效仿苏俄的单纯以剥夺农民而进行工业积累的途径，而应该走一条兼顾融合资本活力和社会平均的中间道路，最终实现一种"公平的新社会"。

李树青后来从另一个角度，得出了类似《第四种国家的出路》的结论。李树青在1945年发表《蜕变中的中国社会》一书，认为中国的土地分配随着朝代更迭和家族兴衰而经历持续聚敛和分散的往复过程，社会经济始终存留着自然经济的特征，人多地少成为决定性的因素，土地和在土地上的劳作成为农民维护其生存和伦理秩序的根本，大量人口长期附着于土地之上，中国历代都实行重农抑商政策，这些因素使得中国社会必须经历一场蜕变，才能找到未来的出路。而从总体上看，工商业积累下来的民族资本和华侨资本是未来中国社会发生蜕变的主要动力，工商业一经发展，中国的社会性质也会由此而改变，这种社会将既不是英美那种自由形态的资本主义，也不是德俄那种统制形态的全能主义，中国必须走出自己的资本化道路，即"国家控制重要的经济生产，私人则经营有利的工矿企业。国家经济与私人经济携手并进，共同发展，达到创造财富和积累资本的结果"。

主张文化上"全盘西化"的陈序经，也参与了有关乡村建设道路的论战。陈序经主要是批评以梁漱溟为代表的乡村建设派，他认为梁漱溟等人以乡村为主体来从事社会建设的设想，以及"以农立国"的设想，在现代化的世界中，只能是一种愚妄和幻想。在陈序经看来，中国的问题，根本就是文化问题。他在1934年出版的《中国文化的出路》中，把关于中国文化的不同主张划为三派：一是主张保存中国固有文化的"复古派"，这是以梁漱溟为代表的尊孔复古的文化倾向；二是提倡调和中西的"折中派"，这是以张之洞为代表的中体西用思想；三是主张全盘接受西洋文化的"西洋派"，陈序经坦陈自己就是"全盘西化"思想的代表，胡适、卢观伟等人也大体属于此派（陈序经，[1934] 2004）。"全盘西化"的主张，招致众多学者的激烈批评，形成了当时的中西文化论战。

这样，我们看到，围绕乡村建设这个主题，形成了四种不同取向的社会主张：一是梁漱溟的"旧派"，他们采取一种不偏不倚的中庸态度，试图通过在农村建立政治教化合一的新组织，来改造中国社会；二是晏阳初、李景汉等人的"新派"，他们把"愚穷弱私"视为社会的基本问题，试图通过平民教育来拯救中国；三是薛暮桥、孙冶方等人的"土地革命派"，他们认为只有通过土地革命发动群众进行解放斗争，抗击帝国主义侵略和铲除封建势力，中国才有出路；四是吴景超等人的"都市救济派"，即认为在人多地少因素的决定下，中国必须发展土地以外的工商业，才能最终改变农村。但在当时，在大多数知识分子的社会选择中，走美国自由资本主义和苏俄统制全能主义之外的第三条道路，似乎是一种普遍的共识，但这第三条道路究竟是什么，又有各种各样的说法。

第六章　社会学的"中国学派"

一　社会学"中国学派"的形成

社会学的"中国学派"，是与吴文藻的名字联系在一起的，或者可以说，吴文藻是社会学"中国学派"的奠基人。吴文藻1927年以《见于英国舆论与行动中的中国鸦片问题》为题的博士论文获得美国哥伦比亚大学的博士学位，是中国最早获得社会学博士学位的人之一。他1929年初回国后任燕京大学社会学系教授，并于1933年开始任燕京大学社会学系主任。在中国人类学调查和社区研究方面，吴文藻是最重要的思想先驱之一。

20世纪初期的中国社会学界，社会学在教学和研究上仍具有两种趋势：一是很多社会学家热衷用中国已有的书本资料，特别是历史资料填入西方人文社会科学的理论，二是用当时英美社会学通行的社会调查方法来描述中国社会。吴文藻回国后，正值社会学和人类学在中国广泛开拓之际，他大力提倡和推行社会学中国化的学术运动，并苦苦思索社会学中国化的路子，认为社会学要中国化，最主要的是要研究中国国情。

1929年，美国人文区位学的创始人罗伯特·派克（Robert Park）来华讲学，传播了人文区位学的理论。1932-1933年，派克再次来华讲学，并带领燕京大学学生到北京的贫民窟、天桥、监狱、八大胡同参观，体验各种现实的社会生活。1935年，英国社会人类学家拉德克利夫－布朗（A. R. Radcliff-Brown）来华，阐述人类学功能学派的观点和"田野作业"的工作方法。吴文藻吸纳英国人类学家马林诺夫斯基（B. Malinowski）的结构－功能主义理论和美国社会学家派克的人文区位学理论，结合人类学和社会学，提出"社区研究"是社会学中国化的核心议题，主张改进中国社会结构要从社区研究入手。

吴文藻提出的"社区研究"的核心议题，把人类学整合入社会学，奠立了中国早期社会学研究的基本格局。他所领导的学术团队，也被马林诺夫斯基等人类学家称为"社会学的中国学派"。吴文藻培养了大批具有国外博士教育背景又扎根于中国国情的学术人才，如林耀华、费孝通、李安宅、瞿同祖等。

吴文藻指出，"社区研究"是对中国的国情"大家用同一区位或文化的观点和方法，来分头进行各种地域不同的社区研究"，如民族学家应考察边疆的部落社区或殖民社区，农村社会学家应考察内地的农村社区或移民社区，都市社会学家应考察沿海或沿江的都市社区。这样，静态的社区研究分析社会结构，而动态的社区研究了解社会过程，双方兼顾，齐头并进，以求解释社会组织与变迁的整体。吴文藻的努力以及在他的影响下形成的众多研究成果产生广泛的影响，这个"中国学派"成为中国社会学此后发展的主流，在相当长的时间里成为中国社会学研究的主导方向（吴文藻，［1934］2002）。

在这个主流之下，有两个分支：一个是以费孝通为代表的社会人类学分支；另一个是以林耀华为代表的文化人类学分支。前者另加注重对与经济相联系的社会组织的分析，后者则更加注重对与文化相联系的社会非正式制度的分析，如宗族、宗教、习俗等。当然，这种分野，既不是师承关系上的，因为在费孝通的学生和助手中，也有属于文化人类学一支的，同时这也不是很严格的分野，因为他们的研究涉猎很广，很多方面相互交叉。西方早期人类学的研究，由于当时列强推行殖民文化的需要，集中于对殖民地土著民族的无文字社会的调查。而费孝通和林耀华等人的贡献，是把人类学的方法运用于具有悠久文明历史的中国社会的调查。

二　文化人类学调查

中国早期文化人类学研究的代表人物，是林耀华、杨庆堃、许烺光、田汝康等人，他们研究的特点，是把西方的人类学理论与中国的田野调查相结合，开辟一块很有中国文化特色的研究领域。这些研究，比较集中在中国宗族、宗教问题上，与中国草根文化史的研究交相辉映。

林耀华在燕京大学读书时，在导师吴文藻的指导下，按照社区研究的要求，在他的家乡福建义序对黄姓宗族进行了田野调查，完成了他的硕士论文《义序的宗族研究》。他从人的出生仪礼、婚嫁、死丧、葬祭等方面系统分析了宗族秩序维持的基本机制，分析了宗族这个中国特有的文化制度和功能组织。林耀华受当时新兴的功能主义影响，对宗族制度进行了新颖的功能分析。他把家族作为宗族的基本单位，从家庭个人地位到家族结构再到宗族功能结构，进而延伸到社会各方面的关系，形成一条清晰的逻辑分析线索，从而开辟了认识中国宗族的新视野。林耀华在《从人类学的观点考察中国宗族乡村》（1937）一文中，阐述了他研究宗族的新方法："宗族乡村乃是乡村的一种。宗族是家族的伸展，同一祖宗繁衍而来的子孙称为宗族，村为自然结合的地缘团体，乡乃集村而成的政治团体；今宗族乡村四字连用，乃采取血缘与地缘兼有的团体的意义，即社区的观念。"

在林耀华之前，中国已有厚重的宗族研究积累，但这些研究多属于史学研究。如吕思勉对中国宗族制度进行了通贯研究，撰写了《中国宗族制度小史》（1929）。这是第一部中国宗族简史，该书从宗与族的概念入手，论述了大小宗、祭祀、姓氏、谱牒、合族而居、族长与族产等问题，具有开拓性的意义。此后，陶希圣在他的《婚姻与家族》（1934）一书中提出了家族制度的分期说，即西周到春秋是宗法时代，战国到五代是亲属组织的族居制度，宋以后渐变为家长制的家族制度，20世纪为夫妇制之家族制度。高达观在他的《中国家族社会之演变》（1944）一书中，从社会学视野研究了周、宋、清三个时期的家族，并将古今家族制度进行了比较。

在宗族史的研究中，刘节的《中国古代宗族移植史论》（1948）是一本扛鼎之作。刘节毕业于清华大学国学研究院，深受王国维、梁启超、陈寅恪等人的影响，他细致地考证辨析了宗族起源、宗族含义、世与代、图腾等问题，对后来严谨的宗族问题史学研究方法产生很大影响。

史学中的宗族问题研究，对社会学产生重大影响的，是对宗族社会史的专题研究。如刘兴唐关于血族的研究文章：

《宋代的血族公有财产》（1935）、《福建的血族组织》（1936）、《河南的血族组织》（1935）；郎擎霄关于宗族械斗的研究文章：《中国南方械斗之原因及其组织》（1933）、《近三百年来中国南部之民间械斗》（1936）。

潘光旦是一个跨学科研究的奇才，他在社会学、心理学、优生学和社会史研究等领域有很多精巧的构思，他把优生学和人才学引入宗族研究，写作了《明清两代嘉兴望族》（1937）一书。该书通过对嘉兴望族血系分图、血缘网络图、世泽流衍图的制作，统计出每个血系的世泽流衍到8.3世，嘉兴的望族平均大约能维持200余年。他认为世家大族兴废盛衰的关键，在于遗传、教育这些祖宗的力量以及移徙、婚姻、夭寿的状况。

林耀华以田野调查为基础的宗族研究，把宗族研究从历史延伸到现实。他的《义序的宗族研究》为他以后写作《金翼》打下了基础。《金翼》写于林耀华在哈佛的留学时代，当时所用的副题为"一部家族的编年史"，后来在1947年修订出版时，副题改为"中国家族制度的社会学研究"。《金翼》的所有故事都取自真实的材料，描写了20世纪初至30年代发生在福建闽江下游的黄村的故事，涉及中国南方传统农业、商业、地方政治、民间盟会、看风水、供灶神、祭祖先、婚葬仪式、节日娱乐等生动画面，记述了中国同姓村落中四世同堂大家族的亲属关系、礼节与纷争。《金翼》还开辟了一种新的写作方法，他用写小说的方式来撰写学术著作，把调查的一些零碎、芜杂和片断的原材料，转化成一个完整的人类学故事。国际著名经济人类学家雷蒙德·费斯（Raymond Firth）为《金翼》作序，并对其学术价值给予极高的评价，但《金翼》写作方法此后数十年一直面临一些学者的不断质问：这究竟是虚构的故事，还是科学的研究？林耀华曾一再表明，这部书的故事是真实的，是东方乡村社会与家族体系的缩影，它是运用社会人类学调查研究方法的结果，但他的这种别出心裁的"文学概括法"，一直被视为"另类"。与林耀华的写作方法可以相提并论的，是美国社会学芝加哥学派的怀特（W. F. Whyte）。怀特也同样试图走出一条独特的文学化加工调查材料的道路，他1943年写的《街角社会》，研究的是波士顿的意大利人贫民区，这本书的文体，也有些像介于学术著作和小说之间的东西。怀特曾以《街角社会》的初稿，去参加非小说书稿大赛，但他又成功地使《街角社会》被富有严格学术传统的芝加哥大学社会学系接受为博士论文，并在答辩中胆大妄为地反击对他的论文"没有明确概念定义和系统文献回顾"的严厉批评。《街角社会》后来成为芝加哥学派的代表作之一，甚至成为一种"讲述外部世界的叙事方法"，成为后来喜欢个案访谈调查方法的学者争相模仿的楷模。

林耀华的《金翼》，所有的故事都围绕家族和宗族制度而展开，但所有的故事却不单是家族和宗族制度的注解，它宛如一张纵横密织的网络，无论哪一条线索都会牵动整体。该项研究所关注的，不仅仅是个人的生身处境和生命历程，更重要的是从家族、宗族的文化功能角度考察个人与生活共同体复杂的关系。

杨庆堃是汉文化人类学的另一个重要人物。他在燕京大学读书时就已写出《邹平市集研究》的论文，成为国内最早关于农村"市集"的研究。作者通过调查邹平县的14个市集，从货物、交易、卖者、组织等因素来描写市集的各种因素，这是一项为后来很多研究者所借鉴的成果，甚至还成为施坚雅（William Skinner）关于中国社会的市集网络分析框架的起点之一。施坚雅试图通过建立以"市集"网络为基础单位的分析框架，来颠覆中国多数学者遵行的以"村落"网络为基础单位的分析框架。

中国早期人类学研究，强调要有村落田野调查基地，进行长期的跟踪调查。杨庆堃的村落调查基地是广州近郊"鹭江村"，他于1947－1950年主持了"鹭江村"的调查，并给"鹭江村"取了一个很有意境的学名"南景村"，表示以此洞察南方乡村的前景。杨庆堃后来用这个村的调查材料，撰写了《共产主义过渡初期的中国村落》一书，该书被译成多国文字出版，鹭江村也由此成为在海内外颇具影响的学术名村。在早期汉人社会的人类学研究中，费孝通的《江村经济》、林耀华的《金翼》、杨懋春的《一个中国的村庄：山东台头》、许烺光的《祖荫下》、杨庆堃的《共产主义过渡初期的中国村落》等，成为中国人类学发展史上的一个个界碑。

然而，杨庆堃产生广泛影响的代表作是1961年出版的《中国社会中的宗教》，全书详细考察了中国社会中各种类型的信仰以及这些信仰与政治、经济和儒家学说的关系，被誉为研究中国宗教的"圣经"。在中国宗教研究领域，中国社会中有无宗教，以及儒学是否可称之为儒教这类问题，始终是争论的焦点。胡适曾认为，中国是个没有宗教的国家，中华民族是个不迷信宗教的民族。梁漱溟也曾认为，世界上宗教最微弱的地方就是中国，最淡于宗教的是中国人，中国偶有宗教多出于低等动机。马克斯·韦伯在《中国的宗教：儒教与道教》中也认为，中国的民间信仰是"功能性神灵的大杂烩"。的确，与欧洲相比，中国历史上多数时间里没有强大的、高度组织性的宗教，也没有教会与国家之间长期无休止的斗争。

杨庆堃的贡献，在于他一方面证实了中国宗教的存在，因为"在中国广袤的土地上，几乎每个角落都有寺院、祠堂、神坛和拜神的地方……表明宗教在中国社会强大的、无所不在的影响力，它们是一个社会现实的象征"（杨庆堃，[1961] 2007）；另一方面也揭示了中国宗教不同于西方宗教的特征，说明不能用西方的宗教观念来看待和解释中国宗教，因为中国宗教缺乏"显著结构"，即缺乏独立的组织系统，无法游离于世俗制度之外，因此与国家的政治权威相比，宗教只能在吸纳世俗道德以图生存发展的同时，又为政治统治提供超自然的依据。

杨庆堃借鉴沃奇（Joachim Wach）在《宗教社会学》一书中把宗教组织区分为"自然团体"（natural groups）和"特殊的宗教"（specifically religious）两种类型的看法，从结构－功能的视角出发把中国宗教分为两种形态：一种是"制度性宗教"（institutional religion），另外一种是"分散性宗教"（diffused religion）。"制度性宗教"的一个最大特点是其自身可独立于世俗的社会体系之外，从而在某种程度上与之相分离。"分散性宗教"也有其神学、祭祀与人事的运作系统，但是无论其精神内核还是形式化的仪式组织均与世俗制度和社会秩序有机地整合在一起，成为结构的一部分，它自身没有任何独立存在的价值和意义。为了阐释"制度性宗教"和"分散性宗教"这两个核心概念，杨庆堃借助西方社会学和人类学的分析框架与方法（因为涂尔干就已分析过所谓西方"分散性宗教"的特征），并以本土化经验与实证研究为基础，认为中国宗教定位的模糊性，不仅取决于"多神崇拜"的形式，而且受经济模式与地理环境的影响，如宝山地区常受海浪冲袭，故崇拜海神；广东佛山地区则喜供火神，因为居民常受爆竹工厂的威胁；等等。

在西方学者确立的宗教发展理论框架里，从泛神论到多神论再到一神论的发展，被界定为宗教信仰的"社会进化"，即认为泛神论属于一种原始信仰，基督教是通过推翻"异端的万灵论"而使人们追索自然的统一律，从而产生了现代科学。这种看法暗含的引申结论是，东方国家的多神论是科学不发达的文化原因。杨庆堃则认为，中国不是没有宗教，而是宗教以另一种文化形态存在，宗教在中国是以一种高度去中心化的模式出现，在这种去中心的系统中，宗教通过分散性形式服务于世俗社会制度，来强化其组织。宗教普遍地渗透在世俗社会制度中，从传统社会的制度结构中得到支持，而其特有的神学、神明、信仰、仪式无一不对民众的生活产生系统性的影响。至于为什么中国宗教会呈现这样的特征，杨庆堃认为，这一是因为中国宗教全面屈从于君权垄断，受政治支配的宗教在早期发展已趋于分散，它与社会制度融合在一起，形不成一个有独立功能和结构的组织；二是因为社会对多神论信念的包容削弱了单一宗教信仰与组织系统脱颖而出趋于完善的可能性。杨庆堃最后关于中国宗教未趋于完善的判断，与他的中国宗教是另一种文化存在的假设相抵牾，实际上依然难以摆脱西方宗教学的既有结论。

　　田汝康在田野调查的基础上也对中国民间宗教进行了独特的研究。他是费孝通主持的云南魁阁社会学实地调查工作站的成员。1940 年前后，他到云南芒市那目寨（又称"那木寨"）进行了 10 个月的田野调查工作，研究傣族做摆仪式，并于 1946 年出版了《芒市边民的摆》（又称《摆夷的摆》）。"摆"是当地傣族（原称"摆夷"）的一种民间宗教活动，田汝康在研究边民村寨经济生活的过程中，发现了"摆"的重要性，因为这种宗教仪式虽小，但是"却关联着摆夷的整个生活"。田汝康受马林诺夫斯基的《巫术、宗教与科学》与涂尔干的《宗教生活的基本形式》的影响，在《芒市边民的摆》一书中，细致阐述和分析了宗教与巫术、"摆"与"非摆"、宗教仪式与超自然崇拜仪式之间的差异。在田汝康看来，作为宗教仪式的"摆"，具有非实利主义的特征，在这种仪式中，人们集体消耗财物，目的仅在于"消耗"本身；而"非摆"则与巫术一样，企图运用超自然信仰的力量来解决生活中的实际问题，是一种具有实利主义特征的仪式。田汝康（1946）认为，对于傣族来说，"摆"是克服社会分化的宗教手段，积累财富不是为了造成人与人之间的阶级地位差异，而只是为了通过"消耗"在宗教仪式上来平衡不同社会等级中的人之间的差异。田汝康的研究，在一定程度上扭转了关于中国民间宗教实利主义取向的简单判断，揭示了中国宗教的实利主义和非实利主义的两重性。

　　许烺光是另一位重要的汉文化人类学的代表人物，其代表作是 1948 年出版的《祖荫下：中国人的文化与人格》（1967 年再版时改为《祖荫下：中国乡村的亲属、人格与社会流动》，以下简称《祖荫下》）。该书的田野材料，来源于许烺光1941－1943年在云南"魁阁"社会学实地调查工作站工作期间完成的西镇田野调查，所谓"西镇"就是现在云南大理的喜洲镇。许烺光在《祖荫下》一书中，以父子关系为轴心塑造了中国人祖先崇拜的文化人格，揭示了完全不同于西方的中国人的文化特征和心理结构，成为中国心理人类学的开创人。在许烺光看来，在中国人人格形成的过程中，祖先崇拜和家族组织扮演着至关重要的角色，每一个人都是生在祖荫下，长在祖荫下，并通过延续祖荫的努力来赋予短暂的肉体生命以永恒的意义。许烺光认为，中国的伦理体系强调个人利益必须服从于从家到天下的大大小小的集体利益，所以那种独立、自立、自主的个人在传统中国社会几乎不可能存在（许烺光，[1948]2001）。《祖荫下》一书以生动的民族志描述和系统的人类学分析，解释了为什么中国文化以集体主义价值观为取向。许烺光在《祖荫下》一书中的看法，其实当时对中国读者来说，并不是什么新奇之见，而是晚清以后知识界的主流看法，即中国要有大的改变，必须实行人格和文化的革命，打破旧的传统，冲决祖荫网罗，彻底改组自我。许烺光的主要贡献，在于他把这种判断和看法建立在扎实的田野调查基础上，并成功运用了心理人类学的方法。

《祖荫下》一书真正的学术主旨，是要通过田野调查来回答为什么会有家族兴衰现象，也就是为何会有"富不过三代"的现象。但许烺光的学术抱负，似乎并不仅仅是解释个体家庭现象。在他看来，一个小社区普通家族的兴衰，与达官显贵的兴衰、帝国君王的兴衰都具有相同的原因，这样他就把家族的兴衰与国家和社会的兴衰联系在一起,尽管他也认为后者是比前者更为复杂的事情。许烺光认为,在西方已有研究中,对社会兴衰现象的解释有两派观点:一派是马尔萨斯人口过剩学说,即认为天下太平使人口增多,造成人口与土地和技术资源的矛盾,当人口达到过剩的极点,就产生了动乱,造成大量的人口丧生,从而使国家又一次进入一个新的朝代;另一派是魏特夫(K. A. Wittfogel)的阶层循环学说,即认为中国社会分为统治阶层、官僚阶层和平民阶层,官僚和新贵(高官显贵、土豪劣绅、大商人)的地产积累,造成土地危机并进而引发经济社会危机,虽然这种恶性循环能够因为朝代的兴衰得到周期性的平息,但它绝不可能得到彻底根除。而许烺光则认为,性格特征是家族兴衰的不可忽视的因素,懦弱的性格常常与家业衰败相关联,而力量常常是兴旺之家庭成员的象征。他在西镇的调查中发现,在祖先庇荫下,对人格有着重要影响的两个因素是权威和竞争,穷人仅仅为了生存而竞争,而富人是则为了权利和名誉而竞争。尽管父子关系形式上相同,但经济条件的差别把贫富两个阶级的年轻人造就成为两种完全不同性格的人,富者完全依赖父辈,听命于传统的父权,穷者独立性较强,不甘愿受传统父权所摆布。由此,人们的经济社会条件决定人们的性格特征,而性格特征又反过来决定了发展前景。许烺光的这种心理人类学研究,一方面深受西方心理学行为学派的影响,另一方面也有其中国本土化的巨大努力。从某种意义上说,许烺光的研究,开了中国社会心理学以"人情""面子"等为主题的本土化研究的先河。

三 社会人类学的社区研究

社会学和人类学在中国一直有"理不断、剪还乱"的复杂关系，也有不少人类学家，希望人类学自成传统和体系，与社会学分开。所以在中国谈到人类学的早期田野研究，他们会谈杨懋春（Martin C. Yang）在他的家乡山东台头村的调查，葛学溥（Daniel Harrison Kulp）在广东凤凰村的调查，林耀华在福建义序和金翼黄村的调查，许烺光（Francis L. K. Hsu）在云南西镇的调查，杨庆堃（C. K. Yang）在广州南景村的调查，等等，但他们有时并不把费孝通视为这一支文化人类学家的成员。从中国早期的研究来看，社会学和人类学其实并没有明显的学科分野，费孝通的研究，主要是更加侧重于经济的角度，而在当时，侧重于经济，不仅意味着受功能主义的影响，有时也有些左倾的意思。

村落调查是中国早期社会学的经典调查方法。最早的村落研究是由时任上海沪江大学教授的美国学者葛学溥进行的。他带领学生分别于 1918 年、1919 年和 1923 年对广东凤凰村进行了调查，并于 1925 年出版了《华南的乡村生活：家族主义的社会学》（*Country Life in South China*：*The Sociology of Familism*，1925）。

杨懋春的《一个中国的村庄：山东台头》（*A Chinese Village*：*Taitou*，*Shantung Province*，1945），被美国哥伦比亚大学人类学系主任林顿教授（Ralph Linton）在该书英文版的序言里誉为代表了社区研究的本土人类学时代的来临。山东台头村是杨懋春的出生地和家乡，像费孝通和林耀华一样，他是对他所熟悉的家乡生活进行调查。这类调查后来也受到一些方法论上的诘难，即认为对"家乡"的调查往往难以摆脱"自己人"的视角，分析中会掺有"情感"的判断成分。关于对家乡的调查是否会受到观察立场的影响的问题，以及这种家乡调查与外部人的调查的差异问题，人们一直都在争论，但对"家乡"的调查，也有能够避免外来人调查容易产生文化误读的优势。杨懋春对于台头村生活的描述，所用的都是实名，而且他是以自己家庭的实际为中心。凭着对那里人们生活的熟悉，作者细致地描写和分析了乡村的家庭生活和村内冲突等诸多方面。

在《一个中国的村庄：山东台头》一书里，杨懋春认为，研究中国的乡村，必须把乡村生活放在一系列社会关系里进行，特别是家庭关系和村落关系，这是中国乡村研究不容忽视的两个视角，又由于每个村庄不是孤立的，所以还要分析村际关系以及市镇对村庄的影响（杨懋春，[1945] 2001：222－242）。在如何看待乡村社会关系问题上，杨懋春的视角与施坚雅的视角完全不同。施坚雅以农村"集市"为分析单位的视角，实际上是更加看重都市商业文明对农村社会生活的影响，他把农民放在"市场圈"的边缘位置。杨懋春虽然也注重分析村落与外部世界的关系，包括和集市的关系，但他是把农民放在"村落圈"的中心位置，以村内和家庭生活为主，他是在切近地分析乡村农业文明。杨懋春在山东台头村做调查时发现，台头村有很多村民到青岛去做工，但老婆、孩子还在农村，他们的人口再生产是在村里完成的，城乡之间是一个有序的良性互动。杨懋春当时认为，这种办法比美国城市里的贫民窟要好得多。

杨懋春对台头村的研究，一个很突出的贡献，是对村落组织的研究。他认为在家庭和村落之间，有一些过渡性的组织，如家族、邻里、宗教组织以及家庭联合基础上的组织。他根据组织规模，把村落组织分为三类：全村性组织、街坊邻里组织和家庭联合基础上的组织。在杨懋春看来，村落的管理要利用传统的乡土组织来调节纠纷，单纯的法律下乡会造成社区的瓦解。杨懋春还把多元的社会分层视角引入对乡村等级结构的分析，认为等级结构不仅表现在经济差异中，还体现在性别、年龄、宗族姓氏、社会地位、声誉、宗教等各个方面。

杨懋春后来在《近代中国农村社会之演变》（1970）一书中，对他的中国乡村调查研究进行总结和学术梳理，特别是发展了他在《一个中国的村庄：山东台头》关于乡村组织的认识。他认为，所谓社会方面的发展，主要是指由无组织的状况进至有组织的状况，无论是一个部落由渔猎或游牧而进入农业，而定居成为农村，或一个由移民开垦而成立的农村，其社会组织都是先由适应其特殊问题或特殊需要而发生，如家族、氏族、宗族，而一旦以全村为范围的"守望相助，疾病相扶持"的关系为全体或大多数人所感觉，则村自卫、乔青会、换工制度、互相庆吊、迎神赛会、设学校、防灾救急等团体活动，都会因需要而产生，依功能而兴替。

杨懋春把中国农村的社会关系分为初级社会关系和次级社会关系。初级的社会关系除了家庭，"街坊"是最基本的单位，村内"街坊"的社会意义，是街坊中的家庭形成了社会关系，能超地域而自成一个无形的社会关系网。在这个网上，社会关系是绳索，"我们集团"的感情是黏合力，一些共同行动与共同行动的目标是网上的结。街坊以次是村内的"族党",在中国的中型与大型农村中,几乎都有族党或族党性的家庭集团,族党也是村中的一个社会关系单位,由此单位会衍生出族塾、族仓、族养老院、族济贫恤孤组织等很多别的带氏族性的社会组织。另外,初级社会关系还包括农村中常见的丧葬圈与喜庆圈等非正式社会团体。

杨懋春认为,农村中的次级社会关系以教育团体、宗教团体、不成组织的家庭群及租佃关系为代表。教育是中国社会阶梯上的一条通路,在农村中亦然,农村教育团体是指私塾或族塾和学校。农村中的宗教性的团体或组织,不仅是指正式的宗教组织,也包括通过庙会、祈雨、祭拜等民间信仰表现出的社会团体关系。"家庭群"也可说是社会阶级性的家庭群,他们因经济情况与社会地位相类,成为一种不固定的、较松弛的结合,如师徒家庭群、换工家庭群、人缘家庭群等。租佃关系则主要是指乡居地主与佃农之间的关系,人们很容易推测或相信地主处在高地位上,其势力透过租佃关系往下向其佃农身上逼压,佃农则软弱无告,必须卑颜躬身,向地主作祈求状。事实上,在这一假定情形的左右,各有程度不同的差别,这种差别受家族关系、合作关系、依赖关系、对抗关系等多种因素的影响。

以村落为单位进行社区研究,费孝通是无可争议的领军人物,他延续和发展了吴文藻开拓的学术传统。在中国社会学从20世纪50年代初到80年代初中断30年之后的恢复重建中,由于费孝通对恢复重建的特殊作用,他的乡村社区调查几乎成为中国社会学接续这个学术传统的唯一通道。

费孝通的成名之作,可以说是他的《江村经济》([1939]

2006）。1936 年，费孝通到广西乡村调查，不幸因事故痛失结婚 108 天的爱妻，养伤期间在家乡江苏吴江庙港乡的开弦弓村进行调查，后带着调查资料留学英国，靠这些资料在导师马林诺夫斯基等人指导下写出了《中国农民的生活——长江流域农村生活的实地调查》，即后来翻译成中文的《江村经济》一书。费孝通的独特之处，在于他第一次运用社会人类学参与观察的"社区"调查方法来研究中国江南发达地区的农村经济，而在此之前，人类学调查的对象，通常是无文字的莽荒部落。而且，费孝通对江苏吴江县开弦弓村（学名"江村"）的调查，还开创了新的研究视角，即从农村社会组织入手研究工业发展问题。20 世纪 30 年代，对农村工业化问题的忽视，是学界一个较为普遍的现象。由于土地问题成为农村研究甚至中国革命的核心问题，绝大多数的农村研究者和革命理论家都不能不把主要的关注点集中在土地问题上，人们考虑的是农民的生存以及如何组织起来的问题，工业化似乎还只是涉及未来发展的问题。

在费孝通看来，如果说江村的家庭蚕丝业是一种迫于人多地少的压力内生的发展，那么工厂工业的下乡则是迫于外来的力量的挑战而产生的挽救乡村工业破产的应对。换句话说，农村之所以改变几千年的平缓发展而进入加速变迁是由于一种"外来势力"的影响。这种"外来势力"在费孝通那里有时是作为现代技术的导入，有时是作为帝国主义的侵入和西方列强的工业扩张，或者说这二者在当时是一种伴随的现象。费孝通认为，土地问题是农村很根本的问题，最终解决中国土地问题的办法，不在于紧缩农民的开支，而应该增加农民的收入，因此恢复农村企业是根本的措施。当然，费孝通也认为，外敌的入侵，使土地问题事实上已经成为一个更加生死攸关的问题，只有通过合理有效的土地改革，解决农民的痛苦，一个崭新的中国才能出现在苦难的废墟之上。

现在的许多学者，往往认为费孝通式的社区调查研究缺乏必要的前提假设，其实这类社区调查，并非是无假设的。费孝通就因为他关于外国势力导致乡村工业破产的假设，后来屡屡受到西方学者的"批判"和"证伪"①。只不过费孝通在到英国学习之前，并不是有意识地提出假设和论证假设，而且是有意排斥理论假设的。他自己曾谈到，在编写花篮瑶社会组织时，极力避免理论上的发挥，认为实地研究者只需事实不需理论，理论只是"叙述事实的次序要一个合理的安排罢了"。在江村实地调查时，他也主张"调查者不要带理论下乡，最好让自己象一卷照相的底片，由外界事实自动的在上射影"。到英国学习以后，他感觉到这种方法论上的见解"埋没了很多颇有意义的发现"，在写《江村经济》时感到"没有一贯的理论，不能把所有的事实全部组织在一个主题之下，这是件无可讳言的缺点"，所以江村经济是"从社会调查到社会学调查或社区研究的过渡作品"，而社会

① 费孝通1979年访问美国社会学界后回来写道："中美关系中断时期那些想研究中国社会的人只有到台湾和香港去进行调查。在过去10年里出版过不少这类的调查报告，在方法上大多以我那本书为样本，但立论上却有不少是以批评我的姿态出现的，有一部分是要驳倒我'中国农村的经济衰落是出于帝国主义经济势力的侵入'的观点。比如不久将来我国作为交流的研究人员的波特（Potter）就是如此，他强调西方工业的影响对中国农村带来了繁荣和发展。"（费孝通，[1979] 1985：149）

调查与社会学调查或社区研究的区别就在于只是对某一人群社会生活的闻见的搜集，还是依据某一部分事实的考察来验证一套社会学理论或"试用的假设"（费孝通，［1943］1990：11－12）。

费孝通的志向，并不是把江村调查变成运用功能分析方法的社区研究标本，而是要通过江村透视更广阔更复杂的"中国社会"。费孝通认为，事实上没有可能用对全中国每一个农村都进行调查的方法去达到了解中国农村全貌的目的，在采取抽样方法来作定量分析之前，必须先走一步分别类型的定性分析。他所塑造的学术类型"江村"，与他后来组织和参与确立的"禄村""易村""玉村"等学术类型，是按照经济活动组织形式划分的一个有机联系的解读中国乡土社会的类型体系。

费孝通对与中国乡土社会的完整构想体现在《乡土中国》一书中。《乡土中国》与他的《生育制度》一样，本来都是通过整理家庭问题和农村问题讲课内容而形成的。但《乡土中国》的内容，为适应分篇在杂志上发表的需要，文笔更加生动。这两本著作很好地反映了费孝通的两个学术特点：对类型学和中国学术话语的追求。在《乡土中国》中，费孝通塑造了一系列的学术类型和中国学术概念，如无讼社会与法理社会、无文字社会与文字社会、差序格局社会与团体社会、血缘社会与地缘社会、身份社会与契约社会等。在《生育制度》中，他也塑造了"社会结构的基本三角""社会学断乳""社会继替""世代参差""长幼行序"等具有学术张力和中国特色的类型概念。

张之毅的《易村手工业》可视为费孝通的《江村经济》

的续篇。张之毅通过对"易村"手工业的调查，发现了不同于"江村"家庭手工业的"易村"作坊工业，塑造了一种新的乡村工业类型。张之毅1939年调查的易村，是云南易门县一个手工业比较发达的村庄。在张之毅看来，纸坊所代表的作坊工业，与织篾器所代表的家庭手工业，虽然在易村同时存在，性质却有很大区别。纸坊代表着不同于家庭手工业的另一种乡村工业的型式；织篾器是一种发生在农闲基础上用来解决生计困难的乡村工业活动，不需很大资本，而纸坊则是为了资本的增殖，受生计压迫的人根本筹不出一笔资本来造作坊。张之毅通过对易村手工业中家庭手工业和作坊工业的比较研究，提出关于农村不同工业组织形式的意义这样一个很有研究价值的问题。正如他在《易村手工业》一书最后所说的："本书若是有一个启示的话，这是要我们把乡村工业不看成一个单纯的实体。在这个名词之中，包涵着很多不同的种类，每个种类有他的特色。各种各类的乡村工业，对于乡村经济的意义和影响，可以有很大的差别。"（张之毅，[1940] 2006）

在20世纪30-40年代，乡村副业、乡村手工业的乡村作坊工业在很多乡村经济活跃的地区都开始有所发展，与此同时，也出现农村劳动力进入小城镇和城市务工经商的现象。这个现象很快引起了社会学家的注意，史国衡的《昆厂劳工》（1946），就对这一现象进行了专门的研究。

史国衡把对昆厂的调查视为魁星阁农村社区研究的一个引申，但这个引申却从农村跨越到城市，从农业和农村中的手工业跨越到工厂里的机器工业，成为当时少有的社会学的企业个案调查。所谓"昆厂"，也是学名，是史国衡于1940

年 8－11 月在昆明调查的一家约 500 人的国营军需工厂。《昆厂劳工》的主题是探索农民转变为工人的过程，史国衡提出了几个涉及中国工业化的有意义的问题：其一，农民向工人转变的模式问题。他在分析工人的来源时发现，即便是在国营军需厂，工人中有相当一部分出身于农民，尽管在昆厂，农民出身的工人数比非农职业出身的工人数少31%；同时他还发现，农民出身的工人，有68%都在进昆厂之前经历了过渡性职业，由农民直接入厂的只占农民出身的工人的13.5%，而过渡性职业包括当兵、做商贩、从事手工业、做短工等，还有无业游民。也就是说在入厂之前，他们已在一定程度上改变了农民的淳朴习性和乡土意识，成为城镇生活的附属者。这与西方工业化过程中从破产农民到产业工人的经典变迁模式是不同的，这种从农民到工人的过渡模式的不同，成为影响中国工人自身特点的重要因素。其二，人的转变与社会变迁的关系。在史国衡看来，从农民到工人的转变是人的转变，这比从农业到工业的生产转变要复杂得多，这个过程不仅包括劳动方式和劳动关系的变化，还包括生活方式的转变、两种不同文化（乡土文化和都市文化）的调适、社会价值的重要规划、心理状态在动荡冲激下的平衡、管理方式对新工业需要的适应等，"实在是一个很重要的社会变迁的过程"。其三，国营工厂的性质。费孝通在《乡土重建》中谈到乡土工业的新型式时指出，中国传统工业大体上可以分成三种性质，即皇家的独占工业、民间的作坊工业和家庭工业，举凡盐铁、军备以及宫廷用品，都是由宫廷独占经营的。皇朝崩溃以后，皇家独占工业转变成"国营"。而史国衡的调查表明，国营工厂在许多工人的眼中，不过是许多政府机关中的一个，对于工厂出现的浪费和低效率现象，工人总觉得自己和工厂的休戚无关，只有主持工厂和管理工人的职员才是工厂的主体（史国衡，1946，导言）。

史国衡的《昆厂劳工》很强调对人的因素的分析，他通过分析工人的社会环境、家庭背景、社会状况、人际关系等来探索解决工业化过程中出现的各种问题的途径，这种浓厚的人际关系学派的特点，显然受到了早期美国工业社会学人际关系学派的影响。费孝通在为《昆厂劳工》写的"后记"中，就介绍了美国社会学教授梅岳（E. Meyo）的"霍桑实验"。1943 年费孝通去哈佛大学，也正是在梅岳教授的帮助下，把《昆厂劳工》翻译成了英文出版。史国衡的调查表明，在当时的中国，进城到工厂当工人的农民，不管其是否经过某种中介的职业，在当时已绝不是个别的现象，它已经可以被概括为不同于乡村家庭手工业和作坊工业的另一种离土离乡的农民工的类型。

史国衡对"昆厂劳工"的研究和田汝康对"内地女工"的研究，可能是中国最早的农民工研究。田汝康的《内地女工》是作为《昆厂劳工》的附录出版的，而女工研究在中国有其特有的重要性，因为当时中国的工业大部分靠着女性的支持。在 20 世纪 30 年代的中国上海，工人中 55% 左右是女工，若把女童工的数目加进去，女工在总数中的百分比将高至 60% 以上。中国的工业基础大部建筑在女工的劳力上并不是偶然的。这个现象说明，在工业落后的中国，工业还限于轻工业方面，而且它还得靠成本较低的劳力来维持，用田汝康（1946）的话说，"没有成年的工业才需要女性的保育"。

社会人类学对于乡村工业和社会组织的研究和文化人类学对于宗族和宗教的研究，都具有改造社会的学术主旨，但二者之间在救亡和启蒙上的意义却有侧重不同，在当时救亡重于启蒙的社会背景下，宗族和宗教的研究随后逐步地边缘化了。

第七章　中国社会学的"学院派"

　　与"乡村建设"中的实践运动和社区研究中的实地调查相比，学院中的社会学研究似乎开展得要更早些。20 世纪 20 年代中期，一批社会学者结束了留学生活，获得学位后纷纷回到国内各个院校，潜心从事社会学的教学和研究工作。①1928 年，由孙本文率先倡导，吴景超、吴泽霖、潘光旦、杨开道、言心哲、李剑华、柯象峰、许仕廉、陈达、吴文藻等学者发起组织"东南社会学社"，这是中国社会学界第一家学术组织。在"东南社会学社"的基础上，1930 年成立了"中国社会学社"，第一届理事有九人，即孙本文、许仕廉、吴景超、吴泽霖、陈达、陶孟和、潘光旦、游嘉德、钱振亚，其中孙本文为理事长，许仕廉为副理事长，吴景超为书

---

① 　1926 年，孙本文从美国纽约大学和芝加哥大学毕业后回复旦大学任教；1927 年杨开道从美国艾奥瓦农工学院和密歇根农业大学毕业后，先后在大夏大学、复旦大学、中央大学和燕京大学任教；潘光旦在美国哥伦比亚大学获得学位后，在纽约长岛冷泉港优生学记录馆从事研究工作，1926 年回国后在政治大学、光华大学等多个学校执教；吴景超于 1928 年在芝加哥大学完成学业，回到金陵大学任教；吴泽霖 1927 年获俄亥俄州立大学博士学位，回国后先在扬州中学执教，后任大夏大学教授；陈达 1923 年获哥伦比亚大学博士学位，回国后长期执教于清华学校，1929 年是清华大学社会学系的创办人之一；吴文藻 1928 年获哥伦比亚大学社会学博士学位，翌年回燕京大学执教；许仕廉于 1924 年在美国艾奥瓦大学获得哲学博士学位，随即回国在国立武昌师范大学和燕京大学任教授。相比而言，陶孟和可算做老师辈的学者了，他早在 1913 年便获得英国伦敦大学经济政治学院博士学位，同年归国后任北京高等师范学校教授，1914－1927 年任北京大学教授。

记。学社专设机关刊物《社会学刊》，孙本文任主编。由此，中国社会学研究的学院风格确立起来了，其宗旨，就是通过系统吸纳、接收和综合西方社会学原理，特别是美国社会学所贯彻的社会学原理，结合中国社会生活的实质结构，创建出一种中国化的社会学理论。

在具体研究上，学院派大体可以分为四个分支：一是以孙本文、吴泽霖等为代表的"文化综合学派"；二是以是陈达、许仕廉等人为代表的"人口学派"；三是以杨开道为代表的农村社会学研究；四是以潘光旦为代表的优生学研究。

一 社会学的"文化综合学派"

在 20 世纪上半叶的中国社会学发展史上，孙本文有着非常重要的位置。这不仅是因为孙本文担任过中国社会学社的理事长和教育部高等教育司司长①，更重要的是，他曾为社会学的传播普及和学科建设做过全局性的工作。孙本文1926 年归国后，在两年半时间内，就连续发表了《社会学上的文化论》《社会问题》《社会学 ABC》《人口论 ABC》《文化与社会》等五部普及性著作，且在全国性杂志和报纸上连续发表学术文章，引起了学界和民众对社会学的广泛关注。此后他主持成立的"东南社会学社"及后来发展而成的"中国社会学社"，将全国范围的社会学者组织起来，在教学、调查、研究等诸多方面全面推动了中国社会学的整体建

---

① 孙本文曾任中央大学社会学系主任，后亦任中央大学教务长、师范学院院长、社会学系主任，并于 20 世纪 40 年代任教育部高等教育司司长。1941 年，孙本文被当时的教育部任命为首批部聘教授。

设步伐，从而使中国社会学得以迅速成长。

孙本文在学术上的主要贡献，反映在他于 20 世纪 30 - 40 年代撰写的四部著作中，即《社会学原理》（上、下册）、《社会心理学》（上、下册）、《现代中国社会问题》（四册）、《当代中国社会学》。《社会学原理》奠定了中国社会学"文化综合学派"的理论基础，为中国社会学研究设立了总体学科结构，同时该书被一致采纳为全国大学的通用标准教材，人们一般认为这本教材是那个时代中国学院系统社会学在理论上的代表作。尽管今天中国社会学的基本教材已经有无数版本，但在很多方面，孙本文的《社会学原理》迄今难以超越。《社会心理学》更是领风气之先，是中国最早的社会心理学教材之一。该书全面借鉴了西方文化社会学和社会心理学的最新成果，结合中国人特有的心理结构，确立了中国社会心理学的理论框架和应用范围。《现代中国社会问题》是以社会综合研究见长的一部经典作品，着重以家庭问题、人口问题、农村问题和劳资问题等"社会问题"切入，旨在建设中国社会学的总体学科基础和致用领域。《当代中国社会学》则突出了社会学在现代中国社会研究中的核心议题，将中国社会学的建设落实在为实现中国现代化服务的宗旨上来。在上述四部著作中，前三种著作均列入当时著名的"大学丛书"，一版再版，产生极广泛的影响。

孙本文通常被视为中国社会学"文化综合学派"的代表人物，他的理论深受美国文化学派的影响，而他的理论综合，首先是对美国社会分析、文化分析和心理分析之不同学派的综合，然后是对中国社会文化和心理特质的综合。

孙本文在《社会学原理》的首页，便开宗明义地指出，荀子所谓"人生不能无群",就是群学(即社会学)原理的本质。因此,撇开东西方文化差异,社会学必须从一个一般性的原理出发,即"人的行为就其实质来说是交互的、共同的和群体的行为",既是物质意义上的客观实在,也为文化意义上的规则所制约;因此,社会分析必须从构成社会交互性和群体性的诸因素起步,找到起连带的结构和机制的本质(孙本文,1935:1)。在这个意义上,社会学作为一门学科,必定是综合的,因为构成人的"群"的要素由三个方面构成,既有地境、气候、血气等自然因素,即物的方面,也有风俗、道德、宗教和法律等非物质的文化方面;从人的方面来说,既包括社会性的交互关系与行为,也包括人的生物特质和心理特质;同时,我们也必须考虑到"社会的体具",即历史方面的社会变迁及其连带的效果。孙本文认为,任何一项社会研究,必涉及构成人的上述诸因素的总体综合效应,社会本身既是"体",又是"心",不可偏废任何一面。任何社会分析都不可缩减为一个局部因素的观照,换言之,即便是最具体的社会研究,也必须窥见上述诸因素的综合效果。

《社会心理学》一书,也遵循了文化综合的视角。孙本文认为,社会心理学在本质上乃是个人社会学,社会心理学的核心问题,在于从"个人"出发,来考察社会行为得以构成的基本因素及其得到表现的机制过程。在这个意义上,《社会心理学》与《社会学原理》应该是同构的,因为行为得以表现的机构,也必然是社会组织,行为在表现过程中,也必然受到社会控制。社会心理学只是着重强调了个人的心理构成的一面,但社会本身,并非由个人心理推演而成。因此，社会环境对于个人行为的影响（即态度、意见、舆论、谣言、从众行为、风俗和时尚等），以及社会制约个人行为的法则（暗示、宣传、教育等），才是社会心理学的基本研究领域。

孙本文对于社会学及社会心理学之一般原理的研究，并非仅限于理论上的研讨。在两部著作中，他都不惜笔墨地讨论一般原理如何转化为社会应用、社会实践和社会事业的重要议题。孙本文强调，社会学一般原理的讨论，其目的是"社会建设"，"依社会环境的需要与人民的愿望而从事的各种社会事业，谓之社会建设。举凡关于人类共同生活及其安宁行都等各种事业，皆属之。有时此等事业，属于改革性质，就固有之文物制度而加以革新。有时属于创造性质，系就外界传入，或社会发明之文物制度，而谓之创建。无论创建或改革，要之，皆为社会上建设之事业"。他慨言道："梁任公有言：'不努力者终身失败者也，努力者有成有败者也'；我则曰：'不努力于社会建设者，必趋于衰败，努力于社会建设者，必趋于进步'。"（孙本文，1935）

孙本文的这种文化综合取向，也是吴泽霖在《社会约制》中所贯彻的基本精神。用"社会控制"的概念来分析社会现象，在中国社会学界是相当晚近的事情。1930年，吴泽霖撰写的《社会约制》由世界书局出版，这标志着社会控制（social control）这一概念的最初引进。不过，虽然吴泽霖的见解借由西方社会学家而来，但他并没有单纯强调这一概念的强制性特征，将其译作"社会制裁"或"社会控制"，而是突出了此概念所含的交互性特征，将其译作"社会约制"。吴泽霖认为，社会约制的需要主要来自四个方面：

生物的（性和男女自然冲突的调剂）、心理的（不同气质和品行人的安置及对不平等遗传的制约）、社会的（人们机会的不平等和不同民族或文化的冲突）、其他方面（职业和志趣的不同、经济竞争、政治信仰冲突等）。由此，社会约制的工具也就根源于人们四种比较普遍的心理：保守心、好新心、求显心、社交心。这四种心理是人类一切行为的原动力，也是社会约制的工具。吴泽霖接着指出，社会约制可分为两大类：武力的约制（即用体力来达到约制的目的）和会意的约制（即通过言语表示出来的社会约制）。有时在各种方法都不能见效的情况下，采取武力约制可直接得到所希望的结果。但是，武力的方法往往不彻底、不经济，流于表面，不能持久。而对于越来越复杂的现代社会而言，会意的约制越来越显露出其重要的意义。会意方法亦可分为两类：一是直接的会意，包括惩罚、酬报、理喻、命令四种；二是间接的会意，包括讥讽、诟诿。同样，社会约制的组织也可分为具体的和非具体的两类，前者包括家庭、学校、政府、教会这些看得见的组织系统，而后者则包括舆论、风化、信仰等一些宗教道德的要素。

吴泽霖的上述约制思想，突破了传统上仅靠法家学说来理解社会约制的路向，指明了道德教化对于社会约制的根本作用。吴泽霖的社会约制理论，采用跨学科的视角，努力构建综合社会学。孙本文在他的《社会学原理》中，便汲取了吴泽霖在《社会约制》中提出的基本思想，将社会约制纳入有关社会存在的一般理论的范围，并将此概念延展到社会心理学的分析之中。事实上，无论是孙本文，还是吴泽霖，都将孟德斯鸠以降的西方社会理论传统，结合中国的国情，纳入一个总体的分析结构。他们对社会行为逻辑的分析，并不限于制度的框架之内，亦与社会的总体文化价值发生关联。

严景耀也是从文化变迁的角度，来研究与社会约制紧密相连的社会犯罪问题，他将社会问题、文化环境与犯罪现象联系起来考察。在中国当时缺乏犯罪统计的情况下，严景耀把"燕京学派"主张的社会人类学参与观察的方法引入犯罪问题研究，他1927年亲自去北京市第一监狱做一名志愿"犯人"，和犯人同住、同食、同生活。他在监狱住了三个月，之后每周去监狱两天，取得了大量第一手资料，积累了各类犯罪典型个案200余例。1930年初，在中央研究院社会科学研究所及燕京大学社会学系的赞助下，严景耀率领学生到河北、山西、河南、湖北、江西、安徽、浙江等地20个城市的监狱对犯人和监狱管理进行调查，取得了犯罪典型个案史料300余件。他在芝加哥大学的博士论文《中国的犯罪问题与社会变迁的关系》（［1934］1986），就是根据20个城市的调查资料写成的。在犯罪学研究方面，严景耀的工作具有开拓性的意义。

孙本文于20世纪30年代在中央大学社会学系的同事言心哲教授，亦始终追随着中国社会学的这种致用精神，毕生献身于现代社会事业的推进工作。言心哲撰写的《社会事业与社会建设》《现代社会事业》等著作，是国内讨论"社会事业"问题最出色的作品。言心哲（1946）认为，投身现代社会事业，必须坚持义理与事业并举的原则，社会事业必由社会原理出发，而社会原理必经社会事业抟成。言心哲认为，现代社会事业在我国是被忽视的一种事业，殊不知社会事业的兴办与研究，对于减少人民困苦，培养国家元气，增进社会福利，改善人民生活，都极为重要，而欧美先进诸邦，莫不努力倡办各种社会事业。

言心哲的上述看法，与当时社会学家倡导的社会建设密切相关。言心哲、马宗荣、蒋旨昂、柯象峰、吴瑜珍、张鸿钧等一批学者积极推动此方面的教学和研究工作，成为中国社会工作专业的先导。其中，蒋旨昂的《社会工作导论》、柯象峰的《社会救济》、吴瑜珍的《社会个案工作方法概要》、张鸿钧编的《社会行政概论》都成为与言心哲的《现代社会事业》同样具有学科建设意义的成果。

孙本文的社会学"文化综合学派"，从一般社会原理的研究到社会事业的开展，从理论到实践，为中国社会学提供了一套系统的整体建设方案。

二 社会学的"人口学派"

中国的社会学家，很早就把人口问题视为中国最大的社会问题，进行了深入的研究。围绕对人口问题的研究，也形成了一个注重人口问题的学术群体，即社会学的"人口学派"。这个"人口学派"并不局限于对人口总量和人口结构问题的研究，他们从人口问题出发，对中国的乡村建设、城市化道路、生活水平、劳资关系、贫困、犯罪等一系列中国社会变迁中出现的突出问题，进行了广泛的研究，但其共同的特点，是把人口问题视为社会发展的首要问题。这个学术群体以陈达为代表，包括许仕廉、吴景超、言心哲、陈士衡等人。

当时人口问题研究，当首推清华大学陈达教授。陈达对人口问题的关注，直接来自中国特有的人口问题以及人口结构所牵连出来的基本社会问题。陈达等人均在很大程度上受到马尔萨斯人口论的影响，他们不仅关注人口数量及结构的问题，也从遗传、人文地理环境、自然选择和社会选择等角度出发，关注人口品质的问题，此外，他们还密切关注人口增长、人口迁徙与工业改造和社会分化的关系，并由此形成了明确的社会政策的研究取向。

人口问题的研究与社会调查统计是紧密联系的，陈达在1923－1952年的29年中，就曾主持和参加约24次社会调查。其中规模最大的一次，是抗日战争时期对云南昆明地区所做的人口普查。此次调查共调集1300多人，为中国人口普查的先河。陈达于1923年在美国获得博士学位后回国，他先后对北京市镇状况、上海工人生活状况、闽粤侨乡状况、昆明地区的人口和农业状况、重庆工人生活状况等进行调查，并深入其他国家和地区，对日本和朝鲜的劳工状况、南洋和夏威夷华侨社会生活状况、印度加尔各答地区的农业状况、德国和意大利的工人生活状况、苏联的集体农民的生活状况等进行考察。

陈达的《人口问题》是中国早期人口研究的经典作品。1924年他在清华大学主讲社会学原理时，就注重讲授人口理论。1926年他正式开设人口问题课程并自编讲义，经逐年修改最后形成《人口问题》，1934年由商务印书馆出版，作为大学丛书之一。在这本著作中，陈达全面介绍了马尔萨斯等数十位中外学者的人口理论，阐述了人口调查、人口登记、人口估计、生育率、死亡率、自然增长率等有关人口数量的问题，分析了遗传、环境、自然选择、社会选择以及区别生育率等有关人口品质的问题，还联系国际社会，介绍了各国人口增长、人口迁徙、工业发展以及人口政策等问题。

陈达在人口理论方面的贡献，是提出了"人口竞争"理论。他把人口竞争分为"生存竞争"和"成绩竞争"，"生存竞争"决定人口的数量，而"成绩竞争"决定人口的素质。因此，若要提高人口品质，既要实行符合优生原则的区别生育率，也要发展教育、改善卫生，对中国人的整体生活结构和方式加以改造。

随着工业化的发展，劳工问题也成为人口学家关心的一个主要问题。陈达在对国内劳工问题调查研究和对国外劳工考察的基础上，于1929年发表《中国劳工问题》一书。陈达在这本书中，详细讨论了中国工人生活、工会组织、罢工斗争、工资和工时、生活费、福利设施、劳工法规等问题。他在分析中，一方面使用了大量中国的调查材料，如在分析中国工人罢工问题时，他列举了1918－1926年9月间每年的罢工次数、参加罢工的人数和罢工日数等资料，非常翔实；另一方面他在论述每个问题时，都与国外情况作比较分析。

陈达认为，劳工问题主要包括三个方面的研究：一是关于工人本身的研究，如生活费、工资、工作时间等；二是关于劳资关系的研究，如劳资争议、劳工移动、罢工和失业等；三是关于劳工的社会研究，如福利设施、工业和平等。陈达非常强调在人口和劳工研究中使用科学的方法，而他所谓"科学的方法"，就是实验法和统计学。实验法是将自然科学推及于社会科学的科学方法，即抛弃抽象式的玄想，采用实验式的观察，进行事实搜集、测量、分类、结论、证实。统计学也是科学方法，其精确的程度可与实验法媲美。

陈达还把他的"人口竞争"理论运用于劳工研究，认为中国工界有两个重要的问题，即劳工阶级的"生存竞争"与劳工阶级的"成绩竞争"，前者属于经济性质的问题，即关于工资、工作时间、待遇问题等，后者属于社会性质的问题，即工人除了谋生之外，必须在社会中有些贡献。

陈达的研究领域非常广泛，但主要集中三个方面：一是人口问题研究。他通过分析中国的耕地面积、生产水平、生活程度等因素，明确提出中国人口太多，应当节制生育，限制人口数量，提倡"每对夫妻只生一对子女"，即实行"对等的更替"。可以说，陈达是在中国最早提出节制生育和"每对夫妇只生一对子女"的学者之一。二是都市劳工问题的研究。他认为工业化改变了原有自然经济中的城乡格局，城市劳工队伍迅速壮大，劳工成为中国历史上从未出现过的重要社会阶层，劳工问题关系到工界、雇主、社会和政府等所有方面，治理劳工问题之本，是运用科学的方法了解工人的生活程度，尽快制定工会法、工厂法和保险法，实施科学的工厂管理制度，改善劳资关系。三是中国海外移民（华侨）研究。在《中国移民》一书中，陈达特别强调了中国海外移民的特有属性，指出中国移民不仅对当地经济作出了巨大贡献，更重要的是，中国都市生产的重要投资来源首推海外华侨。陈达的《南洋华侨和闽粤社会》一书，通过社区比较和分类比较等各种方法，对华侨在移入地的总体生活方式和社会配置关系做了深入细致的分析，成为移民领域具有国际性学术影响的经典作品。

许仕廉是社会学的"人口学派"的另一位代表人物，他的《人口论纲要》（1934）是中国另一部早期人口研究的经典。许仕廉认为，研究人口问题是研究一切社会问题的入手点，"人口是社会与国家的原料，是文化与财富的生产者，所以要研究各种社会问题，经济问题，政治问题，教育文化问题，必从人口入手"。许仕廉从人口品质理论和优生理论出发，认为人口数量并非是人口问题的关键，人口学要处理的最核心的议题是人口素质和财富分配问题，人口学研究的家庭规模、婚姻状况、职业分配、城乡关系、教育方式等，都是围绕其核心议题展开的。许仕廉（1934）指出，"人口问题的全体，非仅为人口多寡之问题，凡人口之品质，经济之效率，与分配之平均，皆在其中。换言之，非独人数之问题，盖亦财富与优生之问题也"。

节制生育几乎是当时社会学"人口学派"的一种共识，他们普遍把人口数量过多视为中国贫穷的一个根本原因，而且他们与晏阳初、李景汉等人的假设一样，认为中国社会存在的根本问题是"贫、愚、弱、私"，贫穷是一种社会病态。在这个问题上，许仕廉与当时另一位人口学家陈长蘅在《三民主义与人口政策》中的判断是近似的，他们都认为中国陷入贫穷状况，是人口总额超过"中时点"这一现象的反映。若不愿实行节育，即需改变生活习惯，减低生活程度。而将来科学进步，能否有新的发明，根本解决"人浮于食"的困难，是一个"很空幻的希望"。

柯象峰从人口问题出发，对贫穷问题进行了非常系统的研究，他不到 36 岁就完成了两部著作的写作，即《中国贫穷问题》和《中国人口问题》。柯象峰认为，个人（或一个家庭）在某社会中，在某一个时期内，不能维持该团体所认为最低的生活程度时，其生活状态谓之贫困。他区分了"生活水平"和"生活标准"，认为"生活水平"是指人们实际享受的生活，而"生活标准"是指为增进效能起见而应为人们享受的生活，是一种理想的标准；前者可以分为四级：贫穷级、生存级、健康或舒适级、奢侈级；后者可以分为两等：生存的生活标准（可以视为贫困线），舒适的生活标准（随社会不同而不同）。在柯象峰看来，社会总的生活水平是由三个要素结合造成的，即人口数量、可利用的土地或资源、技术水平；中国贫穷的原因，可以从物质、生物、政治、经济和社会等因素加以考察分析；同时，贫穷还具有循环性，还可以带来其他社会问题；其预防与救治就是要标本兼治，治本的方法着重预防，措施主要是改善自然环境、采取适当的人口政策、改善政治经济社会环境等，治标的方法重在救治，措施是发展救济事业。柯象峰还认真研究了贫困线的问题，他根据各种已有的调查数据，推算出当时中国农村的贫困人口约占全国人口 60％，城市贫民约占全国人口 5％，因此若以全国当时总人口 4.5 亿人计算，中国贫民至少占全国人口 65％，总数约 3 亿人左右（柯象峰，1935）。

　　在 20 世纪上半叶，中国还没有人口普查，中国一直到 1953 年才进行了第一次人口普查。在没有全国人口普查的情况下，对全国人口总数的估计，是人口学家普遍关心的问题。

　　言心哲 1935 年所撰写的《中国乡村人口问题之分析》，虽然只有几万字，但已经具有非常现代的研究水平。他收集了来自各方面的调查资料，利用有限的统计数据，全面分析了当时中国乡村人口的数量、结构、年龄分布、性别比例、生育率和死亡率、婚姻状况、职业状况、人口增减趋势、乡村人口变迁等，推算出当时中国的乡村人口有 3.4 亿人，约占全国总人口的 74.5%。他在《中国乡村人口问题之分析》中指出，根据乔启明 1929－1931 年在河北省的调查，家庭平均人数为 5.43 人；根据李景汉同时期在定县等处调查，家庭平均人数为 5.80 人；根据乔启明在 1926－1928 年对山西清源县 143 农户所作的跟踪调查，1926 年的数字是 143 户，838 人，户均 5.86 人；1927 年是 835 人，1928 年是 839 人，户均分别为 5.84 人和 5.87 人。这样 5.8 成了一个比较稳定的户均人口数字。

言心哲的《中国乡村人口问题之分析》出版后，成为比较权威的人口分析著作，被多方引用。而且，言心哲在这本著作中，也涉及许多当时农村的热点问题，其中一个热点问题，就是"农民离村问题"。"离村"是当时社会学界惯用的词汇，就类似如今人们惯用"农民工"一样，"离村"就是农民暂时性地或永久性地离开自己所居住的村落。离村的原因相当复杂，如参军、求学、投亲访友、出嫁、做官等，但迫于生计而背井离乡在近代中国是特定的历史情境，所以"离村农民"有时几乎就是"流民"的代名词。当时的一些乡村研究专著，几乎都或多或少地涉及"农民离村"问题：如浩平的《中国农民离村问题之研究》，翟克的《中国农村问题之研究》，黑山、徐正学的《农村问题——中国农村崩溃原因的研究》，柯象峰的《中国贫穷问题》，言心哲的《中国乡村人口问题分析》，金轮海的《中国农村经济研究》，孙本文的《现代中国社会问题》，等等。

三 学院派的农村社会学研究

"学院派"的大多数学者都具有留学欧美的背景，杨开道也不例外，而且他是中国获得农村社会学博士学位的第一人。他先后在美国艾奥瓦农工学院和密歇根农业大学学习农村社会学，获得硕士和博士学位。1927 年回国后，杨开道历任大夏大学、复旦大学、中央大学农学院社会学教授，并担任过燕京大学社会学教授兼系主任、法学院院长。

杨开道在农村社会学研究方面，首先引入了西方社会学研究农村社会的核心概念"community"，杨开道在翻译 community 这个概念时用的不是"社区"，而是"地方共同社会"。他提出，农村不同于一般的"共同社会"，它是一种以农业为主要职业的"地方共同社会"。"地方共同社会"有时也被称为"农村地方社会"，在"农村地方社会"的上面，是"乡镇共同社会"，而在"农村地方社会"的下面，是"邻里区域"，它们共同组成农村社会的三层结构。

杨开道认为，中国农村生活不发达主要有五个方面的原因：一是教育不良；二是经济困难，农民所耕面积太少，耕地不满 10 亩的农家占 1/3 强；三是工作太忙，农民们拼命工作，把精神生活给抛弃了；四是农村社会相互间距离太远，交通不便，结果农民只有家庭生活，没有社会生活，也没有充分的人力和财力，去组织社会事业；五是农民毫无组织，农村是散漫的社会，农民不知组织的利益和方法。与梁漱溟的看法接近，杨开道也是把组织农民视为农村发展最紧要的事情。在他看来，农村问题必须以人为主体，也就是以人与人的关系为主体，中国农村问题不同于农业问题，其关键之处是农村的社会组织问题，因此"农村自治"是整个农村生活改良最基本的方法。但是，杨开道坚决反对政府自上而下地推行地方自治的农村建设办法，他认为，自上而下的政治，无论方法如何良善，组织如何严密，办理如何周到，总是官治，是被治，不能算是自治，自治的意志，必须来自村民的合意，只有农民真正集体地愿意处理而且能够处理自己的事务，农村自治才能获得其应有之义（杨开道，1929）。

杨开道等"学院派"学者，也并不是躲在象牙塔里闭门读书的学者。中国文人的文以载道传统，使杨开道很早就有"以农立国"的志向，而且他非常强调理论研究和实地调查相结合，主张用科学的方法去研究中国的农村。他在《农村自治》的"序言"中曾说道：我六年前还是农学生的时候，就"感觉到农业界一个重要的缺点。……（农民）还是在那吃苦，在那发愁，和国内的农学士、国外的农博士，没有一点儿缘分。当时下了一个决心，不愿意再做和农民不相干的助教、专家、教授，而愿意作农民的朋友，作农民和专家中间的一个介绍人，使专家能够服务农民，农民能够利用专家"。

杨开道积极地把他的理论运用于实践，他与许仕廉等人一起，利用美国洛克菲勒基金部的资助，在北京郊区的清河镇建立了实地观察点"清河试验区"。这个"清河试验区"成为"燕京学派"推行社区研究方法的一部分，而且在"燕京学派"自身看来，这是他们区别于梁漱溟和李景汉等人"社会运动式"乡村建设和社会调查的样板。

杨开道等人认为，他们提出的乡村建设方法，比梁漱溟等人搞的乡村建设运动，是更加科学的，所以杨开道也不回避这种分歧，并且还积极介入相关的争论。梁漱溟1929年春到广东、江苏、河北和山西考察农村自治后，在《村治月刊》第一卷第四期发表了《北游所见记略》，列出了村治七大难题，并客气地说自己一点不能解答。而杨开道针对这七大难题，写了七篇题名为《梁漱溟先生村治七难解》的系列文章，连续发表在国立中央大学农学院主办的《农业周报》上。与梁漱溟从中国文化要义出发探索乡村建设道路不同，杨开道认为，如果按照自然顺序进行中国农村生活的改良，就会耗去许多精力和时间，而如果按照原理和成例的教训去计划中国的农村生活运动，则可以省掉许多精力和时间，成绩也许更好。而杨开道所说的"原理和成例的教训"，就是西方发达国家的经验，为此他曾系统地将英、美、丹麦、法等西方国家农村改革和建设经验介绍到中国。

即便是在学院派中，杨开道的思路与后来费孝通等人提出的乡村工业化道路也有很大差距。杨开道依据西方的经验，主张发展"机械农业"，他甚至提出要"废除农村手工业"，认为将农村建设为自治的公民社会，手工业的废除是一个先决条件，因为一天到晚十几个小时都在那里运用肌肉，哪里有余闲去运用脑子呢！

杨开道并没有局限于对于农村社会学基本原理的阐发，他在学术上的一个贡献，就是从社会史出发写作的《中国乡约制度》，这是中国对乡约进行系统的社会学研究的第一本著作。杨开道希望通过对乡约史的研究，来探讨中国农村社会自治传统的历史基础。

杨开道认为，所谓"乡约"，是指在农村地方社会中，邻里乡人相互劝勉、共同遵守约定俗成的社会准则，并以相互协助、相互救济为目的的一种组织制度。乡约制度通过乡民受约、自约和互约三个层面的交往机制，使乡土社会诸阶层的成员得以维系共同生活和共同进步。这种制度，也颇类似于孟子有关井田制的理想规划，即乡民"死徙无出乡，乡田同井，出入相友，守望相助，疾病相扶持，则百姓亲睦"（参见《孟子·滕文公问为国》）。

杨开道通过系统考察中国乡治传统的来龙去脉，指出所谓与中央对应的"地方"概念，在中国由来已久。中国乡约制度自周代起便有了一些最基本的要素，他通过对《周礼》的研究，认为周代的农村组织可谓是中国乡治的理想模型，如"五家为比，十家为联，五人为伍，十人为联，四闾为族，八闾为联。使之相保、相受，刑罚庆赏相及、相共，以受邦职，以役国事，以相葬埋"（参见《周礼·地官·族师》）。春秋战国以降，由于"士"这一阶层的兴起，改变了农村的政治社会面貌。"士"既是贵族的门客，也常常作为文吏从政，还有一些成了儒生，散落在民间讲学主礼。"士"如有失意，大多会回到乡间，因此孔子以来官学下移的现象常有发生，城乡之间除了政治差别外，并无多大文化上的差异，这种状况一直延续到清代中叶。只是东汉后的一段时期里，中国部分地区经历了从豪族到世族的统治，农民也一度沦为农奴和半农奴。但南北朝以后，乡里政权的虚化基本上成为一种趋势，后来无论北宋王安石变法搞的保甲改革，还是明代的推行里甲与社学社仓制度，农村的行政区划基本上还是以自然村为基础。满人入关后，乡治被分割为各个片断，由专门的部门来管理，乡约制度由此衰落。中国乡村行政机构的称谓一直很乱，如镇、保、都、庄、乡、村、里、图、甲、社、约等，甚至有堡、寨之类的说法。这说明县以下的行政机构，其实并非实体化的，因此在许多文献和地方习惯里，乡村的行政机构笼统地被叫做"地方"。

杨开道研究中国乡约史，还是出于他对农村自治这一现实问题的观照，他认为，历史学家的止点，便是社会学家的起点，因为历史学家的目的在寻求真实的史料，社会学家的目的便在应用已有的史料去推求前后的因果及至社会的原理。杨开道的治史风格，在很大程度上体现了社会史的精义所在，即将历史的考察与当下实质的社会问题结合起来，使历史成为当今社会分析的起点。他翻考历史本义，为施行农村自治寻求民间的历史资源，以乡约制度为基础，系统整理了中国农村自治的民治传统。在这项研究过程中，杨开道表达了他将自治希望寄托于民众，希望中国能复兴乡约传统，从而为今天的乡村建设实践找到了历史的逻辑和基于文明肌理的实质精神。

四　学院派的优生学研究

潘光旦是中国社会学界的一个奇才，他在美国哥伦比亚大学就读时，曾师从摩尔根教授，后来又曾获得优生学家达文波特的学术指导。他把优生学、社会学、伦理学以及社会史研究融汇在一起，开辟出一条社会研究的新路径。潘光旦曾就读于清华大学，他身上渗透着"清华学派"的那种学贯中西、融汇古今、打通文理的学术灵气。

潘光旦1926年回国后，大力传播优生学的知识，而对于那时的中国学界来说，优生学还是陌生的事物。潘光旦认为，优生学的要务，在研究人类品性之遗传与文化选择之利弊，以求比较良善之繁殖方法，而谋人类之进步。他从社会优生学入手，试图通过中国多种历史资料来分析影响中国人口素质的社会、经济、文化等因素，他把这种研究路径称为"新人文思想"。

"新人文思想"强调，社会学必须要从人的自然本性即人性出发，而对人性的认识，则必须综合生物、遗传、生理、心理、病理①等学问，同时依据哲学、历史、宗教、文艺的人文传统，只有在这个意义上，社会学才能成为一种总体的学问（潘光旦，1929）。

"位育"是理解潘光旦"新人文思想"的一个十分重要的观念。"位育"是潘光旦对 adaptation 一词的本土化释义，他没有把这个词直译为"适应"，而是结合中国文化传统，改译成古色古香的"位育"。潘光旦从"天地位焉，万物育焉"的古训出发，强调人作为生物的个体或团体，必须与环境相互协调，而所谓环境，既包括自然环境，也包括人文和制度环境。在人与环境的相互作用之中，人始终应当是主，环境应当是宾；人固然不能妄自尊大，但也不能听任环境的摆布，自居于一个卑微的地位。关键还是两者之间如何"相位相育，安所遂生"。

按照"位育"的理论，人与人的社会关系，首先是建立在生物性和心理性基础上的道德伦理关系，所以实现"位育"，要通过"人化"和"明伦"的养教，而作为中国伦理

---

① 有关病理学的研究，参见潘光旦最早的作品《冯小青》（1927）。

本位关系的家庭，便成为中国社会结构最重要的基础。潘光旦指出，"家庭向为我国社会组织之中心，社会之治安系焉"。在潘光旦看来，家庭是一切社会规范（social norm）的基础，家庭的关系有三个基本层面：一是与父母的赡养关系以及与祖先的祭祀关系；二是夫妻之间的姻亲连带关系暨家庭内部的组织关系；三是与子女的养育关系、教化关系和继嗣关系。所有这些关系，都成为社会的经济、文化、宗教和价值关系的模本。在这个意义上，中国的家庭结构既不能照搬西方家庭的结构和模式，仅从西方的价值观上确立家庭内部的角色和位置，同时也无法完全维系传统的大家庭结构，将家庭内部的位育功能与控制功能混同在一起。因此，在综合了优生学和社会改良的视角后，潘光旦提出了一种带有保守性质的"折中制家庭"方案，即以"养教"和"赡养"两个概念为核心，建立父母和子女承担相互义务的家庭体制。这样，既可以避免西方小家庭制中只有父母对子女的养育、而无子女对父母的侍奉的个人主义弊端，也克服了中国传统大家庭制度中妨碍个人发展的约制关系（潘光旦，1929）。

潘光旦的"位育"理论反映了他那一代学人的学术特质和学术追求，即希望通过本土化研究，超越中西方的文化对立，在现实的创新中传承历史。"位育"这个概念的塑造，既包含了对西方演化论思想的改造，也包含了对中国传统礼教思想的反思，是一种超越个体与社会、静态与动态、社会性与生物性等对立关系的人道主义社会理想。

与杨开道一样，潘光旦也把对现实问题的观照与对社会史的研究结合起来，在历史的长河中寻找中国位育之道的血脉绵延和传承机制。在这个方面，潘光旦的两部代表作《中国伶人血缘之研究》和《明清两代嘉兴的望族》，堪称中国乃至国际上社会史研究的经典范例。

潘光旦从优生学的立场出发，特别着重依据族谱学的材料来考察中国特定历史时期的特殊人才延承的社会性机制。在《中国伶人血缘之研究》（1941）中，潘光旦系统整理了从春秋战国到民国时期有关伶人的文献和记录，特别是绘制了自清代嘉庆十七年到民国二十三年约120年共十份伶人血缘的社会网络，共计近180个家系的伶人材料。他指出，伶人在地理、社会阶层、移殖和血缘关系上，都有着特殊的分布形态，这非常贴近于社会生物学所说的"类聚配偶律"（Law of Assortative Mating）。从社会阶层来看，在血亲和姻亲方面，伶人与其他社会阶层之间存在特定的"区隔"事实，潘光旦通过对43个家系及其婚姻关系的血缘网图的分析，指出无论是在阶层之间还是在阶层内部，都存在因区隔而形成的社会角色和戏剧角色的世代蝉联。从阶级分布来看，潘光旦认为，在他集中考察的120年中，前期伶人以寒微的农民及工役阶级为多，但后期的三四十年间，中西新的文化势力交流时期，商贾与仕宦贵族阶级突然增多占了优势。但无论所出的阶级是什么，除了梨园世家之外，从事伶业的人十之八九是经济地位很低的家庭子弟。而仕宦人家子弟加入伶业，在于经济原因之外，更有一个心理的原因，即从舞台的演出获得一种心理的满足和心态平衡，高人玩票下海则是从最初的娱乐需要坠入迷恋。

在《明清两代嘉兴的望族》（1947）一书中，潘光旦一方面注重采用族谱资料，另一方面也注意收集方志中的名门望族资料,并从行状、墓志、乡会试的硃卷中寻找证据来补充论证。他认为这样的资料有助于我们发现氏族由来、世代蝉联、人物事迹、族际婚姻等家系结构中的各种重要机制。不仅如此,他还采用了血系分图、血缘网络图、世泽流衍等形式描画了嘉兴望族的分布状况。潘光旦首先将《嘉兴府志》中所有有关"巍科"人物(即会元、状元、榜眼、探花和传胪)的记载整理出来,再按照其血缘关系归并为血缘系统,将不同血系之间的婚姻关系联结成一张血缘网,内含血系90多个。紧接着,他开始用优生学的理论来考察"血缘网"之间的关系。根据他的考证,明清两代嘉兴府共产生了40个"巍科"人物,其中有27人缠绕在"血缘网"之中。他认为,博学鸿词科的人物可以帮同证明血缘网具有"毓秀"的(aristogenic)价值。在九十几个血系中,至少有44个已知是从外地移入的,因此,望族的形成又与他一直强调的移民的遗传效果有关。不仅如此,潘光旦还发现,嘉兴的每个血系的世泽流衍平均到8.3世之久,而非古人所说的"君子之泽,五世而斩"。在这些血系中,潘光旦发现了560根红线,标志着280次婚姻关系,这也正说明了"婚姻能讲类聚之理,能严选择之法,望族的形成,以至于望族的血缘网的形成,便是极自然的结果"。沿着这样的思路,在《近代苏州的人才》中,除地理和血缘等因素外,潘光旦又加入了学风、师承关系等文化因素,来考察科举人物的遗传作用,从而再次证明了他所说的类聚婚姻律作为历史存在和社会存在的事实。

总之,社会学"学院派"的共同特点,一是注重学科在学理上的系统性,全面地吸纳和引进西方的社会学知识;二是注重社会学的中国化或本土化，用现代社会学的知识改造中国的传统学问；三是坚守文以载道的文人社会责任和改造中国的社会理想，注重学问的经世致用；四是强调从中国历史文化传统中建立知识的根基，注重对社会史的研究。

第八章　社会史研究

史学是中国传统学术的主流，史学研究方法的变动，不仅极大地影响了史学自身，而且对整个人文社会科学都产生了重要影响，对社会学亦然。20世纪上半叶，中国传统的史学研究领域，经历过一次重要的变革，波及和影响到中国近现代整个学术领域。

1902年，梁启超发表《新史学》，批评旧史学有"四弊""二病"。所谓"四弊"，即"一曰知有朝廷而不知有国家"，"二曰知有个人而不知有群体"，"三曰知有陈迹而不知有今务"，"四曰知有事实而不知有理想"；所谓"二病"，即"能铺叙而不能别裁""能因袭而不能创作"。因此，梁启超宣称，必须在故步自封的史学界掀起一场"史界革命"（梁启超，[1902]1989：3-6）。史学革命的本务，就是重新发现"民史"的要义。梁启超认为，以往中国的史学，仅为王家年谱、军人战纪，并非中国全部的国史，更非以国民精神为主旨的历史。从梁启超的批评出发，新史学极大地扩展了研究领域，史学不再拘泥于"一人一家之谱牒"，诸如物质的、社会的、经济的、宗教的、文化的和精神的等构成国民性质的各因素及其内在的脉络，都构成了史学研究的对象，经济学、政治学、人类学、考古学、社会学、民族学、民俗学等诸多社会科学的视角，也逐步纳入史学研究的方法。黄公觉（1931）曾说："旧史学是闭门造车的东西。新史学则是与各种科学——特别是社会科学——结婚的产物。若是历史和社会科学一离婚，它就马上变成旧史学了。"

新史学的产生不仅表现在研究的内容大大扩展了，而且也表现在研究的方法发生了重大革新。传统史学的写史，以经史子集等古典文献为主要依据。到20世纪20年代，随着西方史学研究方法的引入以及一些考古的新发现，人们对"史料"的概念发生了变化，要求写史要有"新史料"的印证。如王国维在1925年写的《最近二三十年中中国新发现之学问》一文中认为，殷墟甲骨文字、敦煌塞上及西域各地之简牍、敦煌千佛洞之六朝唐人所书卷轴、内阁大库之书籍档案、中国境内之古外族遗文的发现和整理，代表了最近二三十年的新学问。重视史料印证的考据学派，反对盲目信古，开了疑古的先河。这个史学传统，被胡适、顾颉刚等人继承，形成"新史学"派。不过"新史学"派与过去考据学派所不同的是，他们在注重史料的同时也很注重逻辑线索，擅于运用逻辑推论，从旧史料中找出新发现。新史学派与唯物史观学派有相同的地方，即他们都是对传统史学的反叛，也都注重历史和逻辑的统一，而且在叙述上往往都会有史料服从逻辑线索的特点，只不过这个逻辑线索，胡适等人与唯物史观是截然不同的。冯友兰、朱谦之等想走释古的第三条道路，他们认为史料考据学派不关心"眼前社会剧变"，而唯物史观学派则"理论多事实少"。但唯物史观在当时是影响最大的学术思潮，是掀起史学革命的重要推动力量。

在这种史学革命的大背景下，社会史研究与社会学研究发生了密切的关系，或者说社会史研究成为社会学研究的一个重要组成部分，而且极大地影响了中国社会学的发展。中国社会史的研究可以分为三个部分或者三个层次：一是历史学家关于社会史的研究，社会史的概念在这里具有"社会发展史""社会性质的历史研究""社会历史发展阶段"等含义，这种社会史研究是关于社会结构变动的宏观历史的研究；二是社会学家的社会史研究，是从观察社会的新视角和日常生活的层面去反映宏观历史的变化，如行会史、家族史、礼俗史、乡约史等；三是经济、政治等学科的专家，从社会综合分析的角度进行的社会史研究，如经济史、法律史、文化史，这类研究被列入社会史，不是因为它们研究的内容，而是因为作者所具有的研究视野。

一　社会史论战及古代社会史研究

在中国社会史研究兴起的过程中，20世纪30年代的社会史论战起到了很大的推动作用。这场社会史论战的起因，起初并非出于纯粹学术上的争论，而有其特定的政治氛围。当时，关于中国社会性质的论战，也是关于中国革命性质的论战。

20世纪20年代末，大革命失败后，中国政治的未来走向，亦成为一批学者苦苦思索的问题。而社会革命和建设的当务之急，则首先必须对中国社会性质做出正确的判断。所以，围绕中国社会性质展开的论战，不仅是国内政治和学术界内部不同立场和观点的较量，而且也与苏俄的影响密不可分。①

　　1928 年，以陶希圣为代表的"新生命派"，以《新生命》月刊为阵地，撰写一系列文章，否认中国社会的封建性质。陶希圣在短短的时间内便推出《中国社会之史的》《中国社会与中国革命》等著述，认为"中国社会是金融商业资本之下的地主阶级支配的社会，而不是封建制度的社会"。由此拉开序幕，不同派别的人纷纷发表意见，一时间形成整个学术界讨论的焦点问题。这个"关于中国经济性质问题，现在已经逼着任何阶级的学者要求答复。任何阶级的学者为着要确定或辩护他自己的阶级的前途，也非解答这问题不可"（王礼锡，1931）。

　　1930 年，旅居日本的郭沫若出版《中国古代社会研究》，他采用了全新的马克思主义历史观与方法论，构筑了一套开创性的史学话语系统，发表后即刻成为社会史论战的焦点。在该书导论"中国社会之历史的发展阶段"中，郭沫若提出了中国社会历史发展的四个阶段的学说，即西周前为原始公社制，西周时代为奴隶制，春秋以后为封建制，最近百年为资本制。郭沫若的观点和论证，在当时的社会史研究中掀起大波澜，因为社会史论战的一个核心议题，便是中国历史中是否存在过奴隶制时期，而这个问题直接与马克思主义的社会演进学说能否与中国历史建立理论联系的问题相关

---

　① 　当时，国民党和共产党在政治上都深受苏俄的影响，因而在思想观念上也深受唯物史观的影响。在苏联内部，以托洛斯基和拉狄克为代表的苏共反对派，主张中国社会是资本主义制度。而以斯大林和布哈林为代表的多数，则主张中国是封建制度。1928 年，中国共产党第六次代表大会接受了斯大林、布哈林等人的观点，认同中国社会为半封建制度的看法。

（郭沫若，［1930］2008）。此外，他在《中国古代社会研究》中所运用的大量甲骨文和彝铭等材料，与他后来在《卜辞通纂》《两周金文辞大系》中所运用的新的考古材料一样，对传统的以官书为基础的史学研究构成了方法和材料上的重大挑战。虽然胡适、傅斯年等学者的理论观点与郭沫若代表的左系倾向不同，但他们在新的治史思路和方法上却有着相似的精神，都强调"有一分史料说一分话"。

　　与郭沫若的左系倾向针锋相对的，是陶希圣所代表的右系立场。顾颉刚（1947）曾经说过，在当时的史学家中，"研究社会经济史最早的大师，是郭沫若和陶希圣先生，事实上也只有他们两位最有成绩"。陶希圣著述甚丰，但最能代表其在社会史论战中的观点的，是他的《中国封建社会史》。他指出，对于中国社会构造问题，时下有三种意见：第一种见解认为中国社会既然以土地资本为基础，即是封建社会。但陶希圣认为，封建制度是土地制度的一种，但土地制度未必是封建制度，汉代封君，唐朝藩镇，明室王侯，清时督府，皆是封建制度的封建贵族，但汉代的社会经济与公元前五世纪不同，唐亦不同于汉，明清尤不同于唐，怎能单以土地制度论封建呢？第二种见解认为，中国社会已经是资本主义社会。这种观点的理由是，自公元前五世纪以来中国已有商业资本。陶希圣指出，中国历史上商业资本确实早已出现，但商业资本未必等于资本主义，因为中国封建的因素依然留存于社会，各代的形态殊有不同，遗留有前资本主义因素的社会不能称为资本主义。第三种见解认为中国乃为半封建社会，既不是资本主义社会，也不是封建社会。但所谓"半"字，惝恍不定，措辞不明，只可用于宣传，不可用于研究。中国的农业经济不同于欧洲，因而中国社会也不同于中世纪的欧洲。

在陶希圣（1930）看来，认识中国社会构造的性质，必须将土地制度、庄园制度、农民状况、分封制度等因素结合起来，将政治制度问题与社会经济条件和状况结合起来做出判断。中国社会的特征，一方面是封建制度、宗法制度、封建领主或地主已经消失；另一方面是封建势力（即封建要素、封建现象）、宗法势力、契约地主及人身隶属关系却都继续存在。这样一个社会，可称为"含有封建要素的前资本主义"，或称为"转化中的民生主义社会"，或称为"金融商业资本之下的地主阶级支配的社会"，或称为"封建制度崩坏以后资本主义发达以前以士大夫身分及农民的劳力关系为社会主要构造的社会"，所有这些说法，都可反映出中国社会结构之复杂特点。

通过学术界展开的大规模社会史论战，由郭沫若和陶希圣所代表的不同史学观念各自确立了自身的基础，由社会史论战而得以推展的唯物史观，对后来的史学和社会学领域中的社会史研究产生了深远影响。其一，这一论战开始将体系化的历史哲学观念引入中国社会史的具体分析之中，尤其是马克思主义关于社会形态及其演进规律的论述，不仅将中国传统的史学观念加以改造，而且促使学者们开始采用逻辑的方法，将以往改朝换代的历史纳入社会总体的结构分析，对中国社会性质的根本问题加以审慎的考察，对中国社会未来可能的出路做出不同的判断；其二，中国的学者开启了真正具有"社会史"意涵的研究传统，自此之后，史学在各个方面展开的专门史研究，都从社会史的基本理念出发，虽看似是专门或局部的论题，但其内在的指向却是社会总体的历史；其三，社会史论战使史学的研究方法发生了深刻变化，唯物史观一扫帝王将相的正史观，史学的论证不再局限于传统的官书，而是开辟了广泛的史料基础，考古、笔记、铭文、碑帖、文书等物质史料都解放出来，掀起了一场真正意义上的史料学革命。

在社会史研究的革命中，吕振羽具有重要的位置，他堪称运用唯物史观研究中国古代神话传说和探求史前中国社会的第一人。吕振羽的代表作是《史前期中国社会研究》（［1934］2000）和《殷周时代的中国社会》，这是他的《中国社会史纲》写作计划的前两部。吕振羽认为，当时的学者从西方社会学引进的"渔猎社会""游牧社会""耕稼社会"等概念，以及将夏商周三代与太古时代同列为"传疑时代"的看法，混淆了传说时代与文明时代的界限，得出了"照我们现在的观察，东周以上只好说无史"（顾颉刚语）的错误结论。吕振羽依据摩尔根和恩格斯的古史理论，论述史前人类社会的一般特征，又依据中国古籍中神话传说记载和仰韶各期古物，论述了中国史前社会的一般特征。他将传说中"尧舜禹"时代确定为中国史由女系本位转入男系本位时代；将殷商时期确定为中国史的奴隶社会时代；将周代确定为中国史的初期封建社会时代。吕振羽坚持以地下发掘史料为主，认为殷商时期在社会上已明显形成若干阶级和阶层，在政治上已经确立了国家机器的基本结构，在经济上农业、畜牧业、手工业、商业等也有明显分工，建筑业、缝纫业、皮革业、冶炼业、陶瓷制造业也已蓬勃兴起。由此看来，商周的社会结构、阶级分化及其国家形态的特点基本上可以印证马克思主义唯物史观对于古代社会演进的基本分析逻辑。

围绕社会史论战，形成了一个以郭沫若、吕振羽、范文澜、侯外庐、翦伯赞等人为代表的唯物史观社会史学派，他们的研究集中在五个社会史核心议题：一是亚细亚生产方式问题；二是中国历史是否经过奴隶制阶段问题；三是"封建社会"的断代及特征问题；四是"商业资本主义社会"问题；五是中国社会半殖民地半封建性质的问题。

兼修西方古代史和中国古代史的李玄伯，从比较史学的路径探究了中国社会的基本属性，他的《中国古代社会新研》，不仅在书名上与郭沫若《中国古代社会研究》仅一字之差，其治史方法，也与唯物史观有近似之处。[①] 但若细辨起来，就西方的社会理论史的脉络来看，两部著作在其有关社会结构及其演变的基本认识上却有着很大差别。郭沫若、吕振羽等人对于中国古代史的分析，皆以摩尔根的人类学研究和唯物史观为基础，而李玄伯采用比较史学的方法，引进了法国社会史家古郎士（Fustel de Coulange）有关古希腊和古罗马社会研究中的理论脉络。

涂尔干作为社会学三大传统的奠基之一，其社会理论的一个重要来源，便是古朗士的《古代希腊罗马社会》一书，此书虽强调了西方早期文明中的社会物质基础，即城邦和氏族，但更偏于强调其组织性的特征，以及这些组织得以维持和整合的意识体系与宗教形态。因此在这里，社会分析的核

---

① 张荫麟曾指出，郭沫若的著作"是拿人类学上的结论做工具去爬梳古史的材料，替这些结论找寻中国记录上的佐证"，比较起来，李玄伯的研究亦采用的是这种方法，只是两者所依据的西方学术的理论根源有所不同。

心并不是生产方式及其连带的土地国家制度，而是社会团结的组织形态及其神法基础。20世纪30年代，当李玄伯将古朗士的《古代希腊罗马社会》一书翻译后，随即用比较史学的方法为此书撰写了序文，但他越来越清楚地意识到，中西古代史比较的实质，乃在于将古朗士的图腾制度、氏族制度、组织制度等基本社会概念运用于中国古代史的分析。所以，他又及时补充了《中国古代图腾制度及政权的逐渐集中》和作为附录的《中国古代婚姻制度的集中现象》等两篇文献，与序文一起编辑出版，取名《中国古代社会新研》，该书成为中国古代社会结构研究的经典作品。

李玄伯根据西方人类学的图腾制度理论来解释中国远古时代的文明特征，认为中西古邦制有相同之处，中国早期的氏族制度中，都普遍存在动物崇拜，中国"姓"和大小"宗"皆是从"图腾"而来。他（1949）认为，"姓即图腾的结果，在文字内现在尚能看见他种种遗迹。凤——风姓之图腾，羊——姜姓之图腾，鸟——扈姓之图腾。"上述姓氏制度，也衍生出相应的政治制度，如昭穆便为氏族的婚级（class），尧舜禹创造的禅让制也是出于部落选举或翁婿继承。因此，古史所反映出来的中国社会结构，根本上是一套内在于姓氏制、家族制和部族制的象征秩序，并不能仅从生产资料和土地制度来解释，相反，后者皆为这种象征秩序的结果。钱锺书曾表示对李玄伯的这部著作"有嗜痂之癖"，而人类学家杨堃则推其为运用比较方法的"划时代的著作"。

另一位把社会学与古代专门史研究结合起来的是蒙思明。蒙思明有留学哈佛大学和接受过社会学规范教育的背景，他把社会学的视角、史学的治学方法和中国古代社会史料结合在一起，开辟了一条社会史研究的新路。《元代社会阶级制度》和《魏晋南北朝的社会》是他在这条新路上的两个界碑。当时史坛流行的定论是，元代是"征服朝代"，社会中民族矛盾居统治地位，元末革命是"种族革命"。但蒙思明在《元代社会阶级制度》（〔1938〕2006）一书中力排众议，创建新说，认为：第一，蒙古入主中土，并未破坏宋、金以来的以"贫富悬隔"为特征的社会组织和经济结构；第二，蒙古所创立的种族四等制，其"世纪区分，则仍本之于实力之强弱"；第三，元末革命虽以驱逐蒙人为结果，"而发轫则基于贫民乏食"，"参与革命者皆贫苦农民"，故"非纯粹汉人反抗蒙人之种族革命"。该书所讨论的中心虽为社会阶级制度，但范围所及，却广涉当时的政治、法律、赋税、宗教、习俗等社会生活的一般状况。本书面世后，广受学界称誉。《剑桥中国辽夏金元史》称"蒙思明的里程碑式的著作可以被视为近半个世纪来最重要的元代社会史佳作"。《魏晋南北朝的社会》一书，对魏晋南北朝社会中具有决定性意义的世族阶级，作了详尽的考证和论述，对世族的形成、衰落、崩溃及其对当时政治、经济、社会风尚的影响等各个方面，作了深入的剖析。该书考察了两汉以来的地主阶级的发展演变过程和魏晋南北朝的特点，提出"魏晋南北朝四百年的历史，实为一部世族兴衰史"。

李济也是具有哈佛大学博士学位的古代史学者，他于1928年用英文出版的博士论文《中国民族的形成》，是中国人写的第一部研究中国人种学的著作。这部书为用人种学方法研究中国问题提供了范例。在《中国民族的形成》一书中，李济充分利用中国人体测量数据和史书中有关城邑建造的资料、姓氏起源资料、人口资料，以及其他历史文献资料，对中国民族的形成问题进行了有力论证。在书中，他对中国人种作了"我群"和"你群"这一民族志的分类。从测量中国人的人体特征入手，由中国历代族姓和筑城的变化，归纳出"我群"规模、成分的演变和迁徙，并论述了"你群"的演变和整个中华民族迁徙的问题。他所说的"我群"，实际是指"汉人"，而"你群"则为中国各少数民族。在他看来，中国民族主要有五大成分：一是"黄帝子孙"，圆头窄鼻；二是"通古斯"，长头窄鼻；三是"藏缅族群"，长头宽鼻；四是"孟－高棉语群"，圆头宽鼻；五是"掸语群"。正是这些众多的民族，构成了中华民族的大家族（李济，［1928］2005）。

二　社会学视角的社会史研究

社会学的视角引入史学后，极大地推动了社会史研究，打破了原来以王权为核心的史学传统，带动了学者对物质史和底层历史的关注，从而直接将史学解释的基本范畴落实到民众的社会生活之中。不同学派的学者，都开始力图将史学研究与现实的社会关怀结合起来，将经史传统与现代社会科学结合起来，将官书记载与民间史料结合起来，在各个方向上拓展史学研究领域，开启了中国历史研究的全新面貌。社会史的研究著作如雨后春笋般出现，如吕思勉的《中国婚姻制度小史》、熊得山的《中国社会史研究》、邓初民的《中国社会史教程》、瞿宣颖的《汉代风俗制度史前编》、杨树达的《汉代婚丧礼俗考》、尚秉和的《历代社会风俗事物考》、陈顾远的《中国古代婚姻史》、王书奴的《中国娼妓史》、江绍原的《中国古代旅行之研究》、蒋星煜的《中国隐士与中国文化》，等等。

与此同时，一批社会学家、人类学家和民族学家，也都开始进入史学研究的领域，形成了社会学的社会史研究潮流，对当时的社会学发展产生了深远影响，成为中国社会学理论建构的重要基础。瞿同祖的《中国法律与中国社会》、李安宅的《〈仪礼〉与〈礼记〉之社会学的研究》、全汉昇的《中国行会制度史》、谢国桢的《明清之际党社运动考》等，都成为中国社会学的社会史研究的经典作品。

社会学视角的社会史研究，反映了一种独立的社会思潮，这种思潮反对一味借取西方史学的基本理论，并寻求采用不同于"实证史学"和"唯物史学"的研究视角。钱穆对"传统派""革新派"和"科学派"的批评，反映了这种思潮的取向。钱穆（2008：3-5）认为，"传统派"只是"主于记诵，熟谙典章制度，多识前言往行"；而"革新派""急于革新""怠于材料"；"科学派"则"割裂史实""偏于历史材料方法……精密时而过之"。这其中，"革新派""仅为一种凭空抽象之理想"，说中国自秦以来二千年，皆专制黑暗政体之历史。在钱穆（2008：9）看来，若回到历史之真面目，则必须回到三个基本层面上来考察：即"社会经济"为其最下层之基础，"政治制度"为其最上层之结顶，而"学术思想"则为其中层之干柱。

1. 李安宅的社会文化结构研究

李安宅 1931 年出版的《〈仪礼〉与〈礼记〉之社会学的研究》，试图完全超越已有的史学传统，从社会学的角度出发来探求中国社会文化构造的"普遍型式"。在该书"绪论"中，李安宅（[1931] 2005：1）指出："本文下手的方法，完全是客观地将《仪礼》和《礼记》这两部书用社会学的眼光来检讨一下，看看有多少社会学的成分。换句话说，就是将这两部书看成已有的社会产物，分析它所用以影响其他的社会现象（人的行动）者，是哪几方面。至于这两部书，这项社会产品之成于谁手，成于何代，都不是本文的中心问题……所以这里所有的只是内证的研究（internal study），不是外证的研究（external study）。又因这里所最关心的是两书内容的整个实体，不是细节细目的排比；所以本文是大体上的归纳，不是章句的考证。"

实质上，李安宅既不同意顾颉刚所提出的旨在打破中国的一元民族观、一统地域观、古史人化观和古史神圣观的疑古四论（顾颉刚，1988：64 - 72），也不赞同考据派的辨伪做法，更不认可将古史彻底神秘化的"国粹保存家"，因为他们只由着"圣人的天启"，从不降到社会的范围内去观察其中的客观构造。李安宅认为，中国的"礼"字，既指的是被无意识地采用的群众现象，即"民风"，也指由群众的自觉而关乎全体之福利的现象，即"民仪"；既指的是民仪之上的结构和肩架，即"制度"，也指为民上者所定的制度，即政令。因此，若从纯客观的角度来看，"礼"可以说是中国社会之构造的总体基础，它可将构成社会生活的诸个面向统摄起来，用文化或教化的方式使其运行千百年，并保持社会的平衡。概括说来，中国的"礼"既包括日常所需要的物件（人与物、人与人、人与超自然等关系），又包括制度和态度。因此，"礼"就是人类学上的文化，通连着物质与精神实体的两方面。有礼始可使人异于禽兽,有礼可"定亲疏、决嫌疑、别同异、明是非"。

李安宅确立了由"礼"而结构化的中国社会之总体的普遍型式。他认为,中国社会史中的礼制,建立了语言学意义上的名的系统,名的分类就是社会秩序的归类和安排,"礼"渗透在衣饰、饮食、居住、游行、什物和职业等物质文化中,通过教化实现从知识到宗教和仪式的过渡,建构了婚制、宗法和财产等一整套等级性的社会关系系统,成为社会秩序的基础和中国社会核心政治理想。可以说,李安宅由"礼"出发,奠定了一个有关中国社会分析的综合性框架,他从人心到政制逐层展开礼的内在次序和义理,将社会的整体系统统摄在"礼"的内核之中。

2. 瞿同祖的法律和社会史研究

另一位试图颠覆传统史学传统的是瞿同祖,他毕业于燕京大学社会学系,其后在吴文藻教授和杨开道教授的指导下攻读社会史研究生,后又到美国深造。瞿同祖在他的《中国法律与中国社会》一书中,运用家族、婚姻、阶级、巫术及宗教这些社会史的范畴,将中国古代自汉至清 2000 多年间的法律作为一个整体加以分析,广泛利用正史、野史、笔记、小说中的法律史料和法典、个案、判例等法律文献材料,对中国古代法律的基本精神及其主要特征,以及这种精神和特征的变化轨迹提供了一种全新的解释,形成和开拓了可以被称为"中国法律社会史研究"的新领域,直到今天,在该领域仍难有人超越他所取得的成就。在这部书中,瞿同祖把社会学、法学和历史学的研究结合起来,指出家族主义和阶级概念,是我国古代法律的基本精神和主要特征,是儒家意识形态的核心和中国社会的基础，而且是古代法律所着重维护的传统社会的制度和社会秩序。瞿同祖（［1947］2003）对法律所反映的家族制度作了较全面的说明，他还以相当大的篇幅，从衣食住行的生活方式、婚姻、丧葬、祭祀及贵族、民族、良贱的法律与习俗论述社会阶级，指出生活方式的差异与社会秩序有极密切的关系，所以法律和伦理极力维护这种差异。

瞿同祖的研究并不限于法律社会史的领域，他非常重视欧洲社会中世纪社会史的结构问题，既从原型史的角度来考察中国上古史所奠定的社会基本格局，如他26岁写成的《中国封建社会》，即描述了从周代分封制过渡到秦代郡县制的基本社会机制。此外，他撰写的《汉代社会结构》一书，也从结构史的角度细致分析中国社会结构得以完整确立的社会总体形态。而《清代地方政府》一书，则从地方行政的角度，进一步分析了中国社会具体运行的动态机制。可以说，瞿同祖的这四部具有典范意义的社会史作品，构筑了有关中国社会原型、结构、组织、制度和运行的具体逻辑，奠定了中国社会史分析的总体框架。

3. 雷海宗和林同济的文化史研究

雷海宗早年留美，在芝加哥大学主修历史，他深受德国历史哲学家施宾格勒（O. Spengler）的文化形态史观的影响，林同济称他为"中国学界中第一位形态历史家"。雷海宗强调史学与哲学、艺术的关联，认为史学著作要用史学的方法来审查、鉴别和整理材料，用哲学理论来贯穿说明史实，用艺术手段来叙述历史，这样才算一部真正的史学著作。《中国文化与中国的兵》是雷海宗主要学术论文汇编集，他在观察世界历史的背景下，来评价中国的历史、文化制度。他对中国的家族制度、宗法关系、行政制度、元首问题、人口问题、历史分期问题等，都具有独到的见解。雷海宗认为，历代关于兵的记载多着眼于制度方面，他这本书的用意，在于要发掘出中国传统文化中最独特的文化精神。

在雷海宗看来，中国二千年来社会上下各方面的卑鄙和恐怖都是畸形发展的文德的产物，偏重文德使得使用心计、虚伪、欺诈的风气支配一切，中国兵制的破裂与整个文化的不健全实是同一件事。雷海宗（［1940］2001）认为，中国文化在发展的过程中，"兵"的精神最后失落，成为"无兵的文化"，而"没有真正的兵，也就是说没有国民，也就是说没有政治生活"。

雷海宗认为历史是多元的，是各种不同文化在不同时间、地域独自产生和自由发展的历史，每种文化各有特点，但经过固定的生命周期必然趋于毁灭。每种文化的发展进程和阶段，即"历史形态"大致相当，因此都是平等的，没有什么中心与外围文明的差别。这一思想，是对欧洲历史叙述话语霸权的挑战，是对欧洲中心论的否定，为他世界史的研究定下了基调，同时也震撼了中国学术界。

林同济和雷海宗共同撰写的《文化形态史观》（1946），可以说是《中国文化与中国的兵》的续篇。他们从文化形态史观出发，将文化发展的一般形态分为封建、列国、大一统帝国三个阶段，提出了"战国时代重演论"的文化命题。他们把现实世界比作中国古代的战国时代，这个时代的意义就是"一切为战，一切皆战"。他们强调，中国要在这个时代生存，必须建立起"战国七雄"时代的意识和立场，重新策定内在外在的各种方针，仔细评量二千多年的祖传文化。

他们认为，西洋文化正经历列国阶段的高峰——就是战国时代，并要有相当长期的活跃前途和向外膨胀力的强盛。面对这个蓬勃全球的力量，如果要保持自己的存在，而不求被毁灭，势必决定一个及时自动的适应。而对于中国，两千年大一统皇权积弊的底质与西洋列国高峰距离太远，吸收活用尤其难。他们用"力"的学说回答了如何建立起"战国"的精神，指出唤起民族的活力关键在于"力"。有了"力"，才能"战"，才能"斗"，民族才能"生"。因而他们鼓励人们建立"战士式的人生观"，勇敢地去"战"。他们希望以"力"来改变国民胆小懦弱、明哲保身、息事宁人的性格。他们在提出"战国时代重建"命题的同时，还把批判的矛头指向中国的"官僚传统"，认为这个具有"皇权毒、文人毒、宗法毒、钱神毒"的"官僚传统"，渐已转为内向型，逐渐腐败，必须彻底根除。他们激烈地批判说，三千年中国社会政治历史一言以蔽之，"由大夫士到士大夫"，由贵族武士转型到文人官僚，大夫士的核心价值观念"义"蜕变为面子，"礼"退化为应酬，"忠、敬、勇、死"的四位一体观，改变为"孝、爱、智、生"的四维中心论，凑成一种"柔道的人格型"，理应担负文化传承的"士"，已由技术蜕变到宦术，即由做事蜕变到做官，这是国家之孽运，现有的士如何成为配当社会改造的动力与先锋，是这个民族亟待解决的问题。

林同济和雷海宗在中国面对西方列强的惨败中，彻底反思传统文化，试图通过重建中国文化挽救中国，他们被称为文化的"战国策派"。

4. 谢国桢的党社运动史研究

谢国桢强调，对史料的收集不能局限于官修的正史，因为正史有许多隐讳不可靠的地方，要广泛地收集野史笔记、私人诗文集、地方志以及各项档案资料。他1934年出版的《明清之际党社运动考》，从明清之间大量的正史、野史笔记中披沙拣金，勾勒出从明万历至清康熙年间士大夫的党争关系与历史发展脉落。明清之际的党社运动一直是个争论很多的问题，但多数争论都因缺乏深入的研究而流于简单议论。谢国桢通过梳理繁杂零散的历史史料，指出"党"是"士大夫阶级活动的运动"，"社"是"一般读书人活动的运动"；进而分析了社集由万历初以文会友的萌芽时代，一直发展到南明以后成为抗清的政治革命，澄清了把党、社混为一谈的错误。谢国桢（［1934］2006）在谈到撰写这部著作的目的时说："作这篇文章，我最诚恳地声明：我不是要争奇斗博，来夸耀我的作品。我们要明白的是明末清初的几个书呆子、受压迫的民众，他们不怕清兵的铁蹄，就是粉身碎骨他们都在所不辞。这就是我中华民族的国民性，这就是我中华民族精神不死的地方。"

5. 罗香林的客家研究

罗香林的客家研究，是一种基于史料梳理、实地调查和族谱分析等史学方法所做的专题社会史研究，但罗香林并不局限于此，他把思想史和社会史结合起来，探讨在中国文明系统下如何实现族群交流和族群认同，从而使他的客家研究成为具有社会政治意义的历史文化研究。罗香林在1933年出版的专著《客家研究导论》（［1934］1992：1）中，开篇就指出："南部中国，有一种富有新兴气象，特殊精神，极其活跃有为的民系，一般人称他为'客家'（Hakkas），他们自己也称为'客家'。他们是汉族里头一个系统分明的支派，也是中西诸社会学家，人类学家，文化学家，极为注意的一个汉族里的支派。近百年来，中国一般局势的变迁，一般历史的进展，差不多都和他们有很大的关系。"罗香林认为，客家研究的重心，不仅仅在于了解构成客家人这一族群的历史过程和文化属性，更重要的在于探讨客家族群究竟通过怎样的文化逻辑来确定他们自身的属性，并由此形成一种文化认同。

罗香林的《客家研究导论》，还有其特别的现实针对性。当时在客家的问题上，史学家和民众经常持有"客家非汉族说"和"客家为汉族与苗、瑶、壮、畲等族的混血种说"。由客家知名人士成立的"客家研究会"，申明客家"根在中原"。邹鲁的《汉族客福考》、钟用和的《客家源流》、温廷敬的《客家非汉族驳辩》、张资平的《粤客音之比较》、古直的《客人对》、罗霭其的《客方言》等，都通过各种史料论证客家来自中原的结论。《客家研究导论》通过运用民俗学、语言学、民族志和人类学的研究方法，充分论证了"客家为汉族一支系"的史实。该书从中华民族的构成和演进说起，对中华民族中客家的源流和系统、客家的分布及其自然环境、客家语言的特征四个方面加以详细的考证和阐述，勾勒出客家迁徙的原因和路线。他认为，客家人是保持了固有的中原文化而又与南方诸族发生"混化"关系的新的"特殊民系"。此外，罗香林还从民俗学、理学、经训学、史地学、语言文字学等诸多角度，描画了客家人的信仰与宗教、气骨与体面的观念、屋宇与祖坟的建筑、技术与械斗等文化象征。罗香林的客家研究受到关注还有特殊的原因，那就是太平天国运动是以客家人为主体的农民运动，客家研究长期以来受到中外学术界的关注，成为具有民族学和历史学双重意义的研究课题。

《客家研究导论》改变了以往纯粹地方志的写作方法，将社会科学的各学科视角综合起来，试图建立一种总体性的论述系统。而且，该研究所依据的历史和实地材料，也通过历史学、民俗学、人类学等多个角度加以收集、整理和分析。更重要的是，罗香林并没有片面地依据地方性知识作为地方研究的基础，而是以通史的方式将客家问题纳入中国整体文明系统，来寻找其独特的位置，为民族内的迁移和民族间的融合提供了完整的解释体系，将客家这种所谓的"野蛮的部落，退化的人民"理解成为中华文化的支脉，理解成为一种文化的现实可能性，从而构建了一种实质意义上的族群认同。

6. 傅振伦的方志史研究

在中国方志史上，傅振伦无疑是一位对现代方志学的创立具有重大影响的人物。他秉承"志属信史""文人不可修志"，应"创办志科"的思想，第一个在学校开设并讲授方志课程，也是最早撰述方志学理论专著的作者之一。

傅振伦的《中国方志学通论》（［1935］1988），深入分析了代表志《越绝书》与《华阳国志》，研究了方志学的代表人物章学诚的方志思想，全面总结了以往的方志学成果，对方志的起源、发展、派别、价值、通病等，阐发了自己的独到见解，对于旧志流弊也进行深刻的批判，提出了方志学创新的命题。关于方志在学术史上的地位，傅振伦指出，方志的特点，一曰载事周悉完备，二曰记事亲切可信，三曰志材多平民化，四曰志材甚为珍贵。他（1988：13）特别强调了"国史"和方志的区别，认为"国史之于方志，犹贵族之于平民也。国史所载，不过圣功王道，专注重一帝一姓之兴亡。书志汇传，间及民间，大致简略，实不足以表现过去社会体象之全部。至于方志，则大异是。其着重之点，全在民众。诸如社会制度，礼俗习尚，民生利病之不详于正史者，其委曲隐微，莫不具载，足补史书之所不及，实近世史家所应特予注意者。"

方志史作为一种地方性知识，在学术史中地位的凸显，也与梁启超发起"史界革命"有密切的联系。梁启超认为，中国传统史学所重仅能称为"君史"，迥异于西方的"民史"。从这种新史学观出发，方志史的社会性、地方性特点，就有了超出方志学本身的学术意义。1924年，梁启超率先在《东方杂志》上发表了《清代学者整理旧学之总成绩——方志学》一文，第一次提出了"方志学"这个概念，并对章学诚的方志理论进行了系统的总结。在梁启超看来，治中国史，分地研究极为重要，前人作史，专以中央政府为中心，这是不全面的，如欲彻底地了解全国，非一地一地分开来研究不可。这篇文章发表后，影响很大。不少学者纷纷撰文，从而掀起了对方志性质、渊源、价值及其编纂方法的大讨论，傅振伦也写了《方志之讨论》《编辑北平志蠡测》等加入讨论。总之，民国时期方志学创新的一个突出特点，就是对地方志的科学价值予以高度重视和重新评估。

7. 陈东原的妇女史研究

20 世纪 30 年代，陈东原的妇女史研究在整个社会史研

究中也产生了颠覆正史的革命性影响。他 1937 年出版的
《中国妇女生活史》，是近代妇女生活史的奠基之作，也是
"五四"思潮的产物。他对妇女作为宗法制度的牺牲品，从
周以前至民国止进行了系统的史论。

陈东原认为，中国男尊女卑的文化传统，其根基是建立
在中国传统父系家族结构之上的宗法制度，这一制度在周代
就已确立，之后在中国数千年社会中一直是最重要的社会组
织。在这种制度下，婚姻中的妇女，不论是出弃、守节或再
嫁，都反映她的处境并攸关父系家族未来的兴衰。陈东原把
家族与婚姻作为妇女生活史的核心，他不是简单地控诉传统
"封建社会"对女性的迫害，而是从家族结构、婚姻关系、
宗法制度、国家体制等来分析妇女社会地位的变化。

陈东原原本的抱负是教育史研究，他 1934 年写的《中
国科举时代之教育》，是研究科举制度的必读书。为了研究
教育制度，他在胡适的指点下系统的搜集教育史资料。在此
过程中，他对收集到的有关女性的史料发生了极大的兴趣，
遂进行了专门的研究，写作了《中国妇女生活史》。作者认
为，中国三千年的历史，是妇女被宗法组织排挤和摧残的历
史。自汉代礼制之后，南北朝时妇女被蹂躏达到了极点，宋
代更是看重贞节的时代，到了明末，甚至产生了"女子无才
便是德"的谚语。直到民国五年（1916 年），陈独秀在《并
报青年》发表了《1916 年》一文，对三纲五常的旧说开始
炸毁。之后，《新青年》发表了许多呼吁妇女解放文章，
"五四"运动使中国妇女生活真正改观。

陈东原在谈到写作这本书的目的时说，他只是想指示
出来男尊女卑的观念是怎样的施演，女性之摧残是怎样的

增甚，还压在现在女性之脊背上的是怎样的历史遗蜕！因为只有让大家明白三千年的历史，然后才能知道新生活的趋向。

综上所述，李安宅的社会文化结构研究、瞿同祖的法律和社会史研究、雷海宗和林同济的文化史研究、谢国桢的党社运动史研究、罗香林的客家研究、傅振伦的方志史研究、陈东原的妇女史研究，都从社会不同侧面对社会史进行了深入探讨，开创了社会史研究的鼎盛时期。

三　经济和政治史研究

由社会史论战而导引出来的社会史研究的空前繁荣，一方面表现为"古代社会史"研究的兴盛，另一方面则表现为经济史、政治史、民族史、法制史、文化史等"专门史"的形成。社会史的研究不仅成为社会学理论建构的重要基础，而且也影响到整个社会科学的治学方法，包括政治史和经济史在内的社会分支领域史的研究，也都成为社会史研究的重要组成部分。

这一时期，社会史研究在社会科学诸领域中的拓展，可归结为几个重要的原因。第一，社会史论战所牵连的对于中国总体社会的认识和争辩，最终从学术的角度回归到具体历史的分析中，从而使专门史的研究彰显出其超越专门史领域的意义；第二，20世纪初期，随着中国学术界中学科意识的增强，社会史作为一种研究视角和方法，开始进入各学科，与各学科特有的分析性概念和范畴相结合，在社会科学诸领域得以拓展；第三，与社会史的政治论战相伴随的学术争论，需要一套完整的科学观念，同时也必须将经史传统中不被重视的史料解放出来，这使社会史的价值受到各个学科前所未有的重视。

可以说，社会史研究在社会科学诸领域中的拓展，不仅丰富了社会史研究的内涵，而且在各学科和各领域内强化了社会史研究的重要意义，促使社会科学的分析概念与历史具体融合起来，并恰恰在这个意义上，使社会科学的研究得以进一步中国化。

在当时的社会史研究中，经济史研究具有独特的地位和广泛的影响。而在中国经济社会史研究方面，《食货》杂志具有重要的地位，被认为是一本"中国社会史专攻刊物"。其发表的文章涉及众多主题，如阶级或等级制、家族制、田制、租税赋役、财政、寺院经济、农村与农业、手工业、都市、对外贸易、货币、社会生活、人口等，几乎涵盖了社会经济史研究的所有领域。当时的作者来自各个方面，观点、立场和方法上也都有不同，吕振羽、嵇文甫、周一良、傅衣凌、李文治、王毓铨、全汉昇、杨联陞等，都是杂志的主要作者。

这个时代的经济史研究，大概在三个面向上展开：一是以《食货》杂志为代表的通过对中国历代经济史中所呈现的社会经济结构的考察，来把握中国社会的基本性质；二是通过地方史料的挖掘和地方经济史（如土地问题、组织问题等）的考察，确立地方史的研究传统；三是直接进入中国近现代经济史的讨论，通过考察社会经济结构的现代转变，来探求中国社会的出路。

作为《食货》杂志的主笔之一，全汉昇是以研究"行会制度"和"寺院制度"而著名的经济社会史学家。《中国行会制度史》是全汉昇在北京大学读书时完成的著作，1934年出版，当时他才22岁。但这本著作成为研究中国行会制度的发轫之作，也成为经济社会史早期研究的力作。

全汉昇对中国行会制度的研究，有两个有特色的方面。一个是他对"会馆"的研究，他认为"会馆"是"同乡行会组织"，也就是类似于同乡会的组织。中国历史上的会馆，大约出现在明末清初，是当时经济发展的必然结果。那个时代，商业和手工业迅速发展。南方的米要运到北方来卖，北方的棉布要运到南方出售，各种市场和商业信息都不是单个商人所能一手掌握的。这个时候，就必然要在某个固定的地点建立一个"桥头堡"，它的作用便是来了解当地的市场和商业信息，储存和囤积货物，留宿和落脚等，这个"桥头堡"就是工商会馆。另一个特色是他对近代"苦力帮"的研究，这是一种以社会底层为骨干的组织，是有地盘划分的职业行会，此前始终被学界忽略。全汉昇把"会馆"和"苦力帮"纳入中国行会制度史，开拓了行会研究的视野。

在当时的中国经济史研究领域，傅衣凌的研究颇具特色，产生了很大影响。傅衣凌不是从传统的通史角度来研究问题，而是擅长从地方经济社会的考察出发来处理中国社会的总体问题，从而独辟出一种经济史研究的学术传统。1944年出版的《福建佃农经济史丛考》，是傅衣凌在经济史研究方面的开山之作。该书的一个最大特色，就是用社会史的方法来处理全新的史料。傅衣凌在搜集史料时，除官书正史之外，特别强调对民间史料的收集和整理，而且，他容纳了社会学、经济学、民俗学的研究视角，运用契约文书、谱牒、志书、文集、账籍、碑刻等来研究经济史，这是被以往史学家所经常忽视的部分。傅衣凌"以民俗乡例证史，以实物碑刻证史，以民间文献（契约文书）证史"，非常注重史料的地方性特色。如他对明清契约文书的研究，对徽州民间记录的研究等，都使历史的真实走进了百姓的日常生活，而不单单用官方的史记来呈现地方社会生活。傅衣凌的史学研究细致入微，运用的研究史料范围非常广泛，因此他的思考也常常有微言大义。他曾经指出，在进行"农村的经济小区的研究"时，应"不放弃其对于中国社会经济形态之总的轮廓的说明"，反对"以偏概全"的错误，这充分表达了他试图建立中国社会经济史"总的体系"的追求。《福建佃农经济史丛考》表面上看似是对民间契约的研究，实际上却对传统的史学研究方法构成了极大的挑战。

当时许多学者都认为，秦汉以后的中国社会经济形态不再属于封建社会的范畴，不再有农奴制度的存在，所谓佃客、客户、佃户等都是国家的自由佃农，他们与地主所发生的关系，是契约的关系，而非身份的隶属。傅衣凌根据他在明清时代福建永安县发现的田契、租佃契约以及其他账簿等，发现农村的社会构造与土地所有制形式之下的阶级关系存在内在联系，中国封建社会虽然经过农民军的猛烈冲击，但封建地主的势力依然很强大，封建土地所有制照样牢固存在。而且，傅衣凌还认为，考察中国农村社会经济的结构，不能简单地从土地制度的形式去理解，还应该考察其他社会各因素。

严中平关于中国棉业的研究，也成为中国早期经济社会史研究的范例。严中平认为，近百年中国经济的根本变迁是资本主义的发生，而植棉之于耕作，纺织之于制造，在直接反映农工两业生产方式的演进，同时也即足以表现全经济结构之进步的或落后的特征，可以窥视近百年中国资本主义发生过程的特殊性。严中平在他的《中国棉业之发展（1289 - 1937）：中国资本主义发生过程之个案分析》（1943）一书中，系统地考察了自19世纪80年代西方纺织品和资本大举进入中国市场后，中国商业资本结构的形成和变化，以及纺织手工业的组织和市场结构的调整。严中平指出，甲午战争前，西方资本主义国家的棉纺织品大量涌入中国市场，再加上帝国主义对于中国关税和贸易的强制，从原料和销售市场两方面打击了中国新兴纺织工业及农村手工纺织业。而自甲午战争之后，中国近代棉纺织业的资本主义生产开始发生和发展起来。但协定关税和外商设厂权这两种束缚，终于使中国成为一个国际商品的倾销市场和国际资本的投放场所。在这个过程中，中国的民族资本开始从商人资本向产业资本转化，但同时也遭受着外国资本的迅速侵蚀。

严中平发现，一个有意思的现象是，与棉工业中工厂制度之发展的曲折道路相比，手工棉纺织业却在1914 - 1937年得到了加速发展，实现了自身的"蜕变"，而这其中的一个关键因素，是中国原有的纺织同业的生产结构逐渐转变为纺业与织业分立的生产结构。与民族工业的溃败趋势不同，上述因素造成了中国家庭工业在华北大地迅速扩张，商品生产制使家庭内部分工发生细致的分化，技术和协作水平得到提高。在这个意义上，新的生产制度下的手织业，克服了家庭生产中手工业与农业的矛盾，从而使中国纱布市场由原来因外来商品和资本挤压而濒于破产的状况，逐渐开始与洋布展开竞争，最后竟形成了土布洋布各占半壁江山的局面。

严中平根据大量的中国古代和近代的棉纺织业的史料以及产业革命后其他国家的棉纺织工业发展史料，分析中国近代棉纺织业资本主义生产的发生与发展的过程，从一个侧面揭示了中国社会的近代社会经济发展史的内在逻辑。更重要的是，在外来的资本化强制过程中，严中平既看到了民族资本与国际资本相互拼杀的国际政治背景，也提出了在商品市场竞争中，家庭工业并未完全被财阀性资本所吞噬，而是走出了一条既适合内部市场、又构建起自身的组织制度链条的道路。可以说，严中平的棉业史研究，拓展了中国现代乡村工业化的新出路，为未来具有中国自身现代特色的社会经济建设提供了具有理论和实践意义的学术基础。

在中国，社会史与政治史是难以分开的，行政制度史和政治思想史，也都可以视为专门视角下的社会史。严耕望的《中国地方行政制度史》共 4 卷本，分为甲部（上下两册）和乙部（上下两册），从 20 世纪 40 年代初到 60 年代初，先后写作了 20 余年。余英时在一篇题为"中国史学界的朴实楷模"的追忆文章中这样评价说："严先生学术的规模弘大承自钱穆，辨析入微取诸陈寅恪，平实稳健尤似陈垣，有计划而持之以恒则接武吕思勉。"严耕望的《中国地方行政制度史》一书影响深远，不仅给传统史学研究添上了厚重一笔，而且在一定意义上开创了现代社会史视角下的治史方向。《中国地方行政制度史》对于中国政治和行政史的基本判断，沿承了钱穆先生的基本见解。严耕望认为，大抵而言，西周尚为宗法封建时代，无地方行政制度而言；东迁之后，封建制度逐渐瓦解；至春秋战国，方形成数个中央集权式的"新军国"，遂有所谓郡县制度。此即中国地方行政制度之始端。至秦统一中国，彻底废除封建，推行郡县制度，开始形成了中央集权与郡县行权的政治体制。汉代初兴，虽恢复封建制度，并将其与郡县制度双轨并行运作，但削藩后，其行政本质与秦代并无本质差别。

严耕望（1961：7）在阐述秦汉郡县制的形成过程后说，"综此而言，郡县之制，萌芽于春秋，演进于战国，完成于秦代，至两汉，臻于大备，为郡县制度之鼎盛时代"。事实上，自秦汉以来，围绕郡县制演变，形成了在中央集权下的完备的地方行政体系，"中央"与"地方"的关系也由此形成和展开，并成为中国几千年社会政治运行的核心议题。也正是在这个意义上，我们说，所谓中国社会是"东方专制主义"的命题，是值得商榷的。

在政治思想史的研究方面，萧公权的《中国政治思想史》（［1945］2005）独树一帜。萧公权在《中国政治思想史》中把政治学和历史学的方法结合起来，阐述晚周以来2500年间政治思想的脉络。他把中国政治思想史分为五个时期：即"创造时期"的封建天下政治思想、"因袭时期"的专制天下政治思想、"转变时期"的专制天下政治思想、"转变时期"的近代国家政治思想和"成熟时期"的近代国家政治思想。

萧公权认为，秦汉至清末的两千余年中，中国以君道为中心，政治体制和政治思想"多因袭而少创造"，但"专制政体理论之精确完备，世未有逾中国者"。萧公权还把中国的"民贵""民本"思想与西方"民权""民主"思想区别开来，认为民权思想必含民享、民有、民治之三观念，而"民贵""民本"思想中则缺乏民治的原则，但政治的核心是"民治"，所谓"政治"，就是由民众自己管理自己的公共事务。

在民国时期，"宪政"是一个热门话题，"宪政"以及相关的"国体""人权""民主""专政"等，都是当时争论的焦点。在"宪政"议题上，萧公权明确表示不赞成孙中山提出的中国政治发展要经过"军政－训政－宪政"三阶段的主张。他认为应立即实施宪政，宪政是一种政治的生活方式，并不是高远玄虚的理想，宪政是过程也是目标，而目标就是过程的一部分。他说，"未有学养子而后嫁者也"这句话，可以做一切"训政"论的答复。

张友渔在在民主宪政问题上，也形成了自成一体的理论架构，写作出版了《中国宪政论》（1944）。他认为，所谓宪政，就是拿宪法规定国家体制、政权组织以及政府和人民相互之间的权利义务关系，而使政府和人民都在这些规定之下，享受应享受的权利，负担应负担的义务，无论谁都不许违反和超越这些规定而自由行动。

张友渔深入研究了宪法发展史，认为"宪政"与"宪法"都是从西方引入的概念，西方学者关于宪政概念有各种界定，但一般来说都把宪政与分权制衡、代议民主制、多党制、两院制、联邦制、司法独立制、公民基本权利宣言、选举制等相联系，而实际上，宪法是死的条文，宪政是活的事实；宪法是形式，宪政是内容，因此有良好的宪法，未必有良好的宪政；而有良好的宪政，便常有良好的宪法。

经济史和政治史等专门史研究，进一步拓展了社会史的研究领域，深化了社会史的研究主题，并把社会史的研究与各学科的理论建构密切结合起来。

第三编

传统中国的百年巨变

　　中国是一个具有数千年历史文化传统的东方大国。由于她的东方文化、表意文字和长期的不发达状况，对于发达的西方来说，长期以来她是一个遥远的、东方的和神秘的国度。但是，被拿破仑称为"睡狮"的中国，在近几十年却通过经济体制改革实现了巨大的社会变迁。"睡狮"似乎真的醒来了，而且震动了世界。人们在重新思考，这对于既有的世界经济政治体系来说，究竟意味着什么？中国究竟是一个什么样的国家？怎样认识中国社会和中国经验？

第九章 中国传统社会的基本特征

传统社会是一个较为模糊的概念，在西方社会学中，它是指原始社会之后和资本主义社会之前的社会，与此相对应的"现代社会"，实际上是指资本主义社会。在这里，我们所说的中国传统社会主要是指从秦以降到辛亥革命持续两千余年的中国封建社会。这个社会虽然从制度上被埋葬了，但它的一些结构性特征却积淀在中国的文化中，从深层次上潜移默化地影响和规定着中国人的行为。从总体上说，中国传统社会的特征大致可以概括为五点，即稳定性、封闭性、刚性、整合性和二元一体性。

一 传统社会的稳定性

中国由秦以降的两千多年，一直滞留在封建社会阶段，它几乎占去中国有信史可考的传统文化史的全部。在此阶段，历史表现为同一形式的不同王朝的更迭和同一社会制度的"再生产"。中国虽然政治上已从贵族统治转变为高度集中的官僚专制统治，经济上已从分田制禄的领主经济（land-lord economy）转变为"履亩而税"、佃田而租的地主经济（landowner economy），但本质未变。虽然有频繁的战乱和规模宏大的农民起义，传统中国却始终维持为一个再生力极强的专制帝国。这种结构稳定性在社会学理论中是相对于结构变迁而言的，它与物理学或经济学中相对于"非平衡"的

"平衡"概念含义不同——在不平衡的社会发展中，社会结构也可能是高度稳定的。从这里也可以看出，结构稳定和社会稳定也有一定区别，在稳定的社会中，仍然蕴含着结构振荡和结构冲突；而在社会结构的变革和转型过程中，也仍然可以有社会稳定。

关于中国传统社会结构的高度稳定性，有些历史学家认为是由历史发展的自然循环定律决定的。朝代更替和治乱相循都是根据"天人合一"原则建立的社会原型的周期表现，这同演义小说家所说的"合久必分、分久必合"的"天下大势"，实在没有太大的区别。也有思想似乎深刻一些的哲学家把这种稳定性的原因归结为中国人缺乏"时间"和"历史"的"观念"，如黑格尔称中国为"空间的国家"。还有一些人提出技术的和自然的理由，如缺乏引起结构变迁的技术发明，缺乏便于结构开放的对外贸易海岸线，等等。较为新近的提法，是援用自然科学的理论体系，认为这种高度稳定性（超稳定性）是由于封闭系统中靠近平衡态的"动乱周期振荡"起到调节作用的结果。

实际上，中国传统社会结构的高度稳定性应当从经济基础中寻找根源。马克思曾依据有关东方社会的文献，指出自给自足的小农经济是理解亚细亚社会结构高度稳定的钥匙。他说："这种公社的简单的生产机体，为揭示下面这个秘密提供了一把钥匙：亚洲各国不断瓦解，不断重建和经常改朝换代，与此截然相反，亚洲的社会却没有变化。这种社会的基本经济要素的结构，不为政治领域中的风暴所触动。"（马克思，[1867] 1975：397）从历史上看，单纯的游牧经济结构是极不稳定的，古代单纯依靠游牧经济的亚历山大帝国和伊斯兰帝国都很快就瓦解了；欧洲特别是古希腊罗马的牧农混合经济是一种亚稳定经济结构，它比游牧经济具有更强的适应和维持能力，同时又有较多变异和选择的可能性；而中国自给自足的单一小农经济则是一种高度稳定的经济结构，中国历史上战乱频仍，帝国依旧，从根本上说是有这种高度稳定的经济结构作为基础。

二　传统社会的封闭性

社会结构可以分成封闭结构和开放结构。封闭结构由于缺乏新要素导入，所以自身的模式维持能力和惰性极强；而开放结构由于处在经常性的物质交换和信息流通中，结构分化和产生新结构的可能性（不是必然性）极大。

中国传统社会结构的封闭性当然和自然地理环境有关。中国西面有高山阻隔；东南面虽面临大海，但在航海工具极不发达的时代，大海无疑也是天然屏障；而北面在秦朝就修筑了万里长城，在抵御游牧民族侵略的同时，也切断了牧农结合的通道。但是，自然地理原因并不能说明一切，社会结构的封闭性有其更深刻的经济原因。

中国由于多山少地（山地占 2/3，海拔 1000 米以上的占 2/5），很早就感到耕地不足的威胁，从而开始毁林开荒和向精耕细作发展，加之人口增长和维持霸业所需的庞大常备军，粮食变得异常重要。中国历代的重农抑商政策，是有其功能上的要求的。朱元璋把"广积粮"当成称王之本，也自有他的道理。历代帝王重视兴修水利和屯田，都与粮食需求有关。而粮食的极大需求是促成封闭的单一小农经济的重要原因：精耕细作的生产方式把社会经济单位划分成最小的家庭，把土地分割成无数碎块，造成一个个封闭的、自我变革能力极差的自给自足生产系统；其生产率和生活水平都很低，但由于自给自足状态得以勉强维持和交通与贸易的地形限制，社会对外来经济的需求和对外贸易的机会都极少，从而强化了单一农业的封闭体系。在西方，从公元前6世纪希腊人开始的商业殖民，到中世纪的十字军远征和近代的英西战争，实质上都是商业战争，是为了争夺陆地和海上贸易交通线的控制权。而中国封建社会的历次战争，目的都是夺取土地和扩展疆域，实质上都是土地战争，即使秦始皇授意的海上东渡寻仙和明朝郑和的七下西洋，也都不是出于商业目的的经济行为。

当然，经济和自然地理并非解释中国社会结构特征的唯一维度，下面我们就从其他方面对中国社会结构的特征作进一步的考察。

三 传统社会的刚性

社会结构的刚性特征是相对于弹性特征而言的，所谓刚性结构，是指社会结构的应变性和可塑性较差。它有三个规定性：其一，结构内部不易萌生和生长新要素；其二，结构倾向于抗拒和抵制外来的新事物；其三，即使在外力的作用下，结构也不易改变以适应新环境，它要么维持原型，要么解体。可见结构刚性的特点是同高度稳定性及封闭性的特点紧密相连的。

中国自给自足的小农经济在其自身发展中曾有两次新要

素的萌生和改变结构的机遇，但都被高度集中的官僚专制统治扼杀和阻碍了。第一次机遇是商业的萌生。由于中国各地经济的差异性及其发展的不平衡，在农业经济较发展的地区，有一部分农业剩余产品可用于交换并进而转化为商品，从而直接或间接地拓展市场，促进市场经济的发展。但是，由于这种转化的媒介在中国主要是赋税和地租，所以商业和官吏、地权结成一体，加之官本位体制和抑商政策的限制，步入仕途或买官位成为社会升迁的唯一途径，这样本来可以积累起来的商业资本多半转化为官场贿赂和购置地产的资金，交通、市场、税制、货币等商业手段也都首先成为政治统治手段，这阻断了小农经济走向农商结构的通道。第二次机遇是手工业向工业转化的可能性。在中国历史上的一些繁荣鼎盛时期，手工业作为农民的副业获得极大的发展，手工业向制造业的转化本来是一条合理的发展道路，西欧近代初期的制造业就多半是从农村手工业转化而来的。但在中国，这条发展的"通路"又一次遇到集权专制官僚的阻碍。中国过去较为普遍和较为发达的盐、铁、酒、碾米、印刷等手工业，都在不同程度上逐步转化为官业或官僚垄断之业。这些手工业的盈余更多地是被转用于官僚们非生产的消费，而不是变成扩展生产的资本，这是中国产业资本不发达的重要原因之一。也正是由于官僚统治扼杀了社会孕育的一切新事物的萌芽，作为小农经济对立物的商、工、市民阶层始终未能在中国历史上扮演重要的政治角色，来自人民的反叛都是农民起义，而不是市民起义。它们都止于促成王朝的崩溃，而没有导致社会革命。

　　此外，中国传统社会结构的刚性特征还可以从技术传播的角度考察。科学技术是社会结构变迁和发展的关键因素，但在传统中国，技术往往仅是个人的技艺，是保障个人生活来源的手段。技术多是通过父子或家庭单系传授，祖传绝技或祖传秘方的说法很普遍，很多技术发明都因单系传授道路的阻断而被埋没。这在考古发现中已屡见不鲜。由于技术得不到广泛而快速的传播，科学知识的积累和总结甚为困难，技术往往上不能形成系统的科学理论，下不能得到普遍的应用。可见中国系统的科学理论的难产是不能仅用中国人缺乏抽象思维来解释的。另外，由于官僚阶级的主要兴趣并不在生产上，所以技术一经出现或公开，就首先成为他们手中的玩物，罗盘用于看风水，火药用来造鞭炮，外国来使送入宫内的众多机械钟表，在王公大臣的眼里都不是先进技术的凝结物和象征，而是观赏宝物和贡品。

由此看来，中国传统社会结构的刚性特征首先表现在对内生的和外来的新要素的固有排斥上，一切新事物都只有在不对原有社会结构形成威胁的情况下才能存在。

四　传统社会的整合性

社会结构的整合本来是相对于结构分化而言的，但在传统中国，社会结构的整合性具体表现为民族同化、文化融合和社会一统。

就民族而言，中国古有"五胡""四夷"之说，系指匈奴、鲜卑、女真、契丹等民族。在稍近的时期又有"七族四夷"之说，七族指汉、满、蒙、回、藏、苗和东部沿海居民；四夷则是指汉族之外的东夷、西戎、南蛮、北狄，其实是对汉族四周少数民族的蔑称。但是，众多的少数民族以汉族为地域和文化中心同化为一个统一的中华民族，却是事实。某些历史学家把元朝和清朝的建立称为异族的征服，实在是一种误解或大汉族主义的表现，因为蒙、满实为中华之同族，而非异族。汉族之所以在民族同化中处于中心位置，是因为它是以稳固的小农经济为基础并处于中央平原的农业民族，游牧民族虽在军事上征服了它，却无法在经济上超越自给自足的小农体系。为了统治的需要，新王朝也就不得不采用与这些基础相适应的宗法组织形式、儒家文化和道德伦理。

就思想体系上的文化而言，儒家学说的历史变化过程可概括为"以夏变夷，而非变于夷"，孔孟之道先后吸收、融合了名法、谶纬、道佛，并进而提出"中学为体"，真所谓"万变不离其宗"。这其中的奥秘，在于孔孟学说的一体三用：上可成为官僚统治阶级"替天行道"的理论依据，中可成为教化万民、维系社会的治国之术，下可成为修身养性的伦理手段。孔孟之道不事鬼神，不是迷信；不信奉上帝真主，不是宗教；不言万物之道以无为本，不是玄学；不追索自然本源、"自然法"，也不是"元物理学"意义上的形而上学（metaphysics）。它强调的是"天人合一""体用不二"，实际上是一种伦理－政治哲学。正是这一特点和它的实用功能，使它能够在历代统治者的维护下融合其他的和外来的思想体系，也使鼓吹它的士大夫们在不能达而"兼济天下"时，可以去避而"独善其身"。

就社会而言，它本是由无数具有自由意志的个人行动者组成的，但在"大一统"的观念指导下，七族四裔、三教九流、男女尊卑都被限制和整合在差序格局的社会结构中。所谓"差序格局"，按费孝通的解释，是"一根根私人联系所构成的网络"，是以"己"为中心一个一个人推出去的"有差等的次序"（费孝通，［1948］1985：27－28）。中国古有"五伦""十义"之说，"五伦"指君臣、父子、夫妇、兄弟和朋友，"十义"指父慈、子孝、兄良、弟悌、夫义、妇听、长惠、幼顺、君仁、臣忠。这些到汉武帝时被提炼和概括为三纲五常，即所谓君为臣纲、父为子纲、夫为妻纲和"仁、义、礼、智、信"。从表面上看，这其中除了君臣是政治关系外，其他都是家庭伦理关系。实则不然，因为中国的特点是伦理政治，国和家是相通的，"国家"乃"国"与"家"的融合物，"身修而家齐，家齐而国治，国治而天下平"。一张由亲缘关系为纽结构成的等级化庞大网络渗到社会的每一个角落，甚至每一个人的每一个毛细孔。一切社会关系似乎都有一种连带责任：一人当官，鸡犬升天；一人犯法，九族株连。其结果是：整体淹没了个体，道统专制扼杀了自由创造，等级体系泯灭了民主意识。

五　传统社会的二元一体性

维护社会关系的有序一般有两种手段，一是外在的法——法理，二是内在的法——伦理。二元一体指的就是法理和伦理的一体化。

人们常说中国不是"法治国家"，而是"礼治国家"或"人治国家"，并把"礼"等同于道德伦理，这种说法是很不确切的。中国并非有天无法。早在秦朝时，死刑的方式就有戮、弃市（弃杀于市）、腰斩、车裂、阮（活埋）、凿颠（凿顶）、抽肋、囊扑（以囊盛受刑人，扑而杀之）、枭首、夷族，此外还有徒刑、笞刑、徙边、禁锢等。这些刑法后来日臻完善，发展成中国封建时代著名的五刑：墨（即黥）、劓、刖、宫和大辟，就是脸上刺字、割鼻、断足、去势和斩。直到清光绪新政变法，才"参酌各国法律"，废除了凌迟、枭首、戮尸、缘坐、刺字等酷刑。可见中国并非无法，而是中国人的法律概念着重指刑法，民法和私法很不发达，民法和私法的功用多半由"礼"替代。中国的"礼"有强制性一面，甚至会"杀人"，只要读读鲁迅的《狂人日记》就会明白这一点。很多礼的规范实际上是不成文的法，是一种宗法，这是"礼"和道德伦理的不同之处。所以说，"礼"实际上是法理和伦理的融合物，是"刑"的延续。"礼"和"刑"的区别只是"王道"和"霸道"的区别，二者的功用都是维护封建社会关系的有序。

在传统中国，法理和伦理的融合是经由"政治"这个中介环节的：一方面，政治是伦理政治，治国和治家是相通的；另一方面，法律被纳入政治，二者合为一体，所谓"人治"，实际上是权力和法律的融合。这样，封建官吏身兼司法权（法律）、行政权（政治）和亲族权（伦理）三重角色，县官既是审判官也是所谓的父母官。中国传统社会结构的二元一体性使中国的社会关系更为复杂，它既是亲缘关系和伦理关系，也是政治关系和法律关系。

从总体上说，中国传统社会结构的高度稳定性、封闭性、刚性、整合性和二元一体性这五大特征是互为条件、互为补充的。解释这些结构特征应当坚持两个原则：一是把经济结构看做社会结构的基础层次，注意从经济角度分析中国社会结构的特性；二是把社会结构看做整体文化的积淀物，努力从多种维度探索社会结构特征形成的条件，不把经济当做解释的唯一维度。

现代中国社会几经变革，已经发生了翻天覆地的变化。但是，由于传统在地域的空间积淀和代际的时间延续，我们仍然可以在人们的某些观念和行为中时隐时现地看到传统社会结构特征的影响和制约，从深层次上发现这些结构特征的顽强存在。

第十章 百年中国变革

中国传统社会自鸦片战争以来发生了深刻的变化，这种变化与以往不同的特点是，它更集中地表现为社会结构的变迁、变革、转型和发展。

一 鸦片战争：第一个转折点

鸦片战争是中国近代社会结构性发展的第一个转折点。这次战争的重要性并不在战争本身；对于中国的封建统治阶级来说，这次战争相比于五胡侵凌、辽金入侵和臣服于所谓异族，实在算不了什么国耻。问题的关键在于，这次战争是中国封建文化和西方资本主义文化的第一次正面冲突，中国的失败不仅仅是统治者的失败，也是整个制度的失败。中国的门户被大炮轰开之后，对外通商致命地打击了自给自足的小农经济体系，使它开始缓慢解体。这种解体意味着封建官僚统治的稳定的、封闭的自然经济基础从根本上动摇了。经济基础的动摇带来社会阶级的重组、社会关系的调整，以及思想体系、教育制度的变化。一向主张"以夏变夷"和"天不变，道亦不变"的封建统治阶级也分裂出倡导洋务运动和变法图强的一派。但是，我们应认识到，鸦片战争只是起到变迁启动器的作用，唐宋以来中国缓慢而确实的社会经济发展才是孕育新的生产方式的真正土壤，这是可以由整个社会发展史来说明的。鸦片战争虽然动摇了高度稳定的中国传统社会结构并打破了封闭，但新的社会结构并未建立。

二　辛亥革命：第二个转折点

辛亥革命可以说是中国近现代社会结构性发展的第二个转折点。辛亥革命的伟大成就，并不仅仅在于它推翻了清王朝，更重要的是它至少在形式上埋葬了数千年的封建专制统治。随后几次复辟帝制的闹剧，不过是埋葬仪式的插曲和余波罢了。辛亥革命的意义首先是政治上的，因为它并不曾彻底地铲除专制官僚统治赖以生存的封建经济基础。对此，孙中山先生是很清楚的，他为"中国同盟会"确立的革命宗旨就是"驱除鞑虏、恢复中华、创立民国、平均地权"。在他看来，推翻清王朝和建立民国并不是革命成功的标志，只有经济上平等了，才能谈得上民族平等和民权平等，所以他临终还有"革命尚未成功"的遗恨和嘱咐。但是，随着传统社会经济基础的动摇和政治制度的被埋葬，传统社会的整合机制不能继续发挥作用，社会结构迅速分化瓦解，社会陷入地方割据、军阀混战、新旧交替、内外冲突的状态中，中国变成一个半封建半殖民地的社会。

三　中华人民共和国成立：第三个转折点

中华人民共和国的成立可以说是近现代中国结构性发展的第三个转折点。毛泽东在人民英雄纪念碑的碑文上向死难烈士致敬时，不仅上溯到"三年"和"三十年"，而且还"由此上溯到一千八百四十年"，这显然是把鸦片战争之后的中国革命看做一个具有阶段性特征的统一过程。中华人民共和国的成立是对中国向何处去的回答，也是对中国的两种命运、两种前途作出的选择，但它还不标志着社会主义秩序的建立，而是标志着从新民主主义社会向社会主义社会过渡的开始和社会结构的重组。通过对农业、手工业和资本主义工商业的社会主义改造，较为完整的社会主义经济体系初步建立。但这个原计划"在一个相当长的时期内"完成的改造过程，由于诸种原因在三四年中就完成了。中华人民共和国成立后在各个领域取得了举世瞩目的伟大成就，但不容否认，在社会结构特别是经济结构的重组过程中，在不短的一段时间内，人们的注意力过多地集中于生产关系和上层建筑，而忽视了生产力本身。从生产关系表现形式上看可以说是"一大二公"的人民公社，从以生产力为标准的规模经济角度看，则依然是小农的生产方式和生产水平。摧毁旧的社会结构很难，但建立和重组新的社会结构更难，这就决定了整个社会结构重组过程必然是坎坷的和曲折的。

四　改革开放：第四个转折点

1978 年肇始的改革开放在某种意义上说是中国近现代社会结构性发展的第四个转折点。关于这种提法，可能会有一些争议，但是，随着历史的发展和时间的推移，人们会越来越明显地看到这次改革对中国社会结构的转型和发展所具有的深远意义。在一些人看来，从人民公社体制向家庭联产承包制的转变或许并不是结构性发展，而是结构性倒退，是倒退到一家一户的小农经济。这涉及如何看待社会化生产和规模经济的问题。当然，生产规模是不能也不应忽视的，不过这不仅仅是指生产的土地规模。由于中国人多地少和耕地逐年锐减，普遍出现家庭农场的可能性极小，但生产规模更应从投入和产出的量来分析。如农村地区出现的"兼业经济"形式，虽然规模很小，但投入产出的规模可观，这种量的积累必然会带来质的变化。再从生产组织看，很多社区建立了农、工、商或产、供、销一体化组织，各种农村经济服务组织也在迅速兴起，它们大大冲破了原有体制的地域限制，形成越来越广泛的社会经济组织网络。这也是一种规模的扩大，是一种新的分工协作形式。最后，对社会化生产的分析还必须深入流通领域。改革以来，农村实行多种经营，越来越多的农产品直接或间接地投入商品流通，交换和贸易对农民有了真实的意义，农民生活消费的商品率也在逐年提高，农村自给自足的封闭体系被彻底打破，城乡和工农之间的相互依赖关系更加紧密。所以说，家庭联产承包制不是返回到而是超越了传统的小农经济，它离社会化生产不是更远，而是更近了。整个社会结构正在由于这一变革而在静悄悄地转型，但结构性冲突也变得愈加明显和激烈。

（一）工业化和城市化的进程

改革开放以来，伴随着经济的高速增长，产业结构也发生快速变化，一、二、三产业在 GDP 总量中所占比重，由 1978 年的 31：45：24 变为 2008 年的 11.3：48.6：40.1。在这段时间内，中国的服务业增长迅速，工业平稳发展，而农业在国民经济中所占比重急剧下降。从中国目前的产业结构来看，中国已经进入工业化的中期。

与此同时，中国的城市化也在快速推进。新中国成立初期的1949年，中国城镇人口只有5700万，城镇化水平为10.6%，比1900年世界平均水平还低3个百分点，是一个典型的农民大国。1949 - 1978年，城镇化水平逐步提高，1978年达到19.7%，但长期低于20%。改革开放以后，中国工业化发展迅速，大大加快城市化进程。从1949年到1978年的29年中，中国城市化水平仅提高7个多百分点；而从1978年到2008年的30年中，中国的城市化水平从19.7%升至45.7%，比1978年提高了26个百分点。中国城市数量达到655座，比1978年增加462座，其中百万人口以上特大城市118座，超大城市39座。

但相对于工业化进程来说，中国的城市化是滞后于工业化的，例如2008年，农业产出占GDP的比重只有10%左右，但在就业人口中，从事农业劳动的还有45%，在乡村生活的常住人口仍占总人口的55%左右。城市化发展的滞后，与中国城乡分隔的户籍管理制度有密切关系，这种状况造成城乡发展的巨大差距。城镇家庭人均收入约为农村家庭人均收入的3倍，非农劳动者的人均收入约为农耕劳动者年均收入的5 - 6倍，这也是中国产生2.5亿农民工的一个重要原因。

（二）人口和家庭结构的变化

中国人口结构类型已经发生了历史性转变，由高出生率、高死亡率、低增长率，经过高出生率、低死亡率、高增长率的阶段，转变到低出生率、低死亡率和低增长率。1952 - 2008年，中国总人口从5.7亿增加到13.28亿，出生

率从 37.00‰ 下降到 12.14‰，死亡率从 17.00‰ 下降到
7.06‰，自然增长率从 20.00‰ 下降到 5.08‰。促使这种人
口转型的主要因素是经济发展、社会转型和计划生育政策。
中国从 20 世纪 70 年代初期开始实行计划生育政策，从 80
年代初期开始在城市户籍人口中严格实施"一对夫妇一个孩
子"的生育政策。随着出生率的快速下降，中国的人口结构
发生了重大转变，总和生育率由 20 世纪 70 年代初期的 6 左
右降到了 2008 年的 1.8 左右，这一变化使得中国少生了 3
亿人，社会负担系数持续下降，对中国的经济社会发展作出
了巨大贡献。但与此同时，在不到 30 年的时间里，中国人
口已经从年轻型跨过中年型而进入老年型。2005 年全国 1%
人口抽样调查显示，中国 60 岁及以上年龄人口占总人口的
12.9%，65 岁及以上人口占总人口的 9.07%。中国将先后
迎来劳动年龄人口、总人口、老年人口三个高峰。

随着人口结构的变化，中国家庭结构和代际结构也发生
了重大变化。家庭结构日益核心化，扩大家庭和主干家庭日
益减少，核心家庭成为占主导地位的家庭结构模式。家庭人
口规模从 1982 年的 4.41 人下降到 2006 年的 3.17 人。代际
结构的变化则突出表现为每代人口规模的变化，在城镇逐步
开始形成"四二一"型代际结构，亦即祖辈 4 人，父辈 2
人，子辈 1 人；在农村逐步开始形成"四二二"型代际结
构。人口老龄化以及家庭小型化，对中国传统以家庭养老为
主的养老模式提出了严峻挑战。

（三）区域发展结构的变化

中国的发展还存在巨大的区域不平衡，这种不平衡历史

上就有，但改革开放以后进一步加剧。中国地理上有一条从北方黑龙江省瑷珲（今黑河）到南方云南省腾冲的分界线。这是一条人口分界线，约有94%的人口居住在约占全国土地面积42.9%的东南部地区，约6%的人口居住在约占全国土地面积57.1%的西北部地区。人口的这种分布与自然条件有关，因为这也是一条气候分界线，它基本上与中国400毫米等降水量线重合，该线的西北一方多属于干旱少雨地区。同时，这还是一条历史分界线，该线东南是历史上中原王朝长期控制的疆域。

改革开放以后，东南沿海地区率先对外开放，发展比较快，区域发展差距进一步扩大。1978－2006年，东部、中部、西部的GDP份额之比（以西部地区为1），从2.36∶1.82∶1变为3.17∶1.68∶1；人均GDP之比（以西部人均GDP为1）从1.94∶1.20∶1变为2.63∶1.23∶1；总的趋势是中西部差距缩小，而东部与中西部的差距扩大。

（四）所有制结构和利益格局的变化

中国在改革开放之前，实行高度集中的计划经济体制，在所有制方面追求单一的公有制，基本上只存在全民所有制和集体所有制两种公有制形式。改革开放以后，经济体制改革打破单一公有制经济格局，个体经济发展相当快，并随之出现了雇工在八人以上的私营经济。设立经济特区和沿海部分地区开放以后，涉外三资企业作为新的经济成分出现。公有制经济本身也产生多种形式，出现跨城乡、跨所有制界限、跨地区、跨行业的经济实体。现在，新的经济体系已包括国有经济、集体经济、个体经济、私营经济和其他经济等多种成分，形成了以公有制为主体、多种所有制成分并存的新的所有制结构。

所有制结构的变化和社会分工的精细化带来了职业群体结构和社会阶层结构的变化，这不仅仅表现在从业类别上，而且表现在社会地位、社会声望、生活方式、收入状况、文化水准、消费结构、人际交往等各个方面。改革前职业群体结构和社会阶层结构高度均质化的状况已经改变，并越来越朝着多样化方向发展。中国社会已经形成工人、干部、农业劳动者、专业技术人员、职员、企业经理、个体劳动者、私营企业主等主要职业群体。社会阶层结构的分化和企业群体的多样化造成了利益需求的多层次化，利益差距、利益摩擦和利益冲突的问题日益突出。中国已经从一个收入分配非常平均的国家变成收入差距较大的国家。据有关部门和学者的统计分析，衡量收入分配集中程度的基尼系数，在经历了改革开放最初几年的下降之后，从 1985 年起便不断攀升，从 1984 年的 0.25 左右提高到 2006 年的 0.49 左右。

（五）组织结构的变化

改革开放以前，政府管理社会和个人的基础组织，是一种普遍的"单位制组织"，国家机关、非营利事业部门、企业和农村人民公社，都属于这种"单位制组织"。"单位制组织"不仅仅是工作场所，也是生活共同体和社会管理部门。"单位"几乎负责所属人员的生老病死等一切事务，而单位成员对"单位"具有很强的依赖性。在这种情况下，保障社会生活、管理社会行为、调节社会关系和解决社会生活中发生的一切矛盾，主要都是通过"单位"来进行的。人员和资源都被"单位化"了，很难进行社会流动，社会也缺乏活力。改革初期的1978年，中国有4亿多"社会劳动者"，其中只有不足0.04%的劳动者在"单位制组织"以外工作（即15万"城镇个体劳动者"），绝大多数劳动者都隶属"单位制组织"，包括7400多万"全民所有制单位"职工和2000多万"城镇集体所有制单位"职工；至于农村的3亿多"社会劳动者"，则全部都是人民公社的"社员"。

改革开放以后，随着所有制结构的变化，各种"非单位组织"大量产生，这些新产生的工作部门一般都采用市场聘任制。目前，城镇中约60%以上的从业人员在"非单位制组织"中工作，农业劳动者在人民公社解体和实行家庭联产承包责任制以后，也几乎全部脱离了"单位制组织"的管理。

此外，随着政府转变职能的改革以及社会体制的改革，特别是由于住房的自有化、社会保障的社会化、就业和后勤服务的市场化，原来的"单位制组织"管理的范围大大缩小，社会管理的基础组织，也发生从"单位制组织"向"社区组织"的变化。人们对社区服务的需求大大增加，以居住地管理为主要形式的社区建设快速发展。

社会管理方式的变化，使各种连接政府与个人的民间社团组织快速发展。根据民政部统计，改革开放初期，中国登记注册的社团组织仅有2000多个，2008年底，依法登记的社会组织已经超过41.37万个，专职工作人员超过475万人，兼职工作人员超过500万人，注册的志愿者超过2500万人。在各级民政部门备案的城乡社区社会组织有20万个，未备案的社会组织超过100万个。社会组织在现实中发挥越来越大的作用。

第十一章　改革和发展的"中国经验"

世界经济增长的重心，正在逐步从大西洋向太平洋和亚太地区转移，这种趋势在 2000 年国际金融危机之后更加明显。处在亚太地区并拥有 13 亿人口的中国，经过近几十年经济的高速增长，形成了不同于世界现代化历史上其他发展模式的"中国道路"和"中国经验"。

一　关于中国"渐进式改革"的假说

中国的经济改革是一个探索的过程，而且是一种在经济上没有其他退路、又没有明确发展参照系的情况下进行的探索。它因"摸着石头过河"（trial and error）的特点和"放权让利"（decentralization）的启动过程而获得了"渐进式改革"（incremental reform）的称号。在世界经济低迷、实行"激进改革"的原社会主义国家未出现预期经济繁荣的情况下，中国的经济却在高速增长，这种反差使人们开始认真思考，中国发生的"奇迹"的"奥妙"究竟在哪里？有些西方中国经济问题专家合乎逻辑地推想到中国采取的独特的"渐进式改革"道路，并谈论"渐进式改革的收益"（Murrel，1992：79 – 95）和"无私有化的进步"（拉斯基，1993：1 – 14）。

学者们在分析中国近几十年来的经济高速成长时，往往倾向于采用两种比较分析框架。一种是"东亚新兴经济体"比较分析框架。因为在东亚新兴经济体的发展过程中,人们很容易找到一些具有共性的东西:如高储蓄率、高投资率、外向型经济、充分的劳动力供给、注重教育和人力资本、企业家族主义、政治和政策的稳定、儒家文化传统等(帕金斯等,1992:203 - 260)。但是,这种分析模型也存在一些脆弱之处:第一,当这种分析走向去寻找诸如儒家传统、储蓄偏好、经营意识,甚至使用汉字、用筷子吃饭等文化特征时,就陷入了一片茫茫的迷雾之中,一切结论似乎都难以找到现代科学所要求的确切依据,至多也不过是在重复韦伯从新教伦理中探求资本主义根源的老命题。而自从布罗代尔从"日常生活"入手揭示生活世界、市场经济和资本主义以来,人们对那种同构比较方法产生越来越多的疑虑。第二,把自由主义经济模型导入这种分析后,产生了一系列的困难。因为除香港地区之外,东亚的其他国家和地区都存在不同于西方的政府角色,企业的组织结构也存在明显的差异。特别令人棘手的是,如何解释东亚国家和拉美国家在经济成长中形成的鲜明对照。第三,这种分析往往不能充分考虑体制变量,而中国近几十年的经济高速成长与经济体制的改革密切相关,这是在东亚其他国家和地区的发展过程中不曾有过的一种特殊性。

所以,更加注意制度分析的学者,倾向于把中国与东欧和苏联国家进行比较,采用与"东亚新兴经济体"不同的"转轨国家"的比较分析框架。因为这些国家有一个共同的体制起点,即过去都是实行高度集中的计划经济体制,市场转型又都是近几十年来社会生活的主题,而且体制变革结果的不同可以合乎逻辑地从变革方式的差异中得到解释（Nee and Start，1992）。这些学者似乎并不像人们所想象的那样，特别注重体制变革中政治体制的差异，在他们当中的一些学者看来，这说明不了实质性问题。他们甚至认为中国实际的底层经济生活比东欧和苏联更加"资本主义化"和"自由市场化"，因为中国从来就没有建立起像苏联那样坚固的高度集权的"统制经济"（command economy）。他们的关注点更集中在体制变革的程序差异上：一方是从政治体制变动入手，另一方是从经济体制改革开始；一方是矛盾的中心一开始就集中在大城市，另一方是改革从最广大的农村起步；一方是首先解决所有权的问题，另一方是首先实行放权让利；一方是突变式的体制易帜，另一方是渐进式的体制调整；一方是动外科手术的"休克疗法"，另一方是舒筋活血、退热祛寒的"中医疗法"。但是，这种分析方法也有一些脆弱点：一是容易忽略那些最一般的、最不成问题的经济增长要素，如投资的增长、技术的引进、产业结构的调整、对外贸易的扩展等；二是把体制变革的"程序"单纯地作为理性设计的结果，而实际上这种"程序"是无法选择的社会结构条件和各种社会力量互动的必然产物，并不是一种历史的偶然选择；三是这种分析往往不可避免地暂时舍弃考察被比较的双方在发展阶段、文化背景以及民族或宗教整合程度上的差异。

中国的学者似乎也在关切着同样的问题，"渐进式改革"就是一些学者对中国改革"特色"的最典型概括。学者们希望总结这种渐进式改革的经验，并从"理论上"解释这种改革的运行机制，探讨其在何种程度上具有理论上的普遍意义和特殊价值。

一种有代表性的观点是"农村—城市渐进模型"或"结构效率论",即认为渐进式改革的成功,在于"改革推进的主体部门"是传统管理体制和发展战略下最受"压抑"的农业、轻工业等"效率瓶颈"环节,其需求缺口大、进入成本低,"所代表的既得利益较少,对之进行改革所遭到的抵制较弱,因而改革风险小、成本低","有现成的机制可以替代旧机制"。总之,"中国改革前的经济问题主要表现在结构和效率上,经济改革的典型推进方式是:着眼于提高效率而对管理体制的某些环节进行改革,管理体制的松动为在传统战略下受到压抑的部门提供了发展的机会,同时形成了新型经济主体及其进入,并在增量上对扭曲的经济结构作出调整,这种进入形成了竞争,对其他部门的效率改进提出了要求,改革由此成为一个不断的过程"。这派观点还认为,对于中国的渐进式改革,稳定和速度"两种改革主张"的"同时存在和相互制衡是十分必要和有益的",它既"维持了改革的渐进性和非激进性",同时"保证了改革的不可逆转性"(林毅夫、蔡昉、李周,1994:37 – 39)。

另一种有代表性的观点是"体制外—体制内渐进模型"或"双轨过渡论",即认为改革的"渐进道路"的实质含义,"渐进道路"与"剧变道路"的根本区别,不是一个改革在时间上快与慢的问题,不是对旧体制改革中的"秩序"问题(比如是先改革价格后改革企业,还是相反;或者,是先改革宏观管理体制还是先改革产权关系;等等),也不是"分头推进"还是"整体规划"的问题,而是是否能够发展"新体制经济"并用它逐步替代旧体制,在新体制成分的成长过程中，逐步实现对旧体制的改革。所谓"新体制经济"绝不仅仅是新的管理体制，不在于表面上是为"市场"生产还是为"计划"生产，受计划调节还是受市场调节，它们与旧体制的差别首先是在产权关系上，"对于一个传统的国有制为主要形式的公有制经济来说，指的主要就是各种非国有或非公有经济成分"。新体制经济为整个经济提供了一个"体制增量"和"收入增量"，形成了改革的"补偿费用"，降低了体制的"转换成本"，同时它的一个重要特征，就是"将存在一个相当长时期的体制双轨阶段"（樊纲，1993：106－111）。

实际上，这两种观点存在许多共同之处：一是他们的分析似乎都是以新制度经济学派和公共选择学派作为理论背景；二是他们都强调渐进式改革的优点是成本低（进入成本或转换成本）、风险小，可以获得改革的"收益补偿"；三是他们都认为制度变迁中的某种矛盾运动（"两种改革主张的相互制衡"或"双轨过渡"）是中国渐进式改革的必要条件或重要特征。

双方所不同的只是：渐进式改革究竟是主要表现为经济结构的转换还是产权关系的替代，增量和稳定机制究竟是主要来自"进入成本"较低的"效率瓶颈"部门还是"转换成本"较低的"新体制经济"。而在现实当中，这两个部分又有很大一块是重合的。

但是，这两种阐述都没有解决两个根本性的问题：一是渐进式改革究竟是主要表现为"实践的结果"，还是"人为设计的理性模式"？换句话说，究竟是改革的成就使渐进式改革获得了"价值合理性"，还是渐进式改革的"工具合理性"使改革取得了成就？二是改革的"渐进性"过程究竟是由人们的理性控制决定的，还是社会结构条件本身决定的，使改革获得这种形式的基础因由是什么？

二　改革实践不是遵循既定的理性模式

当人们提出中国改革的"特色"是"渐进式改革"，并进而论证这种改革形式的工具合理性时，实际上已经隐含着一个重要假设，即渐进式改革是人们主观设计的一种理性模式，改革的实际过程正始终遵循着这一模式。如果这个命题只是说改革不是一蹴而就的，有一个持续发展的过程，那么它就没有实质性的理论意义，因为任何社会变革都有一个体制转换的过渡期，而且时间的长短也不是单从形式变动上可以判断的。

中国的改革是在基于对过去经验教训的总结、同时又没有既定的发展参照系的情况下进行的，改革的"摸着石头过河"恰恰说明了中国改革在开始的时候并没有一个根据经济理性设计的完备方案。政策对于改革的启动、指导和推动作用是毋庸置疑的，但是，在体制变革的过程中，政策滞后于（或脱离于）现实发展的情况也经常发生。经济体制改革在本质上是从一种制度化结构向另一种制度化结构的过渡，在这里制度不仅仅是经济发展的变量，也是整体社会发展的变量。经济改革作为一个新体制的制度化过程，它的所谓"渐进性"更主要表现为政策对现实生活"生动创造"的选择过程。现实生活不断"创新"（这种创新活动从未停止过，而在改革氛围中更加活跃），政策界定又能不断通过"灵活地选优"使现实的"创造"制度化（这并非总是可能的或可以实现的），才是中国改革的实际过程。

中国农村家庭联产承包责任制的"制度化"就表现为这样一种过程。包产到户在中国农村由来已久，"文化大革命"中对"三自一包"（自留地、自由市场、自负盈亏和包产到户）的大批判使这种简单的家庭经营形式几乎绝迹。但"文化大革命"刚一结束，它就"春风吹又生"，早在1977年就又在安徽、四川等地相当普遍地出现，并显示出其调动生产积极性的有效性。1978年12月中共十一届三中全会通过并要求试行的《中共中央关于加快农村发展若干问题的决定（草案）》和《农村人民公社工作条例（试行草案）》，虽然肯定了"社员自留地、家庭副业和集市贸易是社会主义经济的必要补充部分"，但仍然规定"不许包产到户、不许分田单干"，人民公社的制度"稳定不变"（《中共中央文件汇编》，1992：105）。与此同时，现实中发展着的包产到户越来越显示出其解决温饱、发展生产的作用，并形成扩展之势。到1980年9月，中共中央在《关于进一步加强和完善农村生产责任制的几个问题》的座谈会纪要中，强调农村生产要从实际出发，"允许多种经营形式、多种劳动组织、多种计酬办法同时存在"，认为在边远山区和贫困落后地区"可以包产到户，也可以包干到户"，"没有什么复辟资本主义的危险"，而"在一般地区"，"就不要搞包产到户"（《中共中央文件汇编》，1992：141）。直到1982年，人民公社已在全国范围内普遍解体后，中共中央在当年制定的《当前农村政策的若干问题》中首次提出：联产承包制"是在党的领导下中国农民的伟大创造"，《中华人民共和国宪法》修正案也重新规定，乡是中国农村的基层政府。到 1984 年，全国有 569 万个生产队，有 563.6 万个实行了包干到户，占99%；全国有 18792.5 万个农户，有 18145.5 万个实行了包干到户，占 97%。同年中共十二届三中全会通过的《中共中央关于经济体制改革的决定》，对农村改革做了总结："中国经济体制改革首先在农村取得了巨大成就。长期使我们焦虑的农业生产所以能够在短期内蓬勃发展起来，显示了中国社会主义农业的强大活力，根本原因就在于大胆冲破'左'的思想束缚，改变不适合中国农业生产力发展的体制，全面推行联产承包责任制，发挥了八亿农民的巨大的社会主义积极性。"（《中共中央文件汇编》，1992：292）

以上这个政策对"生活创造"的"灵活选择"并加以"制度化"的过程，就是改革的实际进程；在如此广大的地域和人口规模中，在短短的 3–4 年时间就完成农村经营制度和财产制度的变革，很难仅仅用"渐进式模式"来概括其特征。包括后来乡镇企业的"异军突起"以及数以亿计的农民工进城，实际上都超出了所有人的预料①。况且，改革首先从农村开始并在农村中取得"出乎预料"的成就，并不是完全出于一种完备理性设计的主观选择，而是有其客观的必然性。中国的改革从农村开始，而且是从农村相对来说比较贫困的地区启动，这绝不是出于历史的随意性：从产业部门来看，农业是比较利益的洼地，而贫困地区是洼地中的低谷。

---

① 邓小平 1987 年谈到，"农村改革见效非常快，这是我们原来没预想的"，又说，乡镇企业的异军突起，"这是我个人没有预料到的，许多同志也没有预料到，是突然冒出这样一个效果"。（邓小平，1993：238）

处于比较利益低谷的人们，求生存、求发展的欲望也最为强烈。但是，当这种欲望处于受压抑状态时，它并不能转变为启动体制改革的现实力量。因此，体制变革还需要另外两个条件，这就是生存、发展能量的释放和社会领导层对体制变革具有收益预期。

改革前中国实行的是高度集中的计划经济，但相对于城市来说，农村是计划经济统制薄弱的区域。这不仅因为农村的集体经济较之城市的国营经济受行政统制的力度相对弱一些，还因为农村存在许多"山高皇帝远"的地方。当权力中枢的变动促成政策上的某些变化时，这种变化会迅速地传递到等待着这种变化的体制的"神经末梢"，从而使农民求生存、求发展的欲望首先在这种欲望最强烈而且禁锢最早松动的地方释放出来。作为"家庭联产承包制"先声的"包产到户"和"大包干"，改革后最早在最为贫困的、交通不便的或行政区划的"三不管"交界地区出现，并非一种偶然现象。当然，"包产到户"的最初出现，也并不是什么有意识的变革行为，而只是一种本能的谋生手段。

在中国的生产要素供给中，资金和技术都是相对紧缺的，而劳动力是相对充裕甚至过剩的，在农业部门就更是如此。而改革初期，正是百废待兴，需要安定团结，恢复生产，解决温饱问题的时候。同时国家面临财力不足，难以注入大量启动资金等问题。这样，可以通过大量增加劳动投入发展生产、出现问题社会震动相对较小，又能够提供供求缺口较大的农副产品的农业部门，就自然成为最初的社会领导层抱有收益预期的体制改革领域。但即便如此，在改革初期人们对体制改革的收益预期并不能说是十分清楚的。计划经济统制在远离中心的边缘区域的松动，只是出于"生产自救"的考虑，但正是边缘区域的经济体制变化启动了体制改革的列车，它的一路推进带来了"出乎意料"的收获，改革由此成为不可逆转的潮流。

这个过程说明：第一，改革并不是始终遵循一种既定的理性设计的模式，因为实践的结果经常是"出乎意料"的；第二，推动改革的基础动力来自人们求生存、求发展的能量的释放；第三，在改革自上而下自觉地推进这种形式的背后，是一个自下而上的自发变革过程。

三　改革道路的选择是利益整合的结果

中国的经济体制改革是从高度集中的计划经济体制向社会主义市场经济新体制的过渡。关于市场经济体制，人们已经设计出无数的"理想模式"，这些模式大多属于一种"纯粹理性"，是排除了无数偶然性和特殊性之后的推导结果，就如同根据真空条件下所进行的物理试验结果所得出的结论。这种理想模式是十分必要的，因为不如此我们就没有任何把握现实的理性根据，但是如果认为"现实过程"完全遵循"理想模式"，那就过于天真了。更为重要的是，经济生活只是社会生活的一部分，仅仅根据经济参数（这些参数大多数情况下也是不周全的）、舍弃许多非经济的社会参数而设计的经济改革"理想模式"，就更有可能实际上离现实生活很远，所以改革中往往出现看似周密的方案一经试点或落实就全然变形的情况。

市场理性按照经济的成本－收益核算，向人们展现了一条收益较高的改革进程的轨迹，但市场理性本身是无所谓渐进不渐进的，它只追求市场效率，而不是在各种可能性中做出选择。在各种可能性中做出选择的是政府理性，但政府理性也不是信息绝对完备又能够神机妙算的"电脑"。政府理性也是有限的，甚至可能会有失误，特别是不可能考虑到所有的"社会成本"。所以，现实发展的真实轨迹，在大多数情况下是处于市场选择和政府选择之间，是一条最接近社会利益相对协调、利益的摩擦和冲突成本较小而收益较高的曲线。在计划经济的"再分配"体制下，政府理性曾期望通过社会利益的"均质化"降低社会摩擦成本、刺激发展的积极性，但结果是付出了牺牲效率和福利增长的沉重代价；在市场规则的支配下，市场理性要求通过社会利益的"异质化"促进效率，但因社会冲突的爆发而适得其反的可能性也始终存在；所以，实际的发展进程往往是遵循着群体生活的"社会理性"，在社会各阶层利益的较量、磨合和妥协中选择保持相对的效率和相对的利益协调的路线前进。

把经济行为从理论上抽象出来作为一种纯粹的状态进行分析是可能的也是必要的，但现实中不存在脱离整体社会生活和群体生活的经济行为。在群体生活中，包括经济秩序在内的社会秩序是不可能从个人寻利冲动的自由发挥中自发地生长出来的，而且也不可能建立一种理想的机制，使所有人的这种冲动都对整体福利的增长具有积极意义。因为这种冲动尽管在很多人那里是福利增长的动力，但在另一部分人那里也可能是利益冲突的因由或只是廉价的激情。无论在怎样一种现实的"公平分配"社会，社会的整体福利都不可能与所有的社会成员保持均匀的关系，它一定是与部分占据着更有利的资源位置的成员保持更紧密的关系。换句话说，伴随着整体福利的增长，一部分人的巨大获益也会产生另一部分人的利益受损或相对利益位置下降，帕累托式的"福利最大化"是一个可以靠近但不可能完全达到的目标。所以说，在社会生活中，特别是在体制转轨时期，个人以及群体之间的利益摩擦和冲突是难以避免的，因此，必须考虑到这些摩擦和冲突可能会有意义地改变社会的（和经济的）运行规则和运行轨迹，必须在社会核算中把利益摩擦和冲突的激化可能产生的成本考虑进去，从社会核算而不仅仅是经济核算的角度考虑"福利最大化"和"理性选择"的问题。如果离开了对社会各利益群体的利益差别和利益冲突、利益制衡和利益妥协的考察，任何关于所谓最佳的（或合理的）改革进程的选择，不管是出于知识精英的理性设计还是出于领袖人物的远见卓识，都可能会沦为"伊甸园"式的空想。在社会转型时期，即便是在福利总量持续增长的阶段，我们也无法完全排除另外一种可能性，即社会冲突的激化和爆发会改变制度创新的方向、进程和结果。

社会结构的一些最基本的实体要素，如家庭、企业组织以及"社会潜网"等非正规制度，是一种特殊的资源配置形式，是既不同于市场调节也不同于国家干预的"另一只看不见的手"。它们的形成既受各种历史因素、文化因素和其他非经济因素的影响，也是各种利益关系较量、磨合和妥协的结果，而不仅仅是受"利润最大化"法则的支配或政府的"理性安排"。这只"手"的存在意味着，要根据群体生活的普遍法则对经济学的某些既定的暗含假设作出新的修订。在现实中，中国改革的实际进程绝不是理性设计方案的复制，它要取决于参加这一改革的各方的利益较量和磨合，最终的发展曲线必然是各方利益整合的结果。如果一项改革对参与的群体来说，意味着的不是获得利益而是失去既得利益，或者一部分人的获益要以另一部分人的失去利益为代价，总是有很大风险的。所以，改革的过程往往都伴随着利益的让渡和补偿，而所谓"渐进不渐进"，只不过是改革成本是"分期支付"还是"一次结清"的表现。支付形式也是利益整合的结果，而不是完全由市场法则或政府理性决定。

第四编

当代中国社会变迁

第十二章　社会结构变动与和谐稳定

　　进入 21 世纪后中国经济社会发展也进入了一个新的阶段，出现了一些新的复杂的阶段性特征和社会矛盾、社会问题，对中国社会和谐稳定和未来发展产生显著影响。通过全国性的广泛调查研究，对这些新的阶段性特征和社会矛盾现象进行综合实证研究，对推进中国经济社会发展具有十分重要的意义。

一　社会结构变动：宏观背景

　　中国改革开放以来巨大而快速的社会变迁，造成社会结构的深刻变动。这种社会结构的变动，是我们分析我国发展特征和社会问题的宏观背景。过去，我们对于发展变化的认识，主要集中在经济体制改革。相对于经济体制改革来说，社会结构的变动是更加长期、更加深层、更加广泛的变化。

　　社会结构的变动，包括人口结构、家庭结构、就业结构、职业结构、组织结构、阶级阶层结构、收入分配结构、城乡结构、区域结构等方面的变化。改革开放以来，所有这些结构都发生显著变化，与经济结构一样，这种变化也是一个现代化的过程。这些结构的现代化程度，它们与经济结构变迁相适应的状况，以及它们相互之间的协调性，对我国经济社会发展具有基础性的意义。

1. 产业结构进入工业化中期

1978 年以来，我国经济持续高速增长。国内生产总值（GDP）从 1978 年的 3645.2 亿元增长 2006 年的 211808 亿元。同期，人均 GDP 从 381 元增长到 16084 元。[①] 人均 GDP 已经超过 2000 美元，我国总体上已经进入下中等收入国家行列。在国民经济高速发展的同时，人民收入和物质文化生活水平也都有显著上升。1978－2006 年，我国城镇居民家庭人均可支配收入从 343.4 元增至 11759 元，农村居民家庭人均纯收入从 133.6 元增至 3587 元。同期，标志人们生活水平的恩格尔系数（即人均食品消费支出占生活消费支出的比重）显著下降，其中，城镇居民家庭恩格尔系数从 57.5% 降至 35.8%，农村居民家庭恩格尔系数从 67.7% 降至 43.0%。

伴随着经济的增长，产业结构发生重大变化。1978－2006 年，在 GDP 中，第一产业产值比重从 28.1% 下降到 11.8%，第三产业比重从 23.7% 上升到 39.5%，第二产业比重变化不大，维持在 48% 左右（见图 12－1）。我国经济总量水平和结构的这种变化表明，我国经济已经进入工业化中期的后半阶段（陈佳贵、黄群慧等，2007）。

2. 所有制结构变化带来劳动关系的调整

中国经济体制改革的一个重要结果是所有制结构的重大变革。从资产的所有权结构上看，如果不考虑土地以及各种自然资源的产权属性，目前中国已大体形成公有制经济与非公有制经济各占半壁江山的格局。据国家工商管理总局统

---

① 数据来自《中国统计年鉴（2007）》。下文所引数据，凡未注明出处者，均出自《中国统计年鉴》，或者是依据《中国统计年鉴》资料计算出来的。

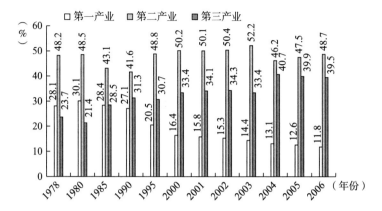

图 12 – 1　1978 – 2006 年中国 GDP 的产业构成变化

资料来源：《中国统计年鉴（2007）》。

计，2006 年，私营企业注册资本 7.5 万亿元，个体户注册资本 6515.4 亿元，外商投资企业和港澳台商投资企业注册资本突破 1 万亿美元。通常，个体户和私营企业的实有资产额往往大于其注册资金额，因而整个非公有制经济的实有资产总额估计达到几十万亿元。同期，据国有资产管理委员会统计，全国国有和国有控股企业的资产总额为 29 万亿元，加上集体企业资产，公有制企业资产总额也将接近 30 万亿元。

　　从社会学角度来看，这种变化具有深远的社会结构意义，其突出表现是它深刻地影响了中国的劳动关系结构。由于劳动密集型企业更多集中在非公有制经济，所以在中国工业领域，非公有制企业的就业份额估计不会低于 60%。这种结构性变化形成了新的劳动关系。自 20 世纪 90 年代中期以来，中国劳资矛盾成为一种经常性的社会矛盾。据有关部门估计，目前，不考虑农村家庭劳动者的就业状况，中国非农领域劳动关系的市场化转型已经基本完成。劳动关系的这种结构性变化，也意味着社会从业人员的社会角色—地位结构的重大转变。

3. 阶级阶层结构出现流动和分化加快趋势

市场化的推进、所有制结构的重组、劳动关系结构的变革，以及利益关系格局的变动，促进了社会经济地位的分化，并带来社会阶级阶层结构的深刻变化。改革开放前，我国社会阶级阶层结构的构成主要是工人阶级、农民阶级和知识分子这样两个阶级一个阶层。改革开放以后，他们都在改革开放大潮中发生了分化：农民工、个体工商户、私营企业主、各种非公有制企业和民办非企业单位经营管理人员，都从原来所属社会阶级阶层中分化出来；原来的知识分子作为专业技术人员，国家机关、社会团体和各种企业事业单位中的办事人员，则在新的劳动关系下获得相对独立的新社会角色和地位（陆学艺，2004）。

如果结合以资源占有为基础的阶级分析和以职业地位为基础的阶层分析这样两个社会学分析维度来考察中国当前的社会阶级阶层结构，大致可以发现十个轮廓较为清晰的社会阶层：国家和社会管理者，经理人员，私营企业主，专业技术人员，办事人员，个体工商户，商业服务业人员，产业工人，农业劳动者，以及无业失业半失业人员。根据 2005 年全国 1% 人口抽样调查，并结合国家工商管理总局等部门的统计数据，2005 年我国社会阶层的城乡结构大致如图 12 - 2 所示。

从图 12 - 2 的阶层结构可以获得关于我国社会阶级阶层结构变迁的几个基本判断，一是城乡的阶级阶层结构差异很大；二是农村的阶级阶层结构的形状还是一种金字塔形，结构底层比重过大，中间层规模过小；三是阶级阶层结构变化的过

社会阶层的城乡分布

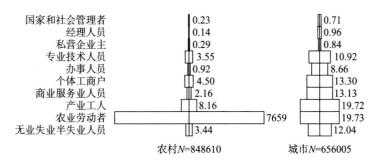

图 12 – 2　2005 年中国城乡的社会阶层结构（%）

资料来源：国家统计局 2005 年全国 1% 抽样调查数据。

程，就是从农村的"金字塔型"转变为城镇的"橄榄型"。

4. 分配结构和利益格局出现差距扩大趋势

在改革开放过程中，不同社会成员的资源占有不同，起点条件和机会际遇各异，而市场机制在决定利益分配时一般并不考虑这些差异，并且倾向于通过强化差异来获得效率。同时，由于某些关键领域的改革尚未完成，一些非市场因素，如城乡分割的二元社会制度安排、行业垄断、腐败以及再分配制度的不完善不合理等，对利益分配格局都产生了较大影响。正是在这种情况下，我国出现了较为明显的利益分化，不同社会阶层和群体之间的收入分配差距不断扩大。据有关部门和学者的统计分析，衡量收入分配集中程度的基尼系数，在经历改革开放最初几年的下降之后，从 1985 年起便不断攀升，从 1984 年的 0.25 左右提高到 2005 年的 0.47 左右（见图 12 –3）。这表明中国收入分配已经相当不平等，贫富分化较为严重。更严峻的是，这种扩大趋势不易扭转，因为要扭转就意味着对新形成的利益分配格局进行再调整，而这会遇到其他结构性力量的阻碍性影响。

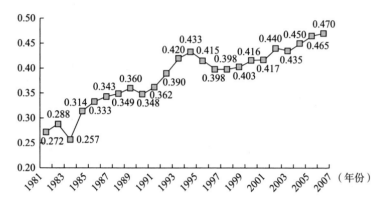

图 12 - 3 1982 - 2006 年中国收入分配基尼系数变动趋势

　　资料来源：1982 - 1999 年的基尼系数采自毕先萍、简新华（2002），2000 - 2005 年的基尼系数采自国家统计局公布的年度数据，2006 年基尼系数来自本课题组 2006 年全国抽样调查。

　　第一个也是最重要的一个结构性因素是初次分配结构不平衡。根据国家统计局的数据，在中国 GDP 的初次分配中，1994 - 2006 年，劳动者报酬所占比重从 51.2% 下降到 40.6%，营业盈余比重则从 23.4% 上升为 30.7%（图 12 - 4）。而在美国这样的发达国家，目前这两个比重分别为 56.3% 和 12.4%（罗奇，2007）。第二个结构性因素是城乡收入差距过大（见图 12 - 5）。值得注意的是，图 12 - 5 尚未包括城乡居民福利收入差距，如果计入福利收入，则目前城镇居民收入水平将是农村居民收入水平的 4 倍以上（李实、罗楚亮，2007b）。应当注意到，城乡收入差距是在国家减免农民负担和加大三农投入的情况下继续扩大的。

　　究其原因，一是城乡结构变动与经济结构变动不相适

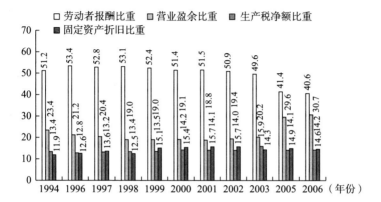

图 12-4 1994-2006 年中国地方 GDP 收入法计算构成

变动趋势

资料来源:《中国统计年鉴(2007)》。

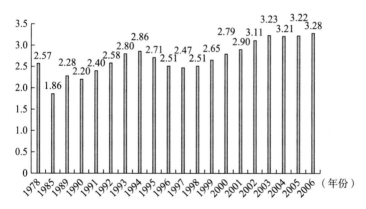

图 12-5 1978-2006 年中国城乡居民收入之比的变动

资料来源:《中国统计年鉴(2007)》。

应。如前所述,1983-2006 年,我国经济结构非农化水平与户籍人口城镇化水平的偏差缩小 9.9%;而前者与常住人口城镇化水平的偏差则缩小了 35.2%。可见,在不改变户籍身份的情况下，农村劳动力向非农产业转移未能有效发挥缩小城乡差距的作用，这又主要是因为农业户籍的非农雇工受到各种形式的工资歧视（谢嗣胜、姚先国，2006）。二是就业结构变动滞后于产值结构变动。1978 年农业就业比重与农业产值比重之比为 2.51：1；到 2006 年，两者之比变为 3.38：1，这两个比例关系与两个年份的城乡收入差距非常接近。总之，我国现阶段分配不公的主要原因是初次分配结构不公和社会基础结构不合理。从而，因分配不公造成的社会矛盾主要是结构性矛盾，不调整这些社会结构而单靠再分配，难以有效解决问题。

5. 城乡社会结构仍呈现二元特征

在城乡结构方面，我国城镇自身发展迅速，其空间获得了前所未有的扩张。在不到 30 年的时间里，我国城镇建成区总面积扩大了 36000 多平方公里，相当于以往 2000 多年形成的城镇总面积。在城镇空间规模扩张的同时，我国城乡人口结构也有了一定的改变。1983 - 2006 年，城镇常住人口比重从 21.6% 上升到 43.9%。但是，与经济结构工业化进程相比，城市化水平总体上是滞后的。同期，经济结构非农化率与常住人口城镇化率之比从 3.1：1 变动为 2.01：1，两者之间的偏差虽然收缩不少，但仍然相当可观。如果依户籍计算城镇化率，则同期户籍人口城镇化率从 18.9% 上升到 27.6%，经济结构非农化率与户籍人口城镇化率之比仅从 3.55：1 变动为 3.20：1，结构偏差缩小幅度很小，表明制度性城镇化滞后更加突出。

那么，我国城市化与经济发展水平相比究竟滞后多少？对此有不同的分析方法，分析结果也有较大差异。陈佳贵等人根据钱纳里模型提出，与经济工业化中期阶段相当的城市化水平为 50% – 60%（陈佳贵、黄群慧、钟宏武，2006），我国工业化已经进入中期后半阶段，这意味着我国的城市化水平的标志值应当比较接近 60%，取其中间值约为 55%。许学强、周一星、宁敏越（1997）基于人均 GNP 提出一个对数线性模型，按照该模型估计 2006 年中国的人口城市化率应在 59% 以上。俞德鹏（1995）基于按购买力平价计算的人均 GNP 提出一个"大国模型"，按照该模型，2006 年中国人口城市化水平应超过 69%。表 12 – 1 总结了依这三种方式估计的中国城市化偏差。可见，中国城市化偏差度最低在 20% 以上，最高达 60%。城市化偏差一是表明我国社会的城乡空间结构变动与经济发展及其结构变动不相适应，这本身就是一种结构性矛盾；二是对我国社会其他方面的结构调整产生了明显的阻碍作用，最重要的是对我国社会利益关系结构调整产生了显著影响。

表 12 – 1　2006 年中国城市化率与经济发展水平的偏差估计

单位：%

模型	标志值	常住人口城市化偏差		户籍人口城市化偏差	
		城市化率	偏差度	城市化率	偏差度
对数线性模型	59	43.9	– 25.6	27.6	– 53.2
大国模型	69		– 36.4		– 60.0
陈佳贵等	55		– 20.2		– 49.8

注：《中国统计年鉴（2007）》农业部分未提供 2006 年农村人口数。但农业部估计 2006 年农村人口总量为 9.55 亿 – 9.75 亿人（农业部，2007），取其中间值为 9.65 亿人，占 2006 年全国总人口的 73.4%，则户籍人口城市化率约为 27.6%。

资料来源：根据《中国统计年鉴（2007）》有关资料计算。

6. 区域结构表现为不平衡的发展

任何一个国家都存在地区发展不平衡的问题，但与此同时，任何一个国家都要致力于缩小地区发展不平衡的程度，因为这种不平衡往往最终表现为社会发展的空间结构不平衡，不利于一个国家整体的社会整合与和谐。改革开放以来，我国区域经济社会发展战略从此前的均衡模式走向非均衡的梯度发展模式，地区之间的发展差距逐步扩大（表12－2）。当然，非均衡发展战略对我国经济社会总体发展具有显著的积极意义，理论上看为重新回归均衡发展战略创造了有利条件。从表12－2看，我国区域空间结构变动的总体趋势是，人口空间分布没有大的变化，20多年间中部地区人口占全国总人口的比重减少了2.2个百分点，东部与西部分别上升了1个百分点与1.2个百分点。但各地区的经济社会发展的结构性差异就非常显著。1978－2006年，东部、中部、西部的GDP份额之比从2.36∶1.82∶1变动为3.17∶1.68∶1，人均GDP之比从1.94∶1.20∶1变动为2.63∶1.23∶1，城市化率之比则从1.29∶1.32∶1变动为1.60∶1.13∶1，总的趋势是中西部差距缩小，而东部与中西部的差距扩大。

7. 就业和职业结构的变化滞后于经济结构

这里所说的就业结构，主要是指劳动就业的产业分布。随着国家工业化和城镇化的推进，非农产业获得持续快速发展，从而不断改变我国就业结构。最突出的趋势是，农业就业不断减少，非农业就业不断增加。1978－2006年，我国第一、二、三次产业的就业结构从70.5∶17.3∶12.2改变为42.6∶25.2∶32.2。从社会学角度看，这种变动可被视为我国就业结构现代化的表征，它意味着更多人口参与工业化和

表 12 - 2　1978 年与 2006 年地区间社会经济结构变化

单位：%，元

地区[*]	人口分布		GDP 份额		加权人均 GDP		非农业产值比重		工业化综合指数	加权城市化率	
	1978	2006	1978	2006	1978	2006	1978	2006	2004	1978	2006
东部	32.6	33.6	45.6	54.2	508.3	28803	79.0	93.3	74	17.6	57.2
中部	40.6	38.4	35.1	28.7	314.6	13405	61.9	84.8	28	17.9	40.2
西部	26.8	28.0	19.3	17.1	261.4	10932	62.9	83.8	21	13.6	35.7

注：东部包括北京、天津、上海、辽宁、山东、江苏、浙江、福建和广东 9 省市；中部包括黑龙江、吉林、山西、河北、河南、安徽、湖北、湖南、江西、海南 10 省，西部包括内蒙古、广西、贵州、四川、重庆、云南、西藏、陕西、青海、甘肃、宁夏和新疆 12 省（市、自治区）。

资料来源：除"工业化综合指数"外均据《中国统计年鉴》（历年）计算。"工业化综合指数"来源于陈佳贵、黄群慧、钟宏武的研究（2006），由于区域划分不同，这里根据该研究提供的分省数据计算了三大地区各省份工业化综合指数的算术平均值。

经济发展进程并分享发展成果，也意味着更多人口的社会经济地位发生上升流动变化。但是，应当注意到，我国就业结构的变动未能跟上产值结构的变动，在农业与非农业两个领域存在显著的结构性偏差，而且这种偏差还呈扩大趋势（图 12 - 6）。1978 - 2006 年，农业的就业比重与产值比重之比，在 20 世纪 80 年代初中期经历了小幅下降之后，从 80 年代中期起便在小幅振荡中攀升，从 2001 年起，一直在 3.5 倍以上小幅波动。造成这种偏差的原因是多方面的，其中一个重要原因是农业就业比重的地区差异。1985 年，我国东部、中部、西部的农业就业比重分别为 52.8%、64.0% 与 73.5%；到 2005 年，三个地区的农业就业比重分别下降至 30.9%、49.6% 与 54.9%，下降幅度分别为 41.5%、22.5%

与25.3%。可见，中西部农业就业比重的下降显著慢于东部。前面提到的工业化进程地区差距的影响，也在这里表现出来了。

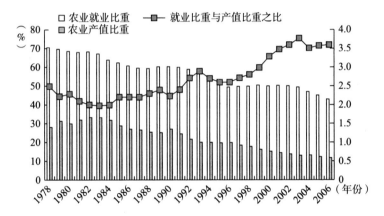

**图12-6 1978-2006年中国农业就业比重与农业
产值比重的偏差变动趋势**

资料来源：《中国统计年鉴（2007）》。

随着就业结构的变化，更准确地说，随着市场化、工业化和城镇化的发展，我国社会职业结构也发生了重要变化，整个职业结构中处于较高层级的职业类型所占比重逐步上升。根据1982年第三次全国人口普查和2005年全国1%人口抽样调查的结果，我国2005年体力半体力类职业比重下降了24.4个百分点，非体力类职业比重则上升了18.8个百分点。职业结构的不断升级，为我国社会成员向上流动提供了越来越大的空间。

现阶段我国职业结构的问题在于其显著的不稳定性（李强，2006）。这种不稳定性主要指以下两种情况：首先是两亿多农民工的职业地位不稳定，其次是许多用人单位的用人模式使雇佣劳动者不得不频繁变换工作。这种职业不稳定性，影响了职业共同体和职业伦理的形成，也不利于劳动关系的整合。

8. 组织结构的差异性和多样化增强

改革开放以来，我国社会组织结构有两个最为显著的变化：一是绝大多数从业人员脱离"单位制组织"①的管理，在"非单位制组织"就业；二是各类民间社团组织快速增加。

改革开放以前，"单位办社会"是计划经济时代政府与社会关系的基本特征。政府管理社会和个人的渠道，就是"单位制组织"，包括机关、事业、企业单位和农村人民公社，而"单位"则几乎负责所属人员的生老病死等一切事务。在这种情况下，保障社会生活、管理社会行为、调节社会关系和解决社会生活中发生的一切矛盾，主要都是通过"单位"来进行。改革初期的1978年，我国有4亿多"社会劳动者"，其中只有不足0.04%的劳动者在"单位制组织"以外工作（即15万"城镇个体劳动者"），绝大多数劳动者都隶属于"单位制组织"，包括7400多万"全民所有制单位"职工和2000多万"城镇集体所有制单位"职工，至于农村的3亿多"社会劳动者"，则全部都是"人民公社"的"社员"。改革开放后，随着所有制结构的变化，各种只管理生产和工作而不负责其他生活和社会事务的"非单位制组

---

① "单位制组织"是指在计划经济体制下形成的"功能泛化"的组织，特别是国有和集体企业、机关和事业单位。这种组织不仅是工作单位，而且也是生活和社会管理单位。"单位制组织"的成员对单位全面依赖，单位则通过"单位办社会"来负责其成员的一切事务。

织"大量产生，到目前为止，城镇中约 60% 以上的从业人
员在"非单位制组织"中工作，包括城镇各种完全实行市场
聘任制的从业人员，农村里的从业人员也都不同程度地脱离
了"单位制组织"的管理。

随着政府转变职能的改革以及社会体制的改革，特别是
由于住房的自有化、社会保障的社会化、就业和后勤服务的
市场化，原来的单位制组织的管理范围缩小，在社会管理方
式上发生从"单位"到"社区"的变化，对社区服务的需
求大大增加，以居住地管理为主要形式的社区建设快速发
展。1993 - 2003 年，各种城镇社区服务机构（社区服务中
心和便民利民网点）从 8.9 万个增加到 19.6 万个。与此同
时，由于精简机构、基层行政经费紧张和防止乱摊派等各种
原因，社区管理机构的数量有所减少。1993 - 2003 年，全国
城镇居委会从 10.7 万个减少到 7.8 万个，居委会工作人员
从 46.5 万人减少到 39.7 万人；农村村委会从 101.3 万个减
少到 65.8 万个，村委会工作人员从 455.9 万人减少到 259.2
万人。

社会管理方式的变化，使各种连接政府与个人的民间社
团组织快速发展。根据民政部统计，改革开放初期，我国登
记注册的社团组织仅有 2000 多个，而到 2007 年 9 月底，我
国已有登记注册的社会团体 19.5 万个，民办非企业单位
16.4 万个，基金会 1245 个，总计 36 万多个。这些情况表
明，我国社会组织的发育发展是令人瞩目的。另外，我们还
注意到，社会组织的发展与经济发展之间有着一定程度的关
联（表 12 - 3），东部地区社会组织数几乎占了全国社会组
织总数的一半，民间社会的组织密度也远高于中西部地区。

表 12 - 3 中国民间组织的地区分布与密度

单位：%，个

	民间组织比重	每 10 万人拥有民间组织数
东部	46.0	34.5
中部	29.9	19.7
西部	24.0	21.6
全国	100.0	26.4

资料来源：《中国统计年鉴（2007）》、民政部《2006 年第三季度民政统计》，表中数据为截至 2006 年第三季度的数据。

社会组织结构的变化给社会管理带来新的问题：一是虽然社区管理和服务水平有了很大提高，但仍赶不上社会需求的增长。二是虽然民间社团组织在现实中发挥越来越大的作用，但其管理仍然存在"重审批、轻监管、难规范"和"一放就乱、一乱就统、一统就死"的问题。据 2005 年前后对部分地区的调查摸底和估计，未在民政部门正式注册的民间社团组织大量存在，如民办非企业单位的实际数字，大概数倍于正式在民政部门注册的数字。三是社会组织中也鱼龙混杂，一些打着各类旗号的邪教、迷信、传销和带有黑社会性质的非法组织，虽屡经打击，但仍暗中存在，对社会安定危害很大。

9. 人口—家庭结构变化造成就业—养老双重压力

我国人口结构的变化，首先表现为人口再生产模式从高出生率、低死亡率、高增长率转型为低出生率、低死亡率和低增长率。1978 - 2006 年，我国人口出生率从 18.25‰降至 12.09‰，人口死亡率一直保持在 6.5‰这一较低水平上变动，人口自然增长率则相应从 1978 年的 11.45‰降至 2006 年的 5.28‰。生育率和增长率的变动促使我国人口年龄结构迅速转型。在 1978－2006 年不到 30 年的时间里，我国人口已经从年轻型跨过中年型而进入老年型阶段。2005 年全国 1% 人口抽样调查显示，全国 60 岁及以上年龄人口占总人口的 12.9%，65 岁及以上人口占总人口的 9.07%。

由于每年出生人口规模收缩，我国劳动年龄人口的相对规模还比较大。2005 年，全国 15－59 岁人口占总人口的比重为 67.44%，总的来讲我国的劳动力资源还比较丰富。人口学家认为，生育率下降导致人口抚养比下降 1/3，为经济增长创造了 40 年左右的"人口红利"期。据学者估计，这种"人口红利"对我国经济增长的贡献达到 26.5% 的水平。然而，也正是由于人口出生率的迅速下降，我国目前面临着一个近中期结构性矛盾和两个中长期结构性矛盾。一个近中期结构性矛盾是：劳动力规模巨大给就业带来了巨大压力；两个中长期结构性矛盾是：劳动力的结构性短缺和未来劳动力年龄结构的老化。

随着人口结构的变化，我国家庭结构和代际结构也发生了重大变化。家庭结构日益核心化，扩大家庭和主干家庭日益减少，核心家庭成为占主导地位的家庭结构模式。家庭人口规模从 1982 年的 4.41 人下降到 2006 年的 3.17 人。代际结构的变化则突出表现为每代人口规模的变化，在城镇逐步开始形成"四二一"型代际结构，亦即祖辈 4 人，父辈 2 人，子辈 1 人；在农村逐步开始形成"四二二"型代际结构。人口老龄化以及家庭小型化，对我国传统以家庭养老为主的养老模式提出了严峻挑战，家庭养老纠纷正在增加。

总之，对于我国社会和谐稳定的总体形势，可以做出如下重要概括。

在市场化、工业化、城市化的过程中，我国的社会结构体系有了显著变化，以政治经济体制改革、社会分化和社会流动为基本动因，新的城乡结构、区域结构、就业结构、职业结构、组织结构、所有制结构、阶级阶层结构以及利益关系结构正在形成之中，现代性的结构因素日益成长，从而开始为现代社会整合、秩序与和谐打造新的结构整合基础。但是，现代社会的剧烈变迁不可避免会给社会团结、社会整合带来种种影响，或者更准确地说，任何时代的任何社会都不可避免地存在这样那样的社会矛盾冲突，只是不同时代或不同社会的矛盾冲突有不同的性质和表现形式。

改革开放的过程也是我国制度体系变革的过程。不断进行的体制、制度和机制改革创新，促进了我国制度的现代化过程，制度改革释放出来的推动社会经济政治发展的效力是有目共睹的。但是，在这个制度变迁过程中也存在大量不协调性、不适应性（滞后性）、效率损失以及公平公正不足的问题，对我国社会的制度性整合产生了重大不利影响。可以说，社会和谐稳定的制度整合基础还处在形成过程之中，制度体系变革中存在的种种缺陷，一方面对社会结构体系的现代化产生了负面影响，另一方面在现实生活层面产生了很多社会矛盾和冲突。因此，必须加快制度体系的改革与创新，增强制度体系的协调性、适应性、有效性和公平公正性。

二　社会和谐稳定的基本分析框架

在社会学的理论体系中，对现实社会的分析和研究，大致有两种基本视角：一是结构－制度的分析视角；二是行动－实践的分析视角。这两种基本视角形成了两种基本的社会学理论，即社会结构决定论和社会建构论。

一般而言，社会行动－实践是社会学分析的逻辑起点，但在一定社会时空里，社会结构－制度对社会行动者的处境以及他们对自身处境的反应往往具有决定性影响，而社会行动者基于其处境而采取的行动又会反过来引起社会结构－制度的变迁。

然而，细致分析，我们又会发现，结构－制度并非一个统一的实体，是可以分开的两个过程。如我们说中国经济体制转轨和社会结构转型的同步进行，就意味着这是两个不同的过程。这样，依照分析侧重于结构还是制度，在理论上形成了结构－功能学派和新制度主义学派。同样，行动－实践也不是一个统一的实体，依照分析是侧重于行动还是观念，在理论上形成了行动者理论传统和社会意识理论传统。

这样，从结构－制度和行动－实践这两种基本视角，演化出四种具有操作意义的具体分析视角：即社会结构视角、社会制度视角、社会行动视角和社会意识视角。这四种视角，形成研究社会和谐稳定问题的四个维度。以下对这四种分析视角的内涵以及针对的问题进行简要概括。

1. 社会结构视角

社会结构维度包含多个方面。如果使用所谓"广义社会"概念，则有经济、政治、社会和文化四个子系统之间的结构性关系（这部分地相当于帕森斯的 AGIL 模式），另外，卢曼还把生态子系统纳入所谓系统整合的范畴。而从较为狭义的角度看，在现代过程中形成的家庭结构、职业结构、所有制结构、阶级结构、城乡结构、区域结构以及社会组织结构，是非常重要的社会结构内涵。这些结构意味着不同形态和性质的社会群体的存在，同时也意味着资源配置的结构性约束条件的形成，尤其是收入和财富分配结构的形成。

马克思主义以及受到马克思主义影响的社会冲突理论，关注社会阶级、阶层结构或等级结构，当然，它们看到的这种结构的形成基础是不一样的。马克思强调财产关系，达伦多夫（2016）强调权力关系，雷克斯等则关注利益分配关系（Rex and Moore，1967）。城乡结构和区域结构是现代社会理论在探讨社会的整合与秩序时很少提及的，因为这两种结构具有典型的中国特色，但在社会结构分析中，它们的重要性不容置疑。这不仅是因为它们直接影响我国社会的整合和秩序，同时也对我国社会的职业结构和阶级阶层结构形成有着重大影响。

涂尔干的社会团结理论特别重视劳动分工以及由此形成的职业结构（涂尔干，2000），认为现代职业结构的形成是社会整合的基础。在这种结构中，相同职业形成职业共同体，不同职业相互依赖，为社会团结奠定了基础。但是，现代职业结构的这种作用的发挥要以职业位置的相对稳定以及相关职业共同体的形成为前提条件（李强，2006）。滕尼斯以及当代社群主义理论家重视家庭对社会团结的基础作用，因为他们相信家庭这样的社会群体是稳定价值的重要载体。

帕森斯对资源配置结构的社会整合意义做了深入分析。罗尔斯的正义论则特别重视权利和机会的配置以及收入和财富分配的结构。即使坚决反对收入和财富分配的平均主义和国家干预的古典和新古典自由主义，例如诺齐克的理论，也把权利公平以及收入和财富分配结构形成中的起点公平和过程公正看得非常重要。除了道德哲学（以及经济效率）上的理由外，更为重要的是，权利和机会配置的不公正以及收入和财富分配的过于不平等（以致形成两极分化格局），必然导致社会分裂和底层社会的不满，进而在一定条件下会引发社会动荡，更遑论社会的整合、秩序与和谐。

对于所谓社会组织结构，这里是从市民社会理论的视角来分析的。这一理论的核心也经历了从研究国家的基础向探讨公共权力、市场力量与公民权利之间相互关系的转换。自20世纪90年代以来，这一理论尤其强调社会组织在表达和维护公民权利、平衡市场力量以及参与政治生活以推动政治民主化方面的积极作用，社会组织的发展成为现代社会的整合、秩序与和谐的重要因素。

总的来说，无论何种社会理论，都从正面或者反面论证了社会结构内部的协调性对于社会的整合、秩序与和谐的重要性。社会理论也并不否认结构性矛盾的存在，只要这种结构性矛盾具有可调节性，而且有调节的通道和机制，而不是对抗性的或者出现调节通道和机制缺失的状态，那么社会的整合、秩序与和谐就仍然是可能的。

2. 社会制度视角

从制度视角来考察社会的整合、秩序与和谐状况，对于正处于急剧制度变迁中的中国社会来说，具有非常重要的意义。各种社会理论在探讨这个问题时，几乎没有不分析制度整合问题的。按照洛克伍德等人的分析，制度整合是系统整合的重要内容（结构整合也是一种系统整合）。制度整合的关键是不同制度之间在逻辑上具有相容性，如果不同制度互不相容，或者其后果偏离预期目标以致相互矛盾——吉登斯把这种矛盾称为结构性矛盾（吉登斯，1998），那么制度整合就是困难的。经济学也认为，只有相互一致和相互支持的制度安排才是富有生命力的和可维系的，否则，精心设计的制度很可能高度不稳定（青木昌彦，2001）。

　　人类社会的制度复杂多样，以致它的定义也多种多样。涂尔干认为，制度就是由集体确定的信仰和行为方式（迪尔凯姆，1995）。当代社会学制度主义认为，社会制度不仅指正式规则、程序和准则，也包括象征体系、认知形式以及道德模式这样的引导人类行为的"意义框架"。在经济学中，青木昌彦总结出三种基于博弈论的主要制度定义，即博弈参与者、博弈规则、博弈参与人在博弈过程中的均衡策略；他自己则把制度定义为共有信念和均衡概要表征，并且从内生性原则出发把他认为是外生的成文法从其制度定义中给排除了（青木昌彦，2001）。其他社会科学如政治学、人类学、历史学等也有各自的制度定义。比较起来，涂尔干的制度定义更为简洁、更好理解、更可接受。当然，该定义也不够完备。一些对现代社会的整合具有特别重要意义的制度因素，如关于个人权利和义务的法律规定以及体现社会公正、促进机会平等、调节社会关系的社会政策，似乎并不在这个定义的范围内，或者至多部分地隐含在这个定义中。基于涂尔干的定义并综合考虑其他定义，这里把社会制度理解为集体确定的旨在界定权利义务、确立行为边界、规范行为方式和调节社会关系的规则总和，包括各种正式规则和非正式制度。从我国制度现实来看，正式制度主要包括基本政治制度、基本经济制度、基本福利制度、社会管理制度、基本法律制度以及相关政策；非正式制度主要包括各种传统、习惯、道德规范、价值观念等等。

前述简要的理论梳理表明，从社会制度维度来判断一个社会在一定时期的制度整合状况，从而从一个侧面判断社会和谐稳定形势，有几个基本准则。一是协调准则（或相容准则）。系统整合理论特别强调，一个社会的不同制度之间应当是相互协调相互支撑的，在逻辑上具有相容性。因而，反过来说，如果这些制度之间在逻辑上不相容，或者在结果上偏离制度设计初衷而导致吉登斯所说的结构性矛盾，那么制度整合就存在问题。二是适应性准则。制度应当不是僵固的，而是有适应性的，能够随着社会行动及其结构特征的变化而调整，或者能够根据新的社会需要而创新，从而适应新的变化，满足新的需要。反之，如果制度自我僵化，不能被调整创新，就会成为社会发展、民生改进乃至社会结构调适的阻碍，成为激发社会矛盾甚至冲突的因素。三是效率准则。制度应当是有效率的，没有效率的制度迟早会变得不可接受。合理的社会制度通过提供一系列规则界定人们的选择空间，约束人们的相互关系，减少社会经济行动的不确定性，降低行动的成本，促进经济发展和社会进步。反过来，如果这些制度不能有效达成其目标，应当通过制度的实施而得到规范或调节的行为继续处于失范或冲突的状态，或者制度的实施增加了行动成本甚至得不偿失，那就不仅没有效率，而且会影响社会的和谐稳定。四是公平正义准则。制度要能够发挥其推动社会整合的作用，就必须得到社会成员的广泛认可，为此，它们本身应当具有公平公正的品质，并且能够在其运行过程中促进社会生活的公平公正。综合前述相关社会理论论述，制度公平公正准则总体上应当体现权利平等、机会公平、程序公正和分配正义这样四个基本规定性。权利平等要求相关制度保证全体社会成员平等地享有基本公民权利；机会公平不仅要求社会发展机会公平地向全社会开放，而且要求帮助欠缺利用机会能力条件的社会成员建设这样的能力条件；程序公正也就是诺齐克特别强调的过程公正；而分配正义则要求分配差距保持在合理限度之内，这个限度就是既不要大到导致社会两极分化也不要小到损害社会发展效率。理论分析和社会实践都表明，分配差距过大与过小一样，最终都会导致社会整体效率的损失。无论何时，把效率与公平公正对立起来都是错误的。只有公正而没有效率的制度不可能长久地保持其公正；只有效率而没有公正的制度也不可能长久地保持其效率。可以说，本身不具备公平公正品质的制度，或者不能促进社会生活的公平公正的制度，迟早会失去其社会正当性和合法性，其结果是，要么制度本身被校正被放弃，要么引发社会冲突和动荡。

3. 社会行动视角

社会行动者的行动状况总是最直接地表征着社会的整合、秩序与和谐程度。所谓社会行动，其最基本特征是具有意志性和目标导向性，也就是说行动是行动者指向目标的活动。一方面，社会行动者在行动时会受到置身其中的社会环境因素（作为可控制的手段或者不可控制的限制条件）的影响；另一方面，他在确立目标、选择手段、克服障碍时一般需要遵循相关的社会标准（帕森斯，2003）。因此，从社会行动者维度来看，社会的整合、秩序与和谐的实现必须具备两个条件，一是有足够的社会成员作为社会行动者按照其角色体系行动；二是把社会行动控制在维持基本秩序所需的限度之内，超过这种需要的过分控制也会造成社会矛盾或冲突（Parsons，1977）。

然而，这两个条件并不总是能够得到保证。因而，社会的不和谐总是首先在行动者层面表现出来，其表现形式包括社会底层生活困顿、社会认同和信任出现危机、社会观念发生混乱、社会行为失范、社会不满增加、社会矛盾和冲突加剧，等等。对此，从马克思以来，所有关注社会的整合、秩序与和谐问题的思想家和理论家，无不首先看到社会行动者层面的这些问题，并且不断追寻问题产生的原因和解决问题的战略和路径。历史地看，在社会发展的重大转型时期，社会行动者层面的这些问题特别容易出现。在欧洲，18 世纪中期到 19 世纪就是这样一个转型时期，即从前工业社会转向工业社会，因此有了直接面向社会问题的社会学的诞生。20世纪 60 年代是欧美社会的第二个重大转型时期，即从工业社会转向后工业社会（贝尔，1986），民众的权利意识广泛觉醒，学生运动、民权运动、反战运动、女权运动风起云涌。20 世纪 90 年代以来，欧美社会面临第三次重大变化，这就是全球化进程的加速。当然，卷入这次重大变迁过程的，已不仅仅是欧美国家，而是全世界。国家间的利益冲突空前复杂尖锐；人与自然的矛盾和生态危机空前加剧；各种新型社会风险与日俱增；国际产业布局的调整对发达国家内部劳动就业带来严峻挑战；发达国家市场化改革和福利制度改革引发了内部分配正义危机，贫富差距重新拉大，中产阶级处境日益艰难，社会矛盾也随之加剧。反全球化运动、环境保护运动等形形色色的新社会运动广泛兴起（克里西等，

2006)，工作场所斗争、罢工、街头骚乱等在发达国家不时发生，国际恐怖活动更是日益猖獗。

中国社会正处于急剧的社会变迁和转型时期，市场化、工业化和城市化都在迅速推进，与马克思或涂尔干时代的欧洲社会有着很多相似之处；社会整合面临新的挑战，也是不言而喻的客观情势（李强，2006；朱力，2006）。实际上，近代以来发达国家经历过的三次重大社会转型变迁，我国都在经历着，并且不同程度地反映在行动层面。因此，从社会行动者视角来考察我国社会的整合、秩序与和谐稳定的总体形势，就要从发生在社会行动者层面的这些现象的范围、程度和变化状况入手。

4. 社会意识视角

在对马克思的阶级学说的研究中，关于"阶级意识"的研究一直是一个比较薄弱的环节。人们比较关注阶级的归属与占有生产资料、财富和特权的联系，而容易忽略马克思的阶级意识理论。马克思在《哲学的贫困》一书中，将阶级分为"自在阶级"（class-in-itself）和"自为阶级"（class-for-itself）。一个以社会集团或社会群体（social group）的形式存在的"自在阶级"，只有通过一个历史的、认知的和实践的觉悟化过程，才能产生阶级意识，才有可能通过一致的集体行动争取共同的阶级利益。正是在这种意义上，马克思在《路易·波拿巴的雾月十八日》一文中认为，农民不是一个阶级，而是同质的但相互分离的"一麻袋土豆"，因为他们没有共同的阶级意识，也不会采取一致的政治行动。

汤普森在其《英国工人阶级的形成》（2001：3）一书中说："我使用'形成'，因为这是一个在动态过程中进行的研究，其中既有主观的因素，又有客观的条件。工人阶级并不像太阳那样在预定的时间升起，它出现在它自身的形成中。"在汤普森关于阶级形成的阐述中，社会个体的阶级主观认同感在阶级形成中占据很大成分。千差万别的个人，不管其文化程度、收入与社会背景如何不同，所具有的一个共同特点就是：作为一个活生生的实践者，他们一方面通过对社会生活的亲身参与感受着既定社会的现实图景，另一方面也通过自己与他人的互动而体验和定义着其社会阶级位置。

但在现实中，决定人们阶级阶层意识、价值取向、社会态度、偏好、预期和行为选择的因素是非常复杂的。在一些具体的社会景况、所针对的关键问题、大的社会背景以及根本的社会矛盾发生变化和更替的情况下，决定群体社会态度和社会行动的轴心变量也会发生变化，传统的"阶级决定论"（即认为阶级归属决定价值取向、社会态度和行为选择的分析方法）就会出现失灵的情况，丧失对现实生活的解释力。例如，中国台湾在"统独"这一焦点问题上的政党分野，恐怕根本无法用"阶级决定论"解释。在西方社会，随着一般民众所关注的生活问题和生活环境的变化，绿党、女权主义和同性恋群体等过去的边缘人群，现在都成为影响政治格局的重要力量，其影响力已经超过传统的极左翼和极右翼政党，很多情况下甚至成为政治格局的决定性少数。

阶级意识在不同国家对政治格局的影响是不同的，瑞典可能是阶级意识最高的国家，拥有全世界最高的工会会员率。直到 20 世纪 80 年代，瑞典有 90% 以上的雇员自愿参加工会，其劳工阶级也持久地支持左翼社会民主党，从而使其成为一种特殊的资本主义类型（Espin-Andersen, 1990）。而

美国则被称为阶级政治的"美国例外"（American exception-
alism），劳工政党从未成为政治主流力量，美国历史上工会
会员率最高的 1945 年，也不过 35.5%，1978 年则下降到
23.6%（Goldfield，1987：10）。

　　一些西方新马克思主义学者（如葛兰西、卢卡奇、法兰
克福学派等），把西方现代社会劳工阶级政治影响力的降低，
简单地解释为统治阶级的文化意识和话语"霸权"的形成，
或解释成劳工阶级的"阶级意识"和"社会批判意识"的
弱化，或解释成无产阶级"主体意识"的死亡。倒是一些社
会冲突论的理论家（如达伦多夫、科塞等）看到，"共同意
识"合法性的减弱、"相对剥夺感"的上升、"不满程度"
的加强、"社会流动的阻塞"等，是引发当代社会冲突的新
动因。

　　实际上，客观"阶级归属"与主观"阶级认同"的不
一致，在很多情况下是现代社会的一种常态。自 20 世纪 60
年代以后，西方社会"阶级归属"与"阶级认同"之间逻
辑关系的最大变化，就是在阶级认同上，中产阶级这个含义
不清而且争议甚多的阶级成为主流选择。

第十三章　民生建设和社会建设

　　2009 年是中华人民共和国成立 60 周年，60 年按中国传统的纪年方法就是一甲子，是经过一个轮回到了新的起点。新中国成立 60 年来，特别是改革开放 30 多年来，我国社会发生了千年未有之巨变，已经由原来的农业和农民大国逐步转变为新兴的工业大国，城镇化水平大大提高；人民生活总体上已经进入下中等收入国家行列，正在向更高的全面小康水平迈进；人口结构类型发生历史性转变，实现了低出生率、低死亡率和低增长率，平均期望寿命达到中等发达国家水平，从人口大国跨越为人力资源大国；中国数亿人摆脱了贫困，为全球反贫困事业做出重要贡献；覆盖城乡居民的社会保障体系正在形成，这将结束中国数千年来农民没有社会保障的状况。

　　中国 60 年的发展经验表明，民生是经济社会建设的重点，发展要以民生为先：温饱是民生之始，就业是民生之本，教育是民生之要，收入分配是民生之源，社会保障是民生之依，社会安全是民生之盾。

一　社会建设：理论与实践

　　新中国成立初期，民生凋敝、满目疮痍。在中国共产党的领导下，我国迅速恢复经济，发展生产，稳定物价，改善人民生活。随着经济的稳定增长，各项社会建设和社会事业也得到发展。到改革开放之前，人民生活水平稳步提高，基本实现充分就业，建立起了为工业化服务的社会保障体系、国民教育体系和医疗体系。但是，社会建设一方面取得很大成就，另一方面也走过了曲折的道路，社会事业在"文化大革命"中也遭到破坏，温饱和贫困问题没有得到根本解决。1978年改革开放以后，全国的工作重点从"阶级斗争"转移到经济建设上来，随着经济的快速增长，社会建设也出现前所未有的快速发展局面。

"社会建设"在中国社会学的学术语言里，并不是一个新概念。20世纪30-40年代，"社会建设"曾经是一个热门话题。当时倡导社会建设最积极的是社会学家孙本文，他在1933年还创办了一本由他本人任主编的杂志，刊名就是《社会建设》。"社会建设"现在是一个通俗易懂的词，但它与过去社会学里的"社会建设"概念相比，并没有一种历史上的话语延续。过去我们常说"社会主义建设""现代化建设""国家建设"或"经济建设"，但很少提到"社会建设"。我们过去在论述社会主义建设的任务时，常常提到在经济、政治、文化领域的任务，但通常不把"社会"作为一个单独的领域来部署任务。现在我们关于"社会建设"的概念和思想，是从构建社会主义和谐社会重大战略思想中引申出来的。如果要对我们现在说的"社会建设"的概念下一个定义的话，可以说社会建设就是按照社会的发展规律和运行机制，通过发展社会事业、完善社会治理、改进社会管理、维护社会秩序等工作来推动社会的发展和进步。

"社会"这个概念，在不同的语境下所涵盖的范围有很大差异，所以有所谓"大社会"和"小社会"的说法。对社会的研究，理论上有几种不同的分析框架。

一是二元的"国家与社会"的分析框架。如洛克政治思想传统里"社会先于国家"框架；孟德斯鸠、托克维尔社会思想传统里"社会制衡国家"框架；还有黑格尔哲学思想传统里"国家高于社会"框架。马克思把黑格尔的框架头脚颠倒过来，认为基础（市民社会）决定国家上层建筑（国家机器和意识形态），并进而发展为"经济基础决定上层建筑"的理论。在现代，哈贝马斯从"市民社会"的理论中进一步引申出"公共领域"的概念。

二是三元的"政治、经济和社会"的分析框架。如一般的现代化理论通常认为，民主政治、市场经济和市民社会是三位一体的现代基础制度。这个分析框架在公共选择理论的社会治理的应用方面得到深入发展，比如获得诺贝尔经济学奖的奥斯特罗姆（Elinor Ostrom），她也是公共选择理论的创始人之一，她认为传统的分析公共事物的理论模型主要有三个，即哈丁（Garrett Hardin）的"公地悲剧"（The Tragedy of the Commons，1968）、戴维斯（Robyn Dawes）等人的囚徒困境（Prisoners Dilemma，1973；1975）以及奥尔森（Mancur Olson）的集体行动逻辑（Logic of Collective Action，1965），但他们提出的解决方案不是市场的就是政府的。奥斯特罗姆（2000）另辟蹊径，提出通过社会自治管理公共物品的新途径，认为运用什么办法应因地制宜，关键是取决于管理的效果、效益和公平。

三是基于"中国经验"的四位一体或五位一体的分析框架，即经济建设、政治建设、文化建设、社会建设全面推进。这个框架是一个工作布局框架，同时也是一个理论分析框架。加上随后提出的"生态建设",就是五位一体了。

我国对社会建设的认识,也有一个逐步深化的过程。新中国成立以后的一个相当长的时期,我国社会主义建设,主要分为政治、经济、文化三个方面进行,社会建设并没有被作为一个相对独立的发展领域。在经济建设的同时,经济社会协调发展的问题在现实中变得越来越重要。1982年党的十二大报告,重点强调要改善人民生活。1982年12月,全国人大五届五次会议决定,把实施了五个每个为期五年的《国民经济五年计划》,从第六个五年计划开始,易名为《国民经济和社会发展五年计划》,增加了"社会发展"几个字,并相应地在对经济建设做出部署的同时,也对社会发展的任务做出全面部署。从"六五计划"到"十一五规划",社会发展的内容逐步充实,人口、就业、社会保障、收入分配、卫生健康、科技教育、环境保护、民主法治、社会管理、精神文明等,都成为社会发展的主要内容,并由此引申出经济社会协调发展的思想。

进入21世纪以后,中国提出全面建设小康社会的目标,要求2020年要达到"经济更加发展、民主更加健全、科教更加进步、文化更加繁荣、社会更加和谐、人民生活更加殷实"。2003年,党的十六届三中全会提出了"以人为本,全面、协调、可持续发展"的科学发展观;2004年,党的十六届四中全会强调要加强社会建设,提出了构建社会主义和谐社会的重大战略思想;2006年,党的十六届六中全会就构建社会主义和谐社会若干重大问题做出决定;2007年,党的十七大则进一步指出要加快推进以改善民生为重点的社会建设。社会建设与经济建设、政治建设、文化建设一起，成为中国特色社会主义事业总体布局的重要组成部分。中国特色社会主义现代化事业的实践与探索从此进入一个新的发展阶段。

经过长期发展经验的积累，我国已经形成一整套系统的社会建设的方针政策。

第一，人口政策。坚持稳定低生育水平，提高人口素质，改善人口结构，积极应对人口老龄化，促进人口合理流动，促进人的全面发展。

第二，就业政策。坚持扩大就业的积极就业政策，建立统一开放、竞争有序、统筹城乡的劳动力市场，健全就业服务体系，促进多种形式就业，统筹做好城镇新增劳动力就业、农村富余劳动力转移就业、下岗失业人员再就业和大学生就业等工作。

第三，劳动关系政策。依法保护劳动者的权益，建立政府、工会、企业三方协调劳动关系的机制，依法维护劳动者的合法权益，形成劳资两利、合作共赢的社会主义和谐劳动关系。

第四，收入分配政策。实行按劳分配为主体、多种分配方式并存的分配制度，坚持各种生产要素按贡献参与分配。着力提高低收入者的收入水平，逐步扩大中等收入者比重，有效调节过高收入，坚决取缔非法收入，努力扭转收入分配差距扩大的趋势，促进共同富裕。

第五，社会保障政策。以社会保险、社会救助、社会福利为基础，以基本养老、基本医疗、最低生活保障制度为重点，以慈善事业、商业保险为补充，加快建立覆盖城乡居民的社会保障体系。

第六，城乡管理政策。统筹城乡发展，贯彻工业反哺农业、城市支持农村的方针，破除城乡二元结构，搞好城乡建设的统一规划，推进户籍、就业、社会保障、医疗卫生、住房等领域有利于缩小城乡差距的改革。

第七，教育政策。坚持教育优先发展，全面实施素质教育，强化政府对义务教育的保障责任，普及和巩固九年义务教育，大力发展职业教育，提高高等教育质量，注重教育体制中的机会公平，建设学习型社会。

第八，医疗卫生政策。坚持公共医疗卫生的公益性质，深化医疗卫生体制改革，强化政府责任，严格监督管理，建设覆盖城乡居民的基本卫生保健制度，为群众提供安全、有效、方便、价廉的公共卫生和基本医疗服务。

第九，公共安全政策。建立包括社会治安、食品药品安全、生产安全、交通安全、防灾减灾等在内的公共安全体系，坚持依法治国，推进社会治安综合治理，实行宽严相济的刑事司法政策，依法打击各种犯罪活动，积极推进公共安全建设的公民参与，保障人权和人民生命财产安全，维护正常的社会秩序。

第十，环境保护政策。坚持保护优先、开发有序、控制不合理开发的环境政策，坚持预防为主、综合治理，强化从源头防治污染和保护生态，改变先污染后治理、边治理边污染的状况。发展循环经济，建设资源节约型、环境友好型社会。

这些方针政策，都是在社会建设的理论和实践探索的基础上提出和形成的，并将随着实践的发展而不断完善。

二 社会民生的巨大变迁

1. 人们生活水平显著提高

1949 年，中华人民共和国成立了！饱经沧桑与苦难的中国人民终于重新站起来了！但那时的中国，民生凋敝，经济严重落后，国家百废待兴。新中国成立初期，我国人均国民收入只有十几、二十几美元，相当于西方发达国家 18 世纪中期水平。从 1949 年到 1978 年，随着经济的发展，人民生活水平也逐步提高，但相对来说还是比较缓慢，到 1978 年我国人均国民收入为 190 美元。改革开放以后，随着我国经济持续高速增长，人们生活水平也快速提高。到 2008 年，我国人均国内生产总值达到 3000 多美元，总体上已经进入下中等收入国家行列。

改革开放以来是我国城乡居民收入增长最快、得到实惠最多的时期。从 1978 年到 2008 年，全国城镇居民人均可支配收入由 343 元增加到 15781 元；农村居民人均纯收入由 134 元增加到 4761 元。城市人均住宅建筑面积和农村人均住房面积成倍增加。群众家庭财产普遍增多，吃、穿、住、行、用水平明显提高。改革开放前长期困扰我们的短缺经济状况已经从根本上得到改变（见图 13 - 1）。

人民群众的消费水平显著提高，生活质量进一步改善。我国农村居民家庭恩格尔系数（食品支出占消费总支出的比重）从 1978 年的 67.7% 下降到 2008 年的 43.7%，城镇居民家庭恩格尔系数从 1978 年的 57.5% 下降到 2008 年的 37.3%。农村居民家庭人均文教娱乐用品及服务支出占消费

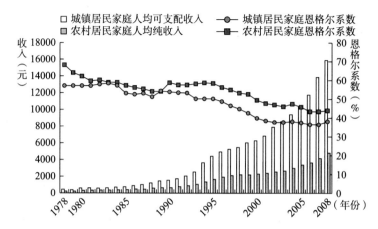

图 13-1　1978-2008 年城乡居民家庭人均收入与恩格尔系数变化

性支出比重由 1980 年的 5.1% 上升到 2007 年的 9.5%，城镇居民家庭人均教育文化娱乐服务支出占消费性支出比重也由 8.4% 上升到 13.3%。

我国人民生活在总体上达到了小康水平，正在向更高的全面小康水平迈进。

2. 社会结构发生巨大变动

新中国成立 60 年来，随着工业化和城镇化的推进，特别是 1978 年以后改革开放提供了强大的发展动力，我国的社会结构发生巨大变迁，综合国力显著增强，已经由原来的农业和农民大国逐步转变为新兴的工业大国，城镇化水平大大提高。

新中国成立以来，伴随着经济的快速增长，产业结构发生重大变化。我国的三次产业结构变化可分为两个时期。第一个时期是新中国成立之初到 1978 年，我国一、二、三产业在 GDP 总量中所占比重，由 1952 年的 53∶18∶29 变为

1978 年的 31：45：24。这个阶段中，我国产业结构的变动特点表现为第二产业迅速扩张，成为国民经济的基础产业；农业在经济中的地位有所下降，但仍然发挥主导作用；服务业相对于其他产业增长速度过慢。第二个阶段是从改革开放到现在，一、二、三产业在 GDP 总量中所占比重，由 1978 年的 31：45：24 变为 2008 年的 11.3：48.6：40.1。在这段时间内，我国的服务业增长迅速，工业平稳发展，而农业在国民经济中所占比重急剧下降，反映出我国产业结构优化的趋势。经济结构的这种变化表明，我国经济已经进入工业化的中期（见图 13 - 2）。

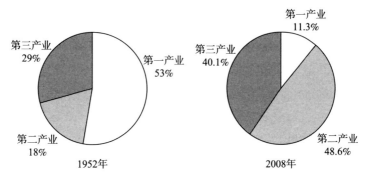

图 13 - 2　国内生产总值构成的变化

新中国成立初期的 1949 年，中国城镇人口只有 5700 万，城镇化水平为 10.6%，比 1900 年世界平均水平还低 3 个百分点，是一个典型的农民大国。1949 - 1978 年，城镇化水平逐步提高，1978 年达到 19.7%，但长期低于 20%。改革开放以来，我国城乡经济发展迅速，大大推动了城市化进程。从 1949 年到 1978 年的 29 年中，我国城镇化水平仅提高 7 个多百分点；而从 1978 年到 2008 年的 30 年中，我国的城镇化水平从 19.7% 升至 45.7%，比 1978 年提高了 26 个百分点，城镇化速度加快是相当明显的。2008 年左右我国城市数量达到 655 个，比 1978 年增加 462 个，其中百万人口以上特大城市 118 个，超大城市 39 个，城市经济实力不断增强，地级及以上城市创造了全国 GDP 的 63%（见图 13 - 3）。

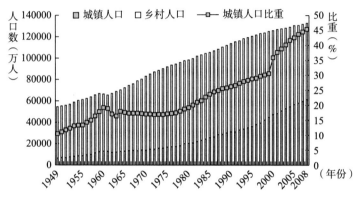

图 13 - 3　1949 - 2008 年的城镇化过程

3. 人口结构类型实现历史性转变

新中国成立 60 年来，我国人口结构类型发生了历史性转变，由高出生率、高死亡率、低增长率，过渡到高出生率、低死亡率、高增长率，再转变到低出生率、低死亡率和低增长率。1952 - 2008 年，中国总人口从 5.7 亿人增加到 13.28 亿人，出生率从 37.00‰ 下降到 12.14‰，死亡率从 17.00‰ 下降到 7.06‰，自然增长率从 20.00‰ 下降到 5.08‰。促使这种人口转型的主要因素是经济发展、社会转型和计划生育政策。中国从 20 世纪 70 年代初期开始实行计划生育政策，从 80 年代初期开始在城市户籍人口中严格实施"一对夫妇一个孩子"的生育政策。随着出生率的快速下降，中国的人口结构发生了重大转变，总和生育率由 20 世纪 70 年代初期的 6 左右降到了 2008 年的 1.8 左右，这一变化使得中国少生了 3 亿人，社会负担系数持续下降，对中国的经济社会发展做出了巨大贡献。随着人口数量得到控制，人口素质也得到了很大提高。中国的大学生比例、有专门技能人才的比例以及劳动力的整体素质都在不断提高，平均期望寿命达到中等发达国家水平（见图 13 - 4）。

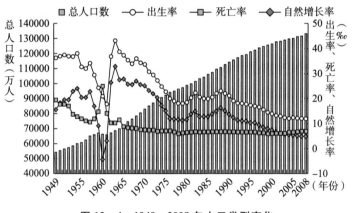

图 13 - 4　1949 - 2008 年人口类型变化

4. 反贫困取得显著成就

新中国成立以后，中国就致力于减少贫困人口的工作，贫困人口呈下降趋势。改革开放以来，随着经济的增长和反贫困政策的实施，中国数亿人摆脱了贫困，为全球反贫困事业做出了重要贡献。1978 - 2007 年，中国农村尚未解决温饱的绝对贫困人口数量已从 2.5 亿人下降到 1487 万人，占农村总人口的比重由 30.7% 下降到 1.6%。世界银行 2007 年公布的数据表明，过去 20 多年里，全球脱贫事业成就的 67% 来自中国，如果没有中国的贡献，全球贫困人口将呈增加趋势。中国也成为全球唯一提前实现联合国千年发展目标中贫困人口减半目标的国家。

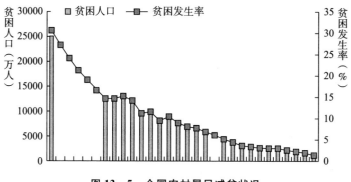

图 13 - 5　全国农村居民减贫状况

自 20 世纪 80 年代以来，中国开始实行以经济增长为目标的扶贫开发战略。1984 年党中央和国务院发布《关于帮助贫困地区尽快改变面貌的通知》，在全国筛选出几百个贫困县，实行重点扶贫。从 1985 年到 1993 年，全国农村贫困人口由 1.25 亿人减少到 8000 万人，平均每年减少 640 万人，贫困发生率从 1985 年的 14.8% 下降到 1993 年的 8.22%。到 20 世纪 90 年代中期，国务院决定，从 1994 年到 2000 年，力争用 7 年时间，基本解决全国农村 8000 万贫困人口的温饱问题。为此，国务院制订了《国家八七扶贫攻坚计划》。经过 7 年的扶贫攻坚，全国农村没有解决温饱的贫困人口由原先的 8000 万人减少到了 3000 万人，占农村人口比重下降到 3% 左右。虽然扶贫成果显著，但中国扶贫事业仍面临诸多挑战和困难。进入 21 世纪后，中国的农村扶贫开发工作进入了一个新的阶段。

5. 覆盖城乡的社会保障体系正在形成

新中国成立后，我国逐步建立比较齐全的社会保障制度，为工业化、城镇化发展提供了基础保障。但中国在计划经济条件下形成的社会保障制度，覆盖面较小，社会化程度低，保障功能较弱，而且抚恤救济标准长期不变。

改革开放以后，针对当时社会保障制度存在的一些突出不合理的问题，从 1984 年开始，我国进行了一些初步的改革探索：一是扩大社会保障的范围；二是提高保障的标准；三是增加保险项目；四是缓解企业之间负担轻重不同的矛盾；五是出台社会保障方面的法律、条例，使我国社会保障事业开始走上法制化、正规化和社会化发展的道路。社会保障制度由计划经济条件下的国家负责、单位包办、封闭运行的制度安排，转向社会主义市场经济条件下的责任共担、社会统筹的制度安排。

1993 年，中国正式提出建立社会主义市场经济体制，明确了中国社会保障体系的基本内容，提出了建立社会统筹与个人账户相结合的多层次养老保险和医疗保险制度，以及政事分开、统一管理的社会保障管理体制。社会保障改革全面铺开，改革的重点是实现养老保险、医疗保险和失业保险等，探索建立适应社会主义市场经济发展要求的社会保障制度。1994 年，中共十四届三中全会通过了《中共中央关于建立社会主义市场经济体制若干问题的决定》，这项决定提出了比较系统的社会保障体制改革的方案和框架，框架内容逐步转向社会统筹与个人账户相结合的制度，以便与经济体制的改革相适应。

2006 年中共十六届六中全会和 2007 年中共十七大，提出以基本养老、基本医疗、最低生活保障制度为重点，加快建立覆盖城乡居民的社会保障体系。到 2008 年底，全国参

加城镇基本养老保险人数为 21890 万人，参加城镇基本医疗
保险的人数为 31698 万人，参加失业保险的人数为 12400 万
人，参加工伤保险的人数为 13810 万人，参加生育保险的人
数为 9181 万人。全年 2334 万城市居民得到政府最低生活保
障，4291 万农村居民得到政府最低生活保障，近 5000 万农
民工参加了工伤保险，4000 多万农民工参加了城镇医疗保
险。全国 2729 个县（市、区）开展了新型农村合作医疗工
作，参加新型农村合作医疗的人口为 8.14 亿人，参合率为
91.5%，新型农村合作医疗基金累计支出总额为 429 亿元，
累计受益 3.7 亿人次。

　　建立"覆盖城乡居民"的社会保障体系，是一个重大的
决策。取消农业税结束了农民 2600 多年来种粮纳税的制度，
而建立覆盖城乡居民的社会保障体系，则将结束中国数千年
来农民没有社会保障的状况。

三　社会建设：挑战和问题

　　我国已进入工业化、城市化发展的中期，这也是发展方
式加速转变时期和社会矛盾多样多发时期。工业化、城镇
化、市场化、国际化的加快推进，经济体制的深刻变革，社
会结构的深刻变动，利益格局的深刻调整，思想观念的深刻
变化，不仅给我国发展及社会变革带来强大动力和巨大活
力，同时又必然带来这样那样的矛盾和问题。

　　第一，城乡和区域发展很不平衡。尽管国家采取取消实
行两千六百余年的农业税这种坚决措施，对农业、农村和农
民进行了大量财政的转移支付，但农业劳动比较收益依然过

低。如何使农民富裕起来，成为中国现代化面临的最大问题。另外，中国的沿海地区和内陆地区，东部、中部和西部地区，以及不同省份之间，发展差距也在扩大。

第二，收入差距扩大。在改革的过程中，随着人民生活水平的普遍提高，收入差距也不断扩大。无论是按照基尼系数还是收入阶层倍数的测算方法，中国收入差距都达到较大并值得警惕的状态。收入差距的扩大，已成为产生诸多社会问题的深层原因之一。

第三，就业压力较大和劳动关系问题增多。中国在解决温饱问题之后，就业问题成为最大的民生问题。每年新生劳动力的供给规模还相当庞大，农业劳动力向非农产业转移的压力还非常巨大。与此同时，随着市场经济条件下劳动关系的变化，劳动关系的社会矛盾增多，建立规范有序、公正合理、互利共赢、和谐稳定的社会主义新型劳动关系，成为经济社会发展的重要议题。

第四，老龄化趋势明显和社会保障面临挑战。与一些国家人口先富裕后老化的规则不同，中国目前的平均富裕程度与发达国家同样老龄化程度的时候相比，要低很多。人口老龄化给中国的养老保险体制提出新的挑战。面对家庭的小型化趋势和独生子女的新一代，中国千百年来的家庭养老模式和社会伦理规范，也面临各种新的问题。中国一方面要努力建设广泛覆盖的社会安全网，另一方面又要防止快速增长的福利支出成为经济增长的沉重负担，处理好社会保障水平刚性增长与经济发展周期波动的矛盾，这成为中国在发展中要应对的重要挑战。

第五，环境、资源与快速发展的矛盾突出。中国人口规模庞大，人均自然资源拥有水平较低，面临经济发展、生活水平提高、消费能力扩大与环境和资源条件的尖锐矛盾。中国这样庞大人口的现代化，不可能复制其他发达国家高消费的生活方式。随着环境保护意识的增强，人们对治理环境的巨大代价也有了新的认识，在环境、资源条件的硬约束下，中国必须建设资源节约型和环境友好型社会，促进人与自然的和谐发展。

四　中国进入发展的新成长阶段

改革开放以来的发展经验表明，清醒地判断我们所处的发展阶段，对于明确发展目标、确定发展任务、选择发展战略，都是至关重要的。

1. 社会转型和新成长阶段

改革开放以后，人们最常见的一个描述发展新时期的概念就是"转轨"。这是指经济体制的市场取向的改革，也就是在经济运行机制中扩大市场调节的力量。经济体制转轨的结果，是中国从高度集中的计划经济体制转变到社会主义市场经济体制。

邓小平为中国的现代化设计了分"三步走"的宏伟蓝图：第一步，1981－1990年，国民生产总值翻一番，解决人民的温饱问题；第二步，1991年至20世纪末使国民生产总值再增长一倍，人民生活达到小康水平；第三步，到21世纪中叶人均国民生产总值达到中等发达国家水平，人民生活比较富裕，基本实现现代化。这是从经济发展水平和人民生活水平来划分发展阶段。

社会学界广泛使用的描述社会发展阶段的概念是"社会转型"。这主要是指社会结构的变化，也就是工业化、城市化的过程，即从农业的、乡村的、封闭半封闭的社会向工业的、城镇的、开放的社会过渡和转型。

根据这三个转变过程新中国成立 60 年时，我们达到了什么阶段呢？社会主义市场经济体制已经基本建立；人均国内生产总值已经超过 3000 美元，相当于中下收入国家的水平，正在向中等收入国家迈进；工业化和城市化已经进入中期阶段。所以，中国虽然仍处于社会主义初级阶段，人民群众日益增长的物质文化需求与相对落后的生产力水平的矛盾依然是经济社会发展的主要矛盾，但发展出现了一系列新的阶段性特征，中国进入了发展的新成长阶段。

2. 新成长阶段的基本特征

这个新成长阶段出现了一些新的特征，这些特征不仅不同于改革开放以前，与改革开放初期相比也有了很大的不同。

第一，工业化、城市化进程进入中期加速的新成长阶段。根据国际经验，国内生产总值中农业增加值下降到 5% 以下，就业结构中农业劳动者比重下降到 30% 以下，城市化水平超过 50%，标志着一个国家经济社会结构的重大转型。我国产值结构、就业结构和城乡结构在 2008 年左右都已进入结构转换阶段。2010 年，在我国国内生产总值中，农业增加值的比重下降到 10% 以下；在就业结构中，农业劳动者的比重下降到 38% 以下；在城乡结构中，城镇常住人口代表的城市化水平达到 48% 左右。这些指标表明，中国总体上已经进入工业化、城市化进程的中期加速阶段，经济结构和社会结构将发生深刻转换。

第二，社会结构变迁进入破除城乡二元结构的新成长阶段。城乡二元结构和城乡发展的巨大差距是中国非均衡发展的一个长期的和突出的问题。随着工业化和城市化进入结构转换阶段，城乡一体化发展成为新的发展要求。破除城乡二元结构，不仅仅是消除现代工业和传统农业之间的壁垒，还要逐步消除城乡之间在就业、教育、医疗、社会保障、户籍等社会体制方面的障碍。破除城乡二元结构将成为我国发展史上产生深远影响的重大举措。

第三，人民生活进入大众消费的新成长阶段。2008年我国GDP总值300670亿元人民币，总人口13.28亿人，人均GDP 22640元人民币。按2008年12月31日人民币兑美元汇率6.83计算，为3313美元。从1980年到2000年，我们的人均GDP从200多美元增加到800多美元，用了20年的时间。到2000年制定2020年全面建成小康社会目标的时候，当时的预测是用20年的时间实现人均GDP翻两番，也就是说从800多美元达到3000多美元。2003年我国人均GDP超过1000美元，2006年超过2000美元，2008年超过3000美元，2010年将接近人均GDP 4000美元。这比我们原来说的到2020年才达到人均GDP 3000多美元，时间大大提前了。人均GDP增长速度的加快，一是因为经济的高速增长，二是因为每年新增人口的减少，三是因为人民币的升值。按照国际惯例，当人均收入超过3000美元时，居民消费升级将成为常态。我国2009年城乡居民的恩格尔系数分别降低到37%和43%左右。按照联合国粮农组织的标准，可以说我国总体上已经达到从小康到宽裕的居民消费阶段。住房和汽车等大额家庭消费开始进入普及阶段，教育、医疗、通信、旅游、文化等消费支出的比例迅速增加，这些特征都表明，我国总体上已经开始进入大众消费的新成长阶段。

第四，国民教育进入大众教育的新成长阶段。我国已经实现了普及九年义务教育，职业教育和专业学位教育迅速发展。2009 年我国高等教育的毛入学率达到 24% 左右，中国高等教育迈入大众化阶段，国民素质显著提高，我国正从人口大国和人力资源大国向人力资源强国转变，大众教育的新成长阶段已经到来。

第五，社会保障进入构建覆盖全民体系的新成长阶段。近几年来，我国社会保障扩大覆盖面的工作进展快速，覆盖城乡的最低生活保障体系基本建立，以城镇职工医疗保险、城镇居民医疗保险和新型农村合作医疗为主干的覆盖全民的医疗保障体系初步形成，覆盖城乡的养老保障体系快速推进。以基本养老保险、基本医疗保险和最低生活保障三项制度为支柱的覆盖城乡的社会保障体系将基本形成，我国已进入社会保障体系的新成长阶段。

第六，改革从主要是经济改革过渡到全面改革的新成长阶段。改革开放以来，社会主义市场经济体制已经基本建立，但经济社会结构的巨大变迁要求各方面的体制继续进行适应这种巨大变迁的改革，改革从经济领域扩展到全面改革。当前比较突出的问题就是要进行涉及就业、收入分配、社会保障、城乡社会建设、社会管理、事业单位运行、社区、社会组织的社会改革。

五　新成长阶段的主要任务

拉动经济增长的主要因素，人们常说有"三驾马车"，即投资、出口和消费。大家预期，在国际贸易保护主义普遍抬头的情况下，我国在 2008 年国际金融危机后也不太可能再恢复到外贸依存度 60％ 的状况，况且我们这样一个人口大国，与东亚和东南亚出口导向型的小经济体有很大不同，经济增长过分依赖进出口贸易是有很大风险的，也是难以持续和很不稳定的。在一些学者看来，扩大国内消费固然是好事，但扩大消费要有一个过程，我们在短期内很难靠消费来刺激经济的增长，所以还是把眼光主要放在投资上。而且一般认为，高储蓄率、高投资率是中国的国情，也是在一个相当长的时期中国经济增长的主要法宝。

我们先来看看"短期内很难靠消费来刺激经济增长"这个假定。这个假定初看是有道理的，但仔细琢磨还是有问题的。首先，这个假定是建立在过去发展经验的基础上，在过去出现经济增长率下滑的情况下，我们总是用财政和投资扩张的办法来刺激经济，依靠扩大消费来实现刺激经济，还从来没有过。不是我们没有这样的愿望，而是从未实现过这样的结果。而靠高投资来刺激经济，危机后的结果总是重复建设、产能过剩、库存增加、投资效益下降甚至引发通货膨胀，这次国际金融危机过去之后，这些老问题很难说不会卷土重来。

我们要看到一种新的可能性，一种新的未来。即中国的经济社会发展进入一个新成长阶段，这个阶段的特征与过去相比发生了很大变化，我们过去习惯了的老做法，在未来 30

年的增长过程中也需要做出一些改变。

为什么大家对消费没有信心呢？消费在短期内受到收入的约束，但这种情况现在到了改变的时候，而且有可能改变。民众总是议论经济"被增长"、收入"被提高"，意思是统计的数据与他们的感觉有较大的差距。民众的这种感觉并不是完全没有道理的。与此相关的一个事实是，在整个国民收入当中，居民收入所占的比重不断下降，比如 1992 -2007 年，居民可支配收入占 GDP 的比重从 69% 下降到 53%，与此同时，企业可支配收入占国民收入的比重，从 12% 上升到 23%，政府可支配收入占国民收入的比重从 19% 上升到 24%。为什么现在消费不振呢？从统计上看并不是国家没有钱，1994 -2008 年，我国税收总量从 5000 多亿元增加到 5.4 万亿元，年均增长 18%，远远高于 GDP 的增长；老百姓似乎也不是没有钱，1994 年到 2009 年 3 月，城乡居民储蓄余额从两万多亿元增加到 24.1 万亿元，也是年均增长 18%。这么多的钱到哪里去了？为什么不消费？1985 -2008 年，我国居民的消费率，也就是居民消费占 GDP 的比重，竟然从 52% 下降到 35.4%，这在国际上都是一个非常低的水平，更不用说远远低于美国的 70% 和日本的 65%。美国 3 亿人一年消费十万多亿美元商品，我们 13 亿人一年消费一万多亿美元，消费市场的差别是很大的。

消费不振的根源在收入分配结构上。在消费方面我们面临的最大挑战，实际上是收入分配结构的问题。近几十年来，经济快速增长是我们的最大成就，而出现的最具有挑战性的问题就是收入分配问题。衡量收入差距的基尼系数增长曲线，几乎和 GDP 的增长曲线差不多，一路高扬。在现代化历史上，还没有一个国家在30多年中把基尼系数从0.2多增加到0.5左右，没有一个国家以这么快的速度扩大收入分配的差距。根据已有的研究结果，我国整体收入差距的近60%是可以用城乡之间收入差距来解释的，这是收入差距中最大的问题。2006年，国家取消了农业税，加大了对农村的投入和财政转移支付的力度。到2008年出现了城乡居民收入增长速度几乎持平的情况，这是过去十几年来没有过的。但2009年受国际金融危机的影响，农民外出务工经商的收入受到很大影响，从而影响到农民整体收入的增长，城乡居民收入之比和增长速度之比都再次扩大。大量减少农民、转移农村劳动力，是我国改变农民收入状况和提高国家整体消费能力的重要渠道，而农民消费能力的改善，是提高整体消费能力的决定性因素。

消费的结构与社会分层结构也密切相关。大众消费阶段到来很大程度上要依赖中等收入群体的扩大，也就是说，社会分层结构要从金字塔型转变成橄榄型。从理论上讲，大众消费时代的到来要依靠中产阶层增长。当然"中产阶层"是一个很模糊的概念，经济学家多从收入和财产来定义中产阶层，社会学家比较注重职业这个指标。也就是说只有当一个国家第三产业占整个产业结构的绝大多数比例，白领职业阶层在整个劳动从业人员中占了多数，一个国家的中产阶层才有可能有较大的比例。根据我们的研究，以收入、职业和教育三项指标来定义中产阶层，到2006年，我国中产阶层在全国职业人口中占12%，在城市职业人口中占25%左右。当然，由于我国人口众多，中产阶层每增加一个百分点都是一个巨大的消费群体，一个庞大的消费市场。

　　家庭消费率，也就是家庭消费占家庭收入的比例，是随着家庭收入的提高而递减的，这个规律在我国非常明显。根据我们在 2008 年进行的全国社会状况抽样调查，家庭消费率随收入增加而递减的趋势非常明显。收入水平越低的家庭，其消费率越高，收入水平越高的家庭，其消费率越低，而且消费率的差异很大。这就意味着，全社会增长的收入，如何分配与消费联系很密切。为了扩大消费，在国民收入中，要提高居民收入所占的比重，而在居民收入中，要更多地提高低收入群体的收入所占的比重。要防止出现有钱的人消费饱和，需要消费的人没有钱的情况。

　　根据对调查数据的分析，现在对一般家庭来说，影响日常消费主要有三个因素，这就是教育、医疗和住房支出。特别是教育和医疗，都呈现中低收入家庭教育和医疗支出占家庭消费总支出的比例远高于高收入家庭的情况。只有住房的情况例外。收入水平越高的家庭，其住房消费占家庭总消费的比重也越高。这说明，对于很多高收入家庭来说，住房的投入已经从生活消费转变成财产性收入的投资，但这种脱离消费且建立在快速升值预期上的住房投资，很容易形成资产泡沫。而中低收入家庭过高的教育和医疗消费比例及消费预期，限制了这些家庭的日常消费和即期消费，在各种居民储蓄目的的调查中，子女教育和医疗支出也往往排在储蓄目的的前两位。老百姓的储蓄倾向是有他的合理计算的，存钱是为了规避家庭未来消费的风险，这不仅仅是一个文化问题，如认为美国是信贷消费文化，借下辈人的钱这辈人花，而我们是储蓄积累文化，这辈人存钱供下辈人花。

　　要改变民众的消费行为，需要建立和完善一系列的相关制度，也涉及一系列的社会政策和社会改革。首先，要建立劳动工资的正常增长机制，要按照企业利润的增长情况建立劳动工资的年度增长机制，同时按照经济增长情况和企业劳动工资增长情况，确定财政工资增长机制，否则扩大国民收入中居民收入比重和扩大企业收入中劳动者收入比重就都是空话，以收入增长为基础的扩大消费也是空话。其次，要调节收入分配的结构，要运用财政、税收、社会保障、社会福利等杠杆来调节收入分配，让增加的收入更多地流向需要消费的低收入群体，不断扩大支撑大众消费的中等收入群体。最后，要更有效、更普惠地提供公共产品和公共服务，建立和完善覆盖城乡的社会保障体系，实现城乡基本公共服务均等化，稳定民众对未来教育、医疗、住房、养老的消费预期。

扩大居民消费的问题不仅仅是经济的问题，更是一个社会问题和政治问题，它与很多社会体制的问题密切联系。从政治方面来看，我们作为社会主义国家，要走共同富裕的道路，这是社会主义的本质决定的；从社会方面来看，收入差距过大已经成为引起一些社会问题的深层原因，造成群众的普遍不满；从经济方面来看，收入差距过大对中低收入阶层的消费形成抑制，对消费的普遍增长产生了不利影响，使经济增长过分依赖投资和出口。邓小平同志在1993年就告诫："分配的问题大得很，我们讲要防止两极分化，实际上两极分化自然出现。要利用各种手段、各种方式、各种方案解决这些问题。"否则"这样发展下去总有一天会出问题"。（中共中央文献研究室，2004：1364）。

在我国发展的新成长阶段，要重点解决好与此相关联的以下几个问题。

第一，转变发展方式。转变发展方式不是一句空话，而是切实而急迫的发展进入新成长阶段的要求。所谓转变发展方式，一是从经济增长过度依赖投资和出口转变到更多地依赖国内消费。二是从经济增长低成本的量的扩张转变到增加技术含量的质的提高，从"中国制造"转变到"中国品牌"，促进产业的升级换代。三是从以资源和环境为代价的发展转变到节约资源、保护环境的发展，从主要依靠工业推动转变到更多地依靠现代服务业的推动，大力发展低碳经济。

第二，不断提高人民生活水平。改革开放几十年来，人民生活水平不断提高。但是近年来，国民收入中居民收入所占的比重不断降低，初次分配中劳动收入所占的比重不断降低，居民家庭的消费率不断降低，居民家庭的恩格尔系数下降缓慢并出现徘徊，这些都影响到国内消费的增长。不断提高居民的收入和消费水平，不仅对扩大消费、转变发展方式至关重要，而且对人民保持积极的社会心态和稳定的发展预期至关重要。

第三，理顺收入分配秩序。要把调整收入分配作为扩大内需、提高人民生活水平、促进共同富裕、维护社会和谐稳定的一项战略措施。调整收入分配结构，既要理顺初次分配中劳动报酬和资本收益的比例关系，理顺国家、企业和居民三者收入在国民收入中的比例关系，更要发挥财政、税收、社会保障、社会福利等杠杆在再分配中的调整作用，大力推进慈善事业等三次分配的发展。

第四，持续保持社会和谐稳定。社会的和谐稳定是发展的基础，社会乱了什么都干不了。由于中国的体制改革和结构转变快速推进，不同的发展阶段并存，各种不同形式的矛盾交织在一起，特别是收入差距不断扩大，成为引发一些社会问题的深层原因。因此，要在改革和发展中重视解决这些问题，统筹各方面的发展要求，协调各阶级阶层的利益关系，壮大中等收入群体，缩小低收入群体，救助困难群体。要拿出一定的财力，本着负责任的态度，集中解决一批因企业改制、集资、房屋拆迁、土地征用、移民、环境污染等原因产生的历史欠债问题，要深入推进社会矛盾化解，保持社会的和谐稳定。

第五，重点实施全面的社会改革。中国的经济改革，为发展提供了强大的社会动力。社会改革的目的，也是要为发展继续提供强大动力。要通过调整收入分配结构，扭转收入差距扩大的趋势，培育大众消费能力，更多地依靠内需支撑经济增长；要通过改革和完善户籍等社会管理制度，建立适应市场经济和现代社会流动的管理体制，保证社会的和谐稳定；要通过医疗机构、教育系统和文化组织的改革，建立起有效运行、服务公益的非营利体系；要通过发展和完善社会保障制度，努力使社会安全网覆盖全民，稳定居民的消费预期，为家庭规避市场经济和社会变迁的风险构建安全保障体系。

第十四章　城市化与中国新成长阶段

　　走过 21 世纪第一个 10 年，中国已经超越了起飞阶段，进入新成长阶段。在新成长阶段，中国发展的阶段性特征以及面临的问题和挑战都发生了极其深刻的变化。劳动成本上升、投资效益下降、出口受阻、劳动供给关系巨变、老龄化加速、资源和环境约束趋紧、国内消费拉动经济乏力等，这些问题和挑战都严重制约着经济社会的可持续发展。与此同时，国际环境、发展机遇和发展动力也发生了很大的变化。面对这些新情况、新变化，人们在不断追问，中国会像一些起飞国家那样，步入"中等收入陷阱"吗？① 如果答案是否定的，那么我们新的突破和跨越的途径在哪里？

　　在新的机遇和发展动力方面，最重要的就是城市化。城市化继工业化之后，已经成为中国发展的新引擎，中国发展进入工业化和城市化双引擎驱动的新成长阶段。

　　中国巨大的城市化也引起国际研究界的高度关注，诺贝尔经济学奖得主斯蒂格利茨认为，21 世纪的中国面临三大挑

---

① 世界银行在 2006 年《东亚经济发展报告》中，首次提出"中等收入陷阱"（Middle Income Trap）的概念。其含义是，一个国家从低收入阶段跃升至中等收入阶段后（人均 GDP 3000－10000 美元），面临两难处境：一方面工资水平上升，失去劳动力价格比较优势；另一方面技术升级缓慢，与发达国家相比难以具有技术优势，这种情况形成"陷阱效应"，使进一步的经济增长被原有的增长机制锁定，人均国民收入难以突破 10000 美元的上限，很容易进入经济增长的停滞徘徊期。

战，居于首位的就是城市化进程，因为城市化是可以长期拉动内需的重要增长点（赵一平、周星，2002）。世界银行2003年发表的《世界发展报告》指出，"充满活力的城市是增长的发动机"。

一　从起飞阶段到新成长阶段

改革开放以后，中国逐步进入经济起飞阶段。这个阶段的基本特征与世界上其他国家现代化过程中的经济起飞大体相同：一是大量劳动力从农业转向制造业，二是外国投资明显增加，三是出现区域性增长极，四是比较优势从农业转向劳动密集型产业。关于中国在什么时间完成起飞阶段以及起飞阶段之后中国进入一个什么样的阶段，学术界有很多不同的看法和争论。但从城市化进程来说，中国实际上进入了一个城市化引领的新成长阶段。这个新成长阶段表现出以下一些新特征。

1. 城市化成为继工业化之后国家发展的巨大引擎

工业化、城市化和市场化，已成为拉动中国巨大社会变迁的"三驾马车"。在城市化急剧推进的过程中，土地的集约使用和快速升值成为经济增长和财政收入的重要源泉。一方面，人民群众快速增长的改善住房的新消费需求与转变经济发展方式、扩大国内消费的需要恰相吻合；另一方面，围绕地产收益产生的利益博弈也影响到实业发展、生活价格稳定和利益分配的公平合理。如何处理新形势下的这一两难问题，成为继续推动经济社会健康成长的关键一环。2011年是中国城市化发展史上具有里程碑意义的一年，城镇人口占总人口的比重首次超过50%，达到51.3%①。中国从一个具有几千年农业文明历史的农民大国，进入以城市社会为主的新成长阶段。这种变化不是一个简单的城镇人口百分比的变化，它意味着人们的生产方式、职业结构、消费行为、生活方式、价值观念都会发生极其深刻的变化。

2. 城市化发展形成区域梯度推进格局

中国开始出现中西部经济引领全国经济增长的新格局，经济增长的区域结构更加平衡。从地区工业增加值来看，2011年前三季度，东部地区同比增长12.2%，中部地区同比增长18.3%，西部地区同比增长17.1%。从地区固定资产投资情况来看，东部地区同比增长22.3%，中部地区同比增长29.9%，西部地区同比增长29.5%。

中西部地区已经连续七年经济增长速度超过东部地区。区域发展格局的这种变化，既是产业转移的自然结果，也是中国区域发展政策作用的结果。但中西部近年来的快速发展，并非是重复东部的道路，城市化继工业化之后，成为中西部发展的巨大推力。

3. 城乡差距扩大速度明显减缓

随着中国财政对农村转移支付力度的加大以及一系列惠农政策的实施，特别是农产品价格的合理上升，农民的生活水平得到显著提高。继2010年之后，2011年农民人均纯收入的增长速度将继续快于城镇居民可支配收入的增长。

这种变化并非偶然的现象，而是一个长期趋势的开始。随着农产品的价格提高和初级劳动力市场工资水平的提高，

---

① 文中未注明的数据来自历年国家统计局编《中国统计年鉴》。

农民的经营收入和打工收入成为推动农民现金收入快速增长的两大动力，农民现金收入在农民纯收入中所占的比例继续提高。

当然，由于城乡之间居民收入绝对差距较大，短期内城乡之间的收入差距还不会出现具有里程碑意义的拐点，助农惠农政策还需要进一步加强。

4. 破除二元结构、实现城乡一体化成为新主题

在全国各地，城乡统筹和打破城乡二元结构成为发展的新主题。城市化的继续推进涉及户籍、就业、社会保障、收入分配、教育、医疗、社会管理等社会体制的全面改革。从全国来看，随着快速交通的迅猛发展，城市化进程已经进入第二阶段，由农民进城到打造都市"一小时生活圈"，新型城乡关系正在形成。中国已结束了千百年来农民无社会保障的状况，约 2 亿农民参加了新型农村社会养老保险。

二 中国城市化的阶段、特点和作用

1. 中国进入以城市人口为主的新成长阶段

中国是具有几千年农业文明的大国，近现代历史上的工业化进程却发展缓慢。到 1949 年，中国仍是一个典型的农民大国，城市化水平只有 10.65%，近 90% 的人口都是农民。新中国成立后的 20 世纪 50 年代，曾有一个城市化快速发展时期，到 60 年代初城市化水平达到 17%。但由于"大跃进"的冒进、60 年代初的严重自然灾害和"文化大革命"期间大规模青年下乡，城市化进程长期停滞。从 1962 年到 1978 年，在长达 16 年的过程中，城市化水平几乎没有任何进展，一直停滞在17%。而世界城市化平均水平1980年已经达到42.2%，发达国家平均达到70.2%。

1978年改革开放以后，城市化进入快速发展时期，从1978年到2000年，城市化水平从17%提高到36%，年均增长1.2个百分点。进入21世纪以后，中国城市化进程进一步加速，从2000年到2010年，城市化水平从36%提高到49.7%，年均增长1.37个百分点，城镇人口从4.59亿人增加到6.65亿人，年均增长近2300万人。这是世界上规模最为宏大的城市化进程。2011年是中国城市化发展史上具有里程碑意义的一年，城镇人口占总人口的比重首次超过50%，达到51.3%。1870年美国开始工业革命时，城市人口所占的比例不过20%，而到了1920年，用了50年时间，其比例骤然上升到51.4%。中国从1978年一个具有几千年农业文明历史的农民大国，进入城市社会为主的新成长阶段，用了33年。

2. 城市化进程达到中期阶段

改革开放后中国的城市化进程大体可以划分为以下三个阶段。

第一阶段是1978—1985年。这一阶段以"非农化"为主要特征。随着家庭联产承包责任制的普遍实行，农村经济得到快速发展，小城镇开始复兴，乡镇企业"异军突起"，出现农村人口向小城镇聚集、向非农领域转移的潮流。费孝通先生1985年发表著名的《小城镇 大问题》一文，得到中央的高度关注并在社会上引起巨大反响。小城镇发展战略曾一度被称为中国特色的城市化道路。

第二阶段是1986—2000年。这一阶段以农村人口向城市聚集的"城市化"为特征。20 世纪 80 年代中期以后，"离土又离乡"进城打工的农民工总量超过了"离土不离乡"在乡镇企业工作的农民工，成为农村劳动力转移的主渠道。从 90 年代后期开始的大规模国有企业改革，使城市经济更加活跃，各种发展机会更加向城市集中，数以亿计的农民工进城。

第三阶段是 2001 年至今。这一阶段以城市规模迅速扩大和城市群的出现为主要特征。进入 21 世纪以后，城市住房制度改革的效益逐步显现，买车和购房进入普通家庭消费，房地产业迅速兴起，土地升值速度加快，城市不断向郊区扩展，高速公路和高速铁路的发展使"一小时城市圈"的区域规模大幅度增加，由"一小时城市圈"相互连接的城市群不断涌现。

世界各国的城市化进程通常都经历从人口向城市聚集、郊区城市化、逆城市化①到再城市化②的过程。中国实际上

---

① "逆城市化"是指 20 世纪 70 年代以来，随着城际交通的更加快速和便捷，发达国家以及一些大城市中心和市郊人口向离城市更远的农村和小城镇迁移，出现了与城市化相反的人口流动的现象。逆城市化往往也被称为"城市中心空洞化"，与城市化初期的"乡村空洞化"相对应。"郊区城市化"和"逆城市化"可以统称为"城市化中期"和"城市化后期"，这两个阶段城市化率可以从 50% 到 80%。"逆城市化"实际上就是城乡一体化，多数居住在乡村的人不再是从事农业生产的人，乡村生活中的商场、酒吧、邮局、学校、诊所、储蓄所等生活设施丰富起来，农村重新获得繁荣。

② 所谓"再城市化"，实际上是"后城市化"的一个新阶段。在这个阶段，老城市通过调整产业结构、发展高新技术产业和新型第三产业，创造出更多的就业机会，城市市区的环境和交通问题得到较好的治理，城市文化生活更加丰富，特别是城市的信息积聚能力和创新机会吸引大量年轻的专业人员回城居住，这个过程被称为"再城市化"，实际上是城市产业、城市功能和城市生活的一个更新再造过程。

处于"郊区城市化"的阶段。在这个阶段，一方面，大量从农村向城市集中的人口由于生活成本的原因聚集到郊区村落居住；另一方面，由于城市中心生活环境恶化（交通拥堵、空气污染、高房价和租金、喧闹和噪声等），一部分城市中、上阶层人口向市郊或外围地带移居。

城市化率并不是越高越好。世界上发达国家的城市化率一般在 75%－80%，但他们的农业人口比重只有 1%－4%，通常低于 5%。也就是说，发达国家在完成"逆城市化"过程之后，通常会有约 20% 的非农产业人口居住和生活在乡村。因为城乡一体化使乡村、小城镇的交通、水、电、信息等设施非常完善，加之乡村的清新空气和自然风光，吸引了久在城市中面对浑浊空气、噪声的大城市居民到乡村、小城镇定居。美国城市化率在 80% 左右，它的农业劳动者只占全部劳动力的 2%，但生活在乡村或统计上的农村人口则达 20% 左右。德国工业化程度很高，但居住在乡村的人口约占 40%。相反，一些拉美国家，如巴西、阿根廷、墨西哥，城市化率都超过 80%，但城乡差异巨大、贫富悬殊，城市市区有大规模的贫民窟。所以，缩小城乡差异和发展城乡一体化，应该是比城市化率更重要的标示城市化发展阶段和发展水平的指标。

3. 不断突破预期的城市聚集经济效益

城市化的基本特征，就是城市人口的积聚。但城市人口规模并非越大越好，受土地、饮用水、住宅、交通、垃圾处理、环境等诸多因素的限制，城市有一个人口适度承载量的问题。国际上众多学者和机构，创造出各种分析和评估模型来测量城市适度人口规模。1973 年著名经济学家舒马赫

(E. F. Schumacher) 曾发表《小的是美好的》一书，认为城市适度人口规模是 50 万人（舒马赫，1984）。然而，随着国际大都市如雨后春笋般地涌现，"适度人口规模"概念的内涵被不断更改。在实践中，城市聚集经济效益越来越明显，不断突破预期，刺激人们想象城市还是越大越好。

1990－2010 年，中国市辖区人口在 300 万人以上特大城市从 6 个增加到 20 个（见表 14－1），不同规模城市的聚集经济效益都得到显著提高，其中特大城市的聚集经济效益的增长最为明显（见表 14－2）。到 2010 年，中国 20 个市辖区人口在 300 万人以上的特大城市，平均人口聚集经济效益（人均 GDP）达到 62775.6 元，远高于大、中、小城市；平均土地聚集经济效益达到每平方公里产出 13341.1 万元，也同样远高于大、中、小城市（见表 14－3）。无论是人口聚集经济效益还是土地聚集经济效益，都呈现从特大城市到小城市逐级递减的现象。

表 14－1　1990－2010 年中国不同规模城市的个数变化

单位：个

城市规模	1990 年	2000 年	2010 年
特大城市	6	9	20
大城市	65	80	110
中等城市	79	103	114
小城市	90	69	46

注：本表中的城市指地级及以上城市，其中特大城市指市辖区常住人口在 300 万人以上，大城市指市辖区常住人口在 100 万－300 万人，中等城市指市辖区常住人口在 50 万－100 万人，小城市指市辖区常住人口在 50 万人以下。

资料来源：根据国家统计局编《中国城市统计年鉴（2011）》相关数据测算。

表 14 - 2 1990 - 2010 年中国不同规模城市人口聚集

经济效益（人均 GDP）变化

单位：元

城市规模	1990 年	2000 年	2010 年
特大城市	5295.7	23045.3	62775.6
大城市	2715.0	16572.5	45242.4
中等城市	2977.2	12390.5	40032.7
小城市	2898.7	13253.3	39985.9

注：表中城市人口指地级及以上城市市辖区人口。

资料来源：根据国家统计局编《中国城市统计年鉴 2011》相关数据测算。

表 14 - 3 中国不同规模城市的人口和土地聚集经济效益（2010 年）

城市规模	城市个数	平均人口规模（万人）	平均区域规模（平方公里）	平均人口聚集经济效益（人均 GDP）（元）	平均土地聚集经济效益（万元/平方公里）
特大城市	20	608.3	5153.0	62775.6	13341.1
大城市	110	159.4	2233.5	45242.4	6113.1
中等城市	114	71.0	1702.6	40032.7	3675.1
小城市	46	36.0	2017.3	39985.9	1676.4

注：本表中的城市指地级及以上城市，其中特大城市指市辖区常住人口在 300 万人以上，大城市指市辖区常住人口在 100 万 - 300 万人，中等城市指市辖区常住人口在 50 万 - 100 万人，小城市指市辖区常住人口在 50 万以下。

资料来源：根据国家统计局编《中国城市统计年鉴 2011》相关数据测算。

4. 城市成为主要消费市场

城市化的一个重要结果，就是人们生活方式和消费方式的改变。从传统的乡村生活向城市生活的转变，也是从实物消费到货币消费、从基于收入和储蓄的消费到信贷消费的转变。城市化也改变了人们的消费结构和消费心理，涉及教育、医疗、通信、保健健身、美容、旅游、体育、文化娱乐、闲暇等领域各种新型消费不断增长，汽车和住房等大额消费也进入千家万户，城市的消费时尚成为引领大众消费行为的风向标。

改革开放以后，长期以来"先生产、后生活"的观念有所转变，但拉动经济增长"重投入、轻消费"的观念却根深蒂固。城乡居民的消费增长长期滞后于经济增长。收入是消费的基础，1991－2009年，中国城镇居民人均可支配收入年均增长8.3%，农村居民人均纯收入年均增长5.5%，既分别低于同期GDP年均增长速度（10.4%）2.1个百分点和4.9个百分点，也分别低于同期国家财政收入年均增速（18%）9.7个百分点和12.5个百分点。近几年来，在转变发展方式的大背景下，中国城乡居民的消费实现了快速增长，出现了城乡居民消费增长快于GDP增长的局面。2010年中国城乡居民人均收入比上年分别实际增长7.8%和10.9%，这是自1998年以来，中国农村居民人均纯收入实际增长速度首次超过城市居民。2011年中国农村居民人均纯收入实际增速达到11.4%，为1985年以来最高，连续两年快于城镇居民。

城市化对中国居民消费增长具有重要拉动作用。2010年中国城镇居民家庭人均消费支出13471元，农村居民家庭人均消费支出4381元，1个城镇居民的消费水平大体相当于3个农民的消费。从中国居民收入情况来看，工资性收入是城乡居民家庭消费的主要经济来源，而城乡居民家庭的收入结构有很大差异。2010年城镇居民家庭的工资性收入占家庭总收入的65.2%，农村居民家庭的工资性收入则只占家庭总收入的41.1%。占农村居民家庭收入近50%的"经营性收入"，其中相当一部分并非货币收入，而是实物折算。农民消费生活中相当一部分是实物消费而非市场消费，农民的收入水平越低，其实物消费在其总消费中所占的比重越大。各国城市化的经验都表明，农村人口向城市的迁移，能够产生巨大的消费"累计效应"，从而使消费成为经济增长的巨大拉动力量。

一个国家的消费市场规模并非是以人口来计算的，而是以消费能力和消费总额来计算的。从这个意义上说，中国已经是世界制造业大国，但还不是消费市场大国。居民消费对经济的拉动作用依然薄弱。2000 - 2010 年，中国最终消费率从 62.3% 下降到 47.4%，其中居民消费率从 46.4% 下降到 36.8%。美国最终消费率 70%，日本 65%。2010 年，美国 3 亿多人一年消费 10 万多亿美元，中国 13 亿多人消费 2 万多亿美元。

中国消费的增长，将依赖于改变居民收入在国民收入中比例持续降低的局面，改变数以亿计的进入城市的农民工的生活条件，改变城乡和区域之间消费能力的巨大差异。

当然，我们也要塑造可持续发展的消费方式，警惕"消费主义"的抬头和流行，如果中国人以美国人的消费方式为追求目标，那全世界的资源也供不起中国人都过上现代化生活。中国在人均 GDP 国际比较中还处于较低水平阶段，已经成为奢侈品消费世界第二大国，而且炫耀性消费、商品过度包装和餐桌浪费被世人诟病，这并非是一种荣耀。

5. 结构变动的弹性和土地升值对于资本积累的意义

中国与发达国家的一个重大区别，是工业化和城市化的结构转型还在进行当中，还具有巨大的转型弹性和转型红利。中国的经济体制转轨之所以能够取得巨大的成功，与结构转型的收益能够弥补体制转轨的成本也是分不开的。因此，我们应当利用结构转型红利，加速结构转型的过程。

与工业化相比，城市化的一种最大红利，就是土地的增值。土地增值是继工业化带来的初始资本积累之后，最重要的资本积累过程。由于房价飞涨在民众中造成强烈不满，人们也把土地增值视为万恶之源。但实际上，土地增值是城市化的必然结果和农民走向富裕的通途。没有解决好这个问题是土地收益分配出现了问题，而不是土地增值本身的过错。一些农村研究专家早就看到，加快城市化进程，破除城乡二元结构，改革城乡分治的户籍制度和一切与之相连的社会福利和公共服务体制，促进土地的增值，这是农村和农民的根本出路（郭书田等，1990）。

中国近十几年来经济的高速增长和财政收入以 20% - 30% 的速度增加，其实都是与土地的增值分不开的。相关统计资料显示，2001 - 2003 年，全国"土地出让金"达 9100 多亿元，约相当于同期全国地方财政收入的 35%；2009 年则达到 1.5 万亿元，相当于同期全国地方财政总收入的 46% 左右（《人民日报》，2010）。根据中国指数研究院数据信息中心公布的数据，2009 年全国土地出让金最高的城市已经达到上千亿元。土地增值收益已经成为扩大社会保障覆盖面、完善公共服务体系的重要财力来源。土地的价值也是农村财富的源泉，土地增值是农村发展的原动力之一。关键是要处理好土地增值收益的分配问题。

当然，土地增值高收益的诱惑和驱动也带来诸多弊端：一些地方政府迷恋土地收入的短期行为，一届政府"透支"

完几届政府可用的土地，甚至将 50 - 70 年的土地收益一次性收取；征地和卖地之间的巨大利益使土地"寻租行为"盛行，在"经营城市"的口号下形成土地经济的泡沫；最严重的是土地收益的分配不合理，农民因失地而造成的群体性事件频发。

6. 城市成为服务业空间和创新源泉

现代经济社会发展的一个重要特征，就是现代服务业成长。一个国家的发达程度，通常与服务业增加值占经济总量的比重密切相关，服务业比重越高，发达程度也越高。大量的金融、保险、咨询、教育、医疗等现代服务业和总部经济都集中在城市，城市不再是制造业空间，而成为服务业空间。服务业是依托制造业而发展的，中国是世界制造工厂，产品大量出口，促进了世界各国的城市发展，但国内城市并未得到与制造业相应的发展。

城市不仅具有聚集经济的效益，也有聚集创新的效益。一个国家的创新竞争力与城市化发展也是密切联系在一起的，因为城市是人才、信息、资本和各种资源网络汇集的中心。比如北京，汇集了全国 89 所高等院校和 300 余家国家骨干科研院所，86 所国家重点实验室和 32 所国家工程实验室，中国 500 强企业中 96 家总部坐落于北京，世界 500 强企业中 41 家在北京设立总部、187 家设立分支机构。北京中关村的科技智力资源密集程度之高更是世所罕见。但是，这些资源要能充分发挥聚集创新效益，有赖于城市化为创新提供良好的基础设施和公共服务系统。随着城市发展理念的更新，城市竞争力内涵已从财富集聚向经济繁荣、文化昌盛、社会和谐、环境友好、开放包容、舒适宜居拓展。

中国已经是世界制造大国，但未来的发展取决于我们能否从"made in China"发展跃升到"created in China"。城市作为创新的源泉，成为中国建设创新型国家的中心。

三 中国城市化过程中存在的若干突出问题

1. 巨大的城乡差距

中国的城市发展水平与发达国家在迅速接近，但中国农村与发达国家的农村却依然存在巨大差距。中国城乡差距首先就是城乡居民的收入差距，这个差距在1980年是2.5∶1，1990年是2.2∶1，到2000年是2.8∶1，而到2010年，城镇居民家庭年人均可支配收入达到19109元，农村居民家庭年人均纯收入达到5919元，差距进一步扩大到3.2∶1。而且，在城乡居民收入差距背后，是更加悬殊的福利差距。据测算，城乡之间在子女教育、医疗、社会保障、住房等方面的福利差距，高达十几倍。

除了收入和福利差距，还有对于人的发展更加重要的机会差距。正是由于各种发展机会集中在城市，所以从乡村进入城市如同跳过"龙门"。如果在城市化过程中城乡差距不是缩小而是进一步扩大，那将是一种畸形的城市化。

2. 城市化滞后于非农化和工业化

城市化的一个重要标志是居住人口从乡村向城市的集中。中国目前的城市化水平是按常住人口的口径来统计的，也就是把在城镇居住半年以上的农村户籍人口统计为城镇人口。2011年中国城镇人口占总人口的比重达到51.3%，在

13.45 亿总人口中，约 6.9 亿人是城镇常住人口。但到 2011 年底，中国还有农业户籍人口 9.35 亿人，也就是说，在目前 6.9 亿城镇人口中，持城镇户籍的城镇人口只有 4.1 亿人，约有 2.8 亿城镇人口是持农业户籍的。这部分人绝大多数是长期在城镇居住的农民工及其家属，他们实际上只是"半城市化"，在就业、子女教育、医疗、社会保障、住房等制度方面，还没有享受城市户籍人员的待遇，还没有完全融入城市。根据 2010 年第六次全国人口普查数据，全国流动人口总计 2.6 亿人，流动人口超过千万人的省、市、区有广东（3681 万人）、浙江（1990 万人）、江苏（1823 万人）、山东（1370 万人）、上海（1269 万人）、四川（1174 万人）、福建（1107 万人）和北京（1050 万人）（见表 14-4）。这些流动人口中的绝大多数①是"半城市化"的农民工及其家属。

中国城市化率（城镇人口占总人口的比重）严重滞后于工业化率（工业增加值占 GDP 的比重），城市化率与工业化率的比值过低。2010 年，中国城市化率（51.3%）与工业化率的比值为 1.09；美国的城市化率与工业化率的比值为 4.1，即城市化率是工业化率的 4.1 倍；同年法国为 4.11，英国为 4.09，德国为 2.64，日本为 2.48。"金砖五国"中，巴西、俄罗斯、南非和印度，城市化率与工业化率的比值分别达到 3.22、1.97、1.38 和 1.15，都比中国的高（周其仁，2012）。

---

① 根据第六次全国人口普查数据，农民工及其家属约占流动人口总数的 65%。

表 14 - 4　2010 年全国流动人口分布

全国流动人口 （总计 2.6 亿人）	省、市、区数	省、市、区流动人口
高流动人口 （1000 万人以上）	8	广东（3681 万人）、浙江（1990 万人）、江苏（1823 万人）、山东（1370 万人）、上海（1269 万人）、四川（1174 万人）、福建（1107 万人）、北京（1050 万人）
中流动人口 （500 万 - 1000 万人）	14	河南（976 万人）、辽宁（931 万人）、湖北（925 万人）、河北（830 万人）、湖南（790 万人）、内蒙古（717 万人）、安徽（710 万人）、山西（676 万人）、广西（629 万人）、云南（605 万人）、黑龙江（556 万人）、重庆（544 万人）、陕西（589 万人）、江西（530 万人）
低流动人口 （500 万人以下）	9	天津（495 万人）、吉林（446 万人）、新疆（428 万人）、甘肃（311 万人）、贵州（463 万人）、西藏（262 万人）、海南（184 万人）、宁夏（153 万人）、青海（114 万人）

注：本表根据第六次全国人口普查数据计算，"流动人口"是指普查时居住在普查登记地满半年的非户籍人口。

所以说，中国结构转型有一个突出特点，就是工业化、非农化、城市化、户籍人口变动逐级滞后。首先，非农化滞后于工业化，就业结构转变滞后于经济结构转变。到 2011 年，GDP 中农业增加值的比重已经下降到 10% 左右，但农业从业者在全国从业人员中还占 38% 左右，而多数国家在这样的工业化水平上农业劳动者比例都下降到 25% 以下。其次，城市化又滞后于非农化，51% 的城市化水平滞后于 38% 的非农化水平。最后，户籍人口变动又滞后于城市化进程，约 30% 的城镇户籍人口率远低于 51% 的城市化水平。

3. 人口城市化滞后于土地城市化

进入 21 世纪以来，中国城镇化进程加快。但在这个过程中，人口城市化滞后于土地城市化是城市化面临的一个严重问题。土地升值的巨大收益，驱动各地出现大规模圈占农地和不断发生强行拆迁、暴力拆迁。据统计，2006－2008年，在国家要求耕地占补平衡的情况下，全国耕地净减少12480万亩，年均减少近4200万亩，分别比"十五"期间减少总量（11300万亩）和年均减少量（2260万亩）多出1120多万亩和1900多万亩（汝信、陆学艺、李培林，2010）。2009－2010年又形成新一波通过农村居民宅基地的"置换"来扩展城市建设用地的热潮。由此引发的恶性冲突事件、群体性事件频繁发生，对社会和谐稳定形势产生了不利影响。

4. 城市土地集约效益薄弱

实际上，中国城市化发展主要制约因素还不是土地，很多城镇建设还是"摊大饼"式的，集约性很低，土地单位面积的产出和发达国家相比有很大差距。据研究，目前中国城市工业用地的容积率仅为 0.23，远低于国际平均水平。比如，中国城镇化、工业化水平相当高的深圳，包括居住面积在内的建设用地每平方公里产出是 4 亿元人民币，而一河之隔的香港是 14 亿元人民币，新加坡则是 18 亿元人民币。这从另一个角度也说明，即使不再扩大现有城市的面积，仅通过更加合理地利用存量空间，我们的经济增长也还有非常巨大的潜力（陈锡文，2012）。

"土地城市化"出现热潮，更多是反映了土地财政的强大刺激，而不是统筹城乡发展、城乡一体化和新农村建设的真实需求。要防止把"城乡一体化"变成"城乡一样化"，防止在"土地城市化"中严重损害农民利益。

5. "城市病"和"乡村病"的显现：大气污染、交通拥堵、乡村凋敝

中国城市化的一个重要问题，就是一定要处理好城乡关系。中国人口众多，如果全都集中到现有的城市，是城市不可能承载的。中国的 660 个城市中，已经有 400 多个缺水，一些城市为了解燃眉之急，甚至开采国际上一般严令禁止开采的不可恢复的岩层深水，水资源已经成为影响中国城市发展的主要约束条件之一。我们现在到国外的大城市去，已感觉到最大的差距不是城市基础设施和发达程度，而是空气的质量，蓝天白云在中国大城市已成为稀缺品。

大气污染、交通拥堵、水资源匮乏等"城市病"，已越来越突出地呈现。所以，在加快城市化建设步伐的同时，也要建设好乡村，让乡村能够分散一部分非农职业的居民。

在一些地区，也出现城市化过程中的"乡村病"，这主要是指"乡村空心化"。首先是产业空了。随着全国产业的结构升级和劳动力成本的上涨，乡村工业越来越失去了原来的竞争力，新兴产业逐步向大中城市和工业园区、新技术开发区聚集，过去的"一村一品"凋零了。其次是年轻人空了。年轻人都出外打工闯世界，巨大的城乡差距使他们不愿意再生活在乡村，农村成为老年人社会，农业成为老年人的工作。再次是住房空了。在一些发达地区，过去住房改建翻新得很快，现在很少有人改建翻新住房了，乡村富裕的人多数已经在城市买房搬进城市居住，一些村落 1/3 的住房都闲置了，长期无人居住和修缮的住房败落了，村庄变得萧条和缺乏人气。产业空、青年人空、住房空造成一些乡村的凋敝和衰落。

四 促进城市化发展的战略选择

1. 充分发挥城市化对经济社会发展的引领作用

我们应当充分认识到，工业化和城市化已成为推动中国经济社会发展的双引擎，城市化是继工业化之后拉动中国经济社会发展最强大的力量。要抓住机遇，破除二元结构，统筹城乡发展，缩小城乡差异，充分发挥城市化在改变增长方式和生活方式等方面的引领作用。

中国各省、市、区的城市化水平差异较大，与区域发展水平差距是一致的。2010 年，除了上海、北京、天津、广东已经达到发达国家的高城市化水平外，多数省、区仍处于41% –60% 的中城市水平，有 8 个省、区城市化水平还在40% 以下，贵州和西藏的城市化水平还不到 30% （见表14 –5）。这种城市化水平的差异，也是城市化结构变动弹性，为中国通过城市化推动经济社会发展提供了巨大机遇。

2. 提高大城市的集约能力

中国大城市的人口规模和地域规模增加得很快，但其聚集经济能力和规模都明显低于世界平均水平，与发达国家相比差距更大。多数发达国家的特大城市，其 GDP 产出都能达到全国 GDP 的 10% 以上，如纽约 GDP 和东京 GDP 都占其全国 GDP 的 18% 左右，伦敦的 GDP 占英国全国的 17% 左右，首尔的 GDP 占韩国全国的 26% 左右，而中国上海、北京这样全国最大的城市，GDP 产出占全国的比重都低于5%。中国经济集约化程度较高的整个长三角经济圈，其GDP 总量占全国经济的比重也不过 1/6 左右。

表 14 - 5　中国各省、市、区城市化水平差异（2010 年）

城市化水平	省、市、区数	省、市、区
高城市化水平（61% 以上）	4	上海（88.6%）、北京（85.0%）、天津（78.0%）、广东（63.4%）
中城市化水平（41% - 61%）	19	辽宁（60.4%）、浙江（57.9%）、江苏（55.6%）、黑龙江（55.5%）、内蒙古（53.4%）、吉林（53.3%）、重庆（51.6%）、福建（51.4%）、海南（49.1%）、山东（48.3%）、宁夏（46.1%）、湖北（46.0%）、山西（46.0%）、陕西（43.5%）、湖南（43.2%）、江西（43.2%）、河北（43.0%）、安徽（42.1%）、青海（41.9%）
低城市化水平（40% 以下）	8	新疆（39.9%）、广西（39.2%）、四川（38.7%）、河南（37.7%）、云南（34.0%）、甘肃（32.7%）、贵州（29.9%）、西藏（23.8%）

资料来源：根据国家统计局编《中国城市统计年鉴 2011》相关数据测算，2011，中国统计出版社。

中国城市发展的理念还多限于"摊大饼"，虽然地域规模开展迅速，但聚集经济效益却没有明显提高。很多建筑精美的高楼大厦都存在大量"租金蒸发"的现象。在城市发展中，必须建立城市每平方米平均产出能力的管理理念，不断提高大城市的集约能力。

3. 发展城市群网络

中国高速公路和高速铁路的迅猛发展，带动形成一批"一小时城市群"网络，这极大地改变了城市生活的时间、空间概念和生活方式，加快生活节奏和提高社会运行效率。尽管在高铁建设中出现了这样或那样的问题，但不能因此否定高铁发展的方向和它带来的巨大收益。在高铁和高速公路的带动下，长三角、珠三角、环渤海三大都市圈已经形成。

"一小时城市群"网络的迅速扩展，会进一步加快人流和物流的速度，促进产生一大批卫星城式的城市居住小区，形成城市圈、城市群和城市带。

4. 建设好小城镇

20 世纪 80 - 90 年代，随着小城镇的快速发展，中国学术界曾就中国"城市化道路"展开激烈争论，产生小城市论、大城市论、中等城市论、多元发展论、城市体系论等多种观点。经过二十多年的实践，学术界基本形成了共识，即中国作为一个人口众多的大国，既不可能走像韩国那样靠少数大城市吸纳绝大多数人口的道路，也不可能走小城镇星罗棋布的道路，而要走大、中、小城市协调发展的道路。

在中国城市道路的选择上，应当特别注重小城镇的发展。因为中国城乡差距较大，而小城镇是连接城乡的节点，城市化的主旨不仅是城市本身的发展，更重要的是消除城乡之间发展水平的差异。在这方面，小城镇将会发挥重要作用。1990 - 2010 年这 20 年间，中国建制市从 467 个增加到 660 多个，而同期建制镇从 12000 个增加到近 2 万个。建设好中国的小城镇，使小城镇成为吸纳乡村人口的一个重要渠道，分散大城市的人口压力，是中国城市道路的必然选择。

5. 加快农民工市民化步伐

从 20 世纪 80 年代中期以后，城市经济成为吸纳农村劳动力转移的主渠道，数以亿计的农民工进城务工经商，形成全世界最庞大的流动人口。能否顺利地使这些农民工市民化，应当成为衡量中国城市化道路成败的一个重要标准。实际上，中国在工业化过程中减少农业人口方面与其他国家相比还是有差距的。日本经济起飞过程中，农业人口下降了65%；美国经济起飞过程中，农业人口下降了72%。中国从

1980 - 2010 年，尽管乡村人口的比例数从 80% 下降到约 50%，但乡村人口的绝对数仅下降了 15%。中国应制定明确的、可操作的农民工及其家庭的市民化规划，争取从 2010 年到 2030 年，用 20 年的时间，解决 3 亿农民工及其家庭在户籍、就业、子女教育、医疗、住房等方面的市民化问题。

6. 走城乡统筹发展的新型城市化道路

到 2030 年，中国人口城镇化率会达到 70%，但农村人口仍占 30%，也就是说，仍有 4 亿多的人口在农村生产和生活。中国的城市化最大的问题还是在农村，要通过城乡统筹发展，极大地提高农民的收入，改善农民的生活条件和生活水平，保护好农村的生态环境，走可持续发展的城市化道路。未来的城市化不是城市有很多半城市化的农民工，而是居住在乡村的人有很多是非农的从业者和居民。要坚持走新型城市化道路，促进大、中、小城市和小城镇协调发展，着力提高城市综合承载能力聚集效益，发挥城市对农村的辐射带动作用，逐步实现城乡一体化发展。

第十五章　走向更加注重生活质量的阶段

　　"小康社会"是对中国传统的宽裕生活的表达，是一种"小桥流水人家"的乡村田园景象，现在用以象征在实现现代化过程中的一个阶段性里程碑。全面小康社会并不仅仅是以人均 GDP 表示的经济发展水平，它更是以综合社会指标表示的生活质量。中国经过几十年的改革开放，经济快速发展，社会发生巨大变迁，人民生活水平稳步提高，也开始走向一个更加重视生活质量的阶段。

一　从经济起飞阶段到新成长阶段

　　从各种发展的迹象来看，笔者觉得中国经济社会发展实质上已经开始进入一个新阶段，其经济社会发展的阶段性特征，在很大程度上已经完全不同于此前的基本特征，即经济起飞阶段的特征。也就是说，中国已经跨越了经济起飞阶段。

　　那么，在经济起飞之后中国进入了一个什么发展阶段呢？当然，按照中国制定的自身发展目标，也可以说是进入"全面建成小康社会阶段"，这是对 2000 年到 2020 年发展阶段的概括。但这种表述不太容易进行国际比较，换句话说，"全面建成小康社会阶段"与国际上达成共识的"经济起飞阶段"是什么关系呢？

"经济起飞阶段"的概念是美国著名经济学家罗斯托（W. W. Rostow）于 1960 年在《经济成长的阶段》一书中提出的，他把一个国家和社会的经济成长分为五个阶段，后来又增加到六个阶段：传统社会阶段、准备起飞阶段、起飞阶段、成熟阶段、大众消费阶段、超越大众消费阶段。但实际上，对于多数发展阶段，罗斯托只是描述，并没有太严格地界定。他比较深入研究和界定的就是经济起飞阶段。他认为，起飞是突破经济的传统状态，需要三个条件：一是较高的积累率，积累占到国民收入的 10% 以上；二是要有起飞的现代工业主导部门；三是实现制度变革，建立能保证现代部门扩张的政治、经济和社会制度。在西方国家中，英国在 18 世纪的最后 20 年实现了起飞，法国和美国在 1860 年以前的几十年实现了起飞，德国在 1850 - 1875 年实现了起飞，日本在 19 世纪最后 25 年实现了起飞。也就是说，这些国家都用 20 - 30 年的时间完成了经济起飞。也可以看出，罗斯托所说的经济起飞，大体相当于基本实现工业化。罗斯托给出了一些经济起飞的具体指标，他在这方面的理论后来也被称为"罗斯托起飞模型"（Rostovian take-off mode）。但罗斯托所说的其他发展阶段，多数都被忘记了，"大众消费阶段"虽然经常被媒体提及，但始终未成为一种理论。

笔者在改革开放以后，比较早地用"社会转型"来概括中国长时期的发展过程，即中国从农业的、乡村的、封闭半封闭的社会向工业的、城镇的、开放的社会转型，也就是一个国家和社会一般所经历的工业化、城镇化的现代化过程。这是一种常识性的理论概括，但在当时大家的注意力都集中在从计划经济向市场经济转轨的时候，这种概括提供了一种更长时期、更多维度的观察发展的视角。其假设是，即便经济体制改革完成，社会巨变也不会停滞，社会结构转型会成为一种不同于经济体制改革的更根本、更长远的社会变迁动力。这种前传统－现代的长时期概括也有缺陷，就是没有细致的阶段性划分，难以形成具有操作性的定义，无法直接用于对每一个发展阶段的具体分析。所以，为了具体分析中国发展出现的阶段性变化，需要在起飞阶段之后，有一种新的阶段概括，笔者最后选择了"新成长阶段"这个概念。

2009 年底，笔者在撰写《2010 年中国社会形势分析与预测》总报告时，用了"中国进入发展的新成长阶段"的标题。当时概括出"新成长阶段"在六个方面的基本特征：工业化、城市化进入中期加速的新成长阶段，社会结构变迁进入破除城乡二元结构的新成长阶段，人民生活进入大众消费的新成长阶段，高等教育进入大众教育的新成长阶段，社会保障进入构建覆盖全民体系的新成长阶段，改革从主要是经济改革过渡到全面改革的新成长阶段。

此后，笔者一直在试图对"新成长阶段"做出更有说服力的概括，表明这是一个完全不同于过去的新阶段。2014 年底，笔者以"'新常态'背景下的新成长阶段"为题，为《2015 年中国社会形势分析与预测》一书写了篇代序，概括出以下一些重大的阶段转折特征。

第一，城镇化发展的阶段转折。国际上城镇化的发展阶段，通常被分为人口向城市集中、郊区化、逆城镇化、再城镇化等几个阶段。我国城镇化水平从 2011 年开始超过 50%，2015 年达到近 56.1%。我国城镇化是一种加速型、跨越式的发展，一方面人口向城镇的集中还没有结束；另一方面城镇郊区化和逆城镇化的趋势已经出现。这预示着一种新的阶段的到来，虽然这些迹象还只是以农家休闲、乡村养老、城市人经营乡村第三产业等形式表现出来，但这是一种未来大潮的征兆。城镇郊区化、逆城镇化并非城镇化的倒退，而是城镇化发展的新阶段，是城乡一体化的提升，孕育着巨大的新的发展空间。虽然中国这样的人口大国，恐怕很难单靠人口向大城市的集中解决城镇化问题，但估计我国城镇化要到2035 年前后达到 75% 才会稳定下来。在这方面我国还有很大的发展空间和结构变动弹性，应当因势利导，积极推进新型城镇化。这种新态势也对流动人口的管理提出新要求，在城乡户籍分割的情况下，既要做好数以亿计的进城农民工融入城市的管理工作，也要做好城市人走入乡村休闲和经营的管理工作。

第二，就业和劳动力供求关系的阶段转折。中国的失业率在经济增长速度下行的情况下并没有出现上升，反映真实失业情况的城镇失业率调查，与统计口径有一定局限的城镇登记失业率非常接近，这在过去经济增长速度下行的时候是从未有过的，是一种意外的惊喜。在经济增长速度下行的时候，长江三角洲和珠江三角洲的企业却很担心春节农民工返乡之后不再回来，这在过去几十年经济周期变动中没有发生过。这主要是三个因素促成的：第一个因素是政府大力促进新增就业的措施发挥了作用，2014 年新增就业岗位 1000 多万个；第二个因素是现代服务业的快速发展发挥了就业拉动作用，服务业对就业的拉动作用大于第二产业和第一产业，如北京的快递服务业和汽车代驾服务业这种新业态的就业岗位大幅度增加；第三个因素是劳动力供求关系确实发生了深刻变化，劳动年龄人口的比重和劳动力人口总量都已开始下降，未来我国甚至会出现比较突出的劳动力结构性短缺。理论上测算的农村大量富余劳动力，由于农村劳动力的普遍老龄化和年龄匹配，已难以转移成有效的工业劳动力供给。中国的就业政策选择必须高度关注这一新的变化趋势，适应劳动力工资成本上升的新态势，加大劳动力的培训，把劳动力素质的提高作为效率提高的新增长点，在这方面我国还有很大的潜力。就业关乎民生，在当前就业严峻局面缓解的情况下，仍然不能掉以轻心，需要下大力气促就业、促创业，特别是做好大学生就业、产能压缩消化企业的职工安置、困难中小企业的职工再就业工作。社会治理工作仍然需要把帮助失业、待业人员作为一项重要工作抓实抓好。随着劳动力供求关系的变化，新生代农民工的权益诉求不断提高，劳动关系争议事件数量呈上升态势，要进一步疏通社会调解和依法治理的渠道。

第三，收入分配变化的阶段转折。改革开放以来，在拉开收入差距、提高经济效益的政策取向和市场经济本身规律的双重作用下，收入差距总体上呈一路扩大的态势。这种态势到 2008 年达到顶点，基尼系数为 0.491。此后至 2014 年，基尼系数开始缓慢回落。这得益于三个因素：一是城乡差距开始缩小，农民人均纯收入增长速度已经连续 4 年快于城镇居民人均可支配收入的增长速度；二是区域差距得到控制，相对发展滞后的中西部地区经济增长速度已经连续近 10 年快于比较发达的东部地区；三是大规模减贫取得明显成效。在目前的世界大国中，美国、俄罗斯、印度等的收入差距都在扩大，只有中国和巴西出现了转折。我国收入分配状况的改善，为通过增加消费拉动经济和转变发展方式提供了新的有利条件。但我国在国际比较中收入差距仍然过大，这不仅不利于经济的增长和公平正义的发展目标的实现，也成为引发各种社会问题的深层原因，必须下大力气进行治理。

第四，职业结构变动的阶段转折。2015 年，我国经济产出总量中，第三产业比重首次超过 50%，达到 50.5%，这是我国即将从工业化中期转入工业化后期的重大标志。由于服务业的就业弹性高于工业更高于农业，这种经济结构的变动，也会深刻地反映到职业结构的变动中。或者说，我国或将开始一个新的职业结构阶段，即所谓的"白领时代"，"白领时代"指在全部从业人员当中，白领从业人员占到多数。西方国家一些有争议但备受关注的议题如"大众消费时代""中产阶层"等都是在这个阶段被提出的。"中产阶层"的形成，一方面有利于社会和谐稳定和主流价值观的形成；另一方面也意味着一个多样性、个性化时代的到来，社会治理将面临新的局面。

第五，居民生活消费的阶段转折。21 世纪以来，我国最终消费率和居民消费率连续十几年都呈下降态势，但近年来情况正在发生变化，特别是最终消费和居民消费对经济的拉动作用日益强劲。2015 年，我国最终消费对 GDP 增长的贡献率达到 66.4%，成为最主要的经济增长推动力量。虽然我国模仿型排浪式消费阶段基本结束，但以多样性、个性化为特征的大众消费方兴未艾，特别是通信、休闲、旅游、养老、家政、医疗、教育、健身、网购等新型大众消费快速发展。人们对健康、食品安全、水和空气的清洁、满意度、幸福感等生活质量方面有了更高的要求。大众消费时代也日益产生"消费主义"偏向,"物质主义""拜金主义"和社会浮夸之风盛行,一旦出现经济紧缩,极易产生社会满意度下降和相对剥夺感,这是在社会治理中值得警惕的问题。

第六,老龄化过程的阶段转折。截至2014年,我国60岁以上老年人数已超过2亿人,占总人口的14.9%。人口老龄化问题已经成为21世纪的全球性难题,而我国将拥有全世界最庞大的老年人群体,现在每天有2.5万人进入老年。我国老龄化的特点是,不仅数量庞大,而且速度快,年轻人向城市集中,使农村老龄化程度高于城市。我国老龄化给养老提出新要求,在家庭结构迅速小型化的背景下,家庭养老的传统机制受到威胁,因此社会养老安全网的建设更加重要。规模化的集中养老毕竟是少数,居家分散养老仍将是普遍形式,社区老年人的餐饮、医护、照料、紧急呼救等社会服务亟须发展。这些都需要创新社会治理方式,更好地发挥社会力量的作用,降低社会治理成本,提供更好的社会服务。

这些阶段转折特征,一方面说明,在经济增长告别高速增长进入中高速增长的"新常态"后,社会巨变并没有停滞,我国仍有很大的结构变动弹性和发展空间;另一方面说明,我国当前的发展遇到一系列完全不同于以前的新问题、新挑战,需要有应对的新战略、新政策、新举措。

二 从注重生活水平到更加重视生活质量

更加重视生活质量,是新成长阶段的基本特征之一,是一个国家和社会发展到一定阶段的必然现象,这一特征与新成长阶段在其他方面的特征是密切相连的。

改革开放之前，我国在发展中强调"先生产、后生活"，忽视生活消费对经济的促进作用，这一取向在经济发展中的影响，就是重视重工业，轻视与人民生活密切相关的轻工业，结果造成生产和消费的脱节，几乎各种生活必需品都出现短缺，基本的温饱问题也解决不好。改革开放以后，我国改弦易辙，从生活必需品生产着手，促进经济发展，人们的收入和消费水平快速提高。代表大众生活水平的"三大件"，从改革开放初期的自行车、手表、缝纫机，到 20 世纪 90 年代的电视机、电冰箱、洗衣机，再到现在的住房、汽车、保险，变化之快超出想象。

更加重视生活质量的标志之一，是对食品安全的重视。改革开放之初，人们几乎还没有食品安全的概念，那时候生活好的标志就是能够"吃饱"，那时普遍采用的衡量农民家庭生活水平的指标就是"人均口粮"。在"吃饱"的需求得到满足之后，"吃好"成了新的追求，"人均肉菜等副食支出在食品支出中的比重"成为衡量"吃好"的重要指标。在"吃好"的需求基本得到满足以后，人们则更加注重食品之外的其他消费，如教育、旅游、通信、休闲等，这时"食品消费支出占总消费的比重"，即国际普遍采用的"恩格尔系数"，成为衡量生活水平的基本指标。现在，在追求生活质量的阶段，人们不仅要"吃饱""吃好"，还要"吃得有机""吃得天然"。一系列频繁发生的食品安全事件，使人们把食品安全视为保障生活质量的重要方面。

更加重视生活质量的标志之二，是对生态环境特别是空气质量的重视。我们的孩提时代，几乎每天都是日间蓝天白云、夜间满天繁星，但那时我们并不觉得这些珍贵，生态环境与生活质量似乎也没有什么关系。改革开放以后，经济大发展，环境污染也随之加重，但多数人还是认为，这是提高收入和生活水平必须付出的代价，"先污染、后治理"也是难以逾越的发展路径。然而，有时一个事件会改变历史的走向。2013 年 1 月中旬，北京市的严重雾霾天气持续数日，气象局发布最高级别的霾橙色预警，机场乘客大量滞留。从东北、华北到中部乃至黄淮、江南地区，陷入大范围重度和严重空气污染，部分地区能见度不足百米。当时环保部门监测的 120 个重点城市中，有 67 个处于污染水平，11 个省市 22 条高速公路局部路段关闭。这一事件引起国民的深刻反思，我们到底在追求什么？发展是为了什么？如果生活在一个出门需要戴口罩的空气环境中，还谈什么生活水平和生活质量。新的社会共识在形成，"绿水青山就是金山银山"。

更加重视生活质量的标志之三，是对健身健康的重视。随着人们生活水平的提高，人均预期寿命成为衡量生活质量的重要指标。人均预期寿命的延长，不仅是因为人们生活得更好了，还是因为医疗保障制度的完善和医疗技术水平的提高。在过去时代出现的大规模致命流行病，如瘟疫、鼠疫、结核病、天花、血吸虫病、登革热以及其他各种病毒性流感，都逐步被人类征服了，但也出现了癌症等新的致命疾病。注重健身健康，已经成为提高生活质量的重要方面，与健身健康相关的产业也获得了极大的发展，体弱多病成为影响生活质量的重要因素。

更加重视生活质量的标志之四，是对社会参与的重视。乡土社会向城镇社会的转型，也是熟人社会向陌生人社会的转变。社会心理治疗的发达，往往与陌生人社会中人们的孤独、抑郁有关，与现代快节奏生活中人们的精神压力有关。中国的社会心理治疗并不发达，但中国人注重的人际关系在很多情况下起到了心理疗伤的作用。然而，随着社会的快速发展，陌生人社会中的孤独、抑郁、偏执等在蔓延。与此同时，人们的自由、权利、参与等意识也在增强，社会表达、社会信任、社会支持、社会公正、社会参与等都成为保障生活质量的重要条件。

更加重视生活质量的标志之五，是对主观感受的重视。长期以来，人们对生活质量的评价都主要基于物质生活条件和相关福利的指标，而现在人们的满意度、幸福感得到前所未有的重视。

三　关于生活质量研究的回顾和反思

从理论上较早注重生活质量问题的美国经济学家加尔布雷斯（J. K. Calbrith）在 1958 年所著的《丰裕社会》（*The Affluent Society*）一书中认为，生活质量并不仅仅以私人的富足来衡量，还指人们在生活舒适、便利以及精神上所得到的享受或乐趣。当然，他也指出，人们都把幸福作为追求的目标，但幸福的标准具有很大的不确定性。加尔布雷斯强调美国当时私人富足与公共污秽存在反差，认为公共污秽是影响生活质量的一个重要方面。他这样描写私人富足与公共污秽的鲜明反差。

开着桃木内饰、配备空调、动力转向和机动刹车功

能的汽车出游的家庭，穿过了一座座坑坑洼洼、垃圾遍地、建筑破败、广告林立和到处立着横七竖八的电线杆的城市，到达了几乎被商业艺术遮蔽不见的乡村……他们从便携式冰箱里取出包装精美的食物，在污浊的河流边野餐。他们在一个停车场过夜，这里危及公共卫生和道德。他们躺在尼龙帐篷下面的气垫床上，被腐败的垃圾散发出的阵阵恶臭包裹着，就在入睡前，或许他们会反思幸福为何如此不均等。（加尔布雷斯，1965）

加尔布雷斯认为，在生活达到富裕之后，人们的生活需求更多地转向公共服务的质量，所以必须转变只有私营部门生产财富的偏见。《丰裕社会》出版后风行一时，美国当时提出"向贫困开战"，成千上万的大学生被建议阅读《丰裕社会》。

加尔布雷斯写《丰裕社会》有其时代背景，美国当代著名历史学家方纳（Eric Foner）在《给我自由：一部美国的历史》中，专辟一章写"一个富裕的社会（1953 - 1960）"，他用了这样一些小标题：变化中的经济、城郊社会、西部的发展、消费文化、电视世界、新福特牌汽车、工作和家庭中的妇女、种族隔离的图景、公共住房与都市更新、分居的社会等。方纳这样描述当时美国人感受到的"黄金时代"。

20 世纪 50 年代是一个风平浪静的时代。这是一个美国人享有普遍繁荣的时代，此时开始的一场前所未有的经济发展将一直延续到 20 世纪 70 年代初。数以百万计的美国人迁居到城郊，在那里美国工厂倾泻而出的一系列令人惊叹不已的消费品，包括汽车、电视机和各种家用电器……

在每个可用数据测量的方面——食物结构、住房质量、工资收入、教育和娱乐消遣等——大部分美国人都过得比他们的父辈和祖辈要好许多。1960 年，据估计，有60%的美国人按政府的定义享有中产阶级生活水平。官方公布的贫困家庭数字，1950 年时是所有家庭的30%，10 年之后，这个数字降低到22%（当然，这个数字仍然代表 1/5 的美国人口）。（方纳，2011：1193，1202）

也正是在这个时期，美国的一些学者和政府管理人员开展了所谓的"社会指标运动"（social indicator movement），试图把综合的社会指标评价贯彻到发展战略制定、国情评估、社会规划、社会政策、生活质量评价等方面，其主旨是超越仅仅用经济指标衡量发展和生活的传统做法。

20 世纪五六十年代，生活质量的研究在美国各地蓬勃开展。1957 年，密歇根大学的古瑞（Gurin）、威若夫（Veroff）和费尔德（Feld）联合几个大专院校做了一次全国随机抽样调查，主要研究美国民众的精神健康和幸福感。哈德利·坎特里尔（Hadley Cantril）1965 年发表了 13 国（包括美国）关于生活满意度的比较研究结果。几乎与此同时，诺曼·布拉德本（Norman Bradburn）在一项全国民意调查中研究了国家民众的幸福感。1964 年鲍尔主编了《社会指标》论文集，着重研究了国家的空间计划对美国社会的间接影响，这一研究成果激起了人们对生活质量这一领域的广泛重视。罗斯托在他 1971 年出版的《政治和增长阶段》一书中深入地探索了生活质量问题，并把"大众消费阶段"视为"起飞阶段"之后的更高发展阶段。

在生活质量的大规模问卷调查中，美国当时的两家最主要的大学调查机构——芝加哥大学全国民意调查中心和密歇根大学社会研究所积极参与，对采集生活质量的数据起了关键性的作用。此后，生活质量逐渐成为一个专门的研究领域，在世界各国展开，而且用综合的社会指标体系测量社会质量的做法在这一领域影响深远。

20 世纪 90 年代，各国研究机构都开始反思单纯以个别经济指标来衡量生活和发展水平的做法。联合国开发计划署（UNDP）在《1990 年人文发展报告》中提出人类发展指数（Human Development Index，HDI），用以衡量联合国各成员国经济社会发展水平，与世界银行以 GNP 经济指标对世界各国发展水平进行排序的传统形成鲜明对照。人类发展指数是以预期寿命、教育水准和生活质量三项指标为基础变量，按照一定的计算方法，得出的综合指标。1990 年以来，联合国开发计划署每年都发布世界各国的人类发展指数，在指导发展中国家制定相应发展战略方面发挥了极其重要的作用。1997 年，欧盟委员会指出，不能仅仅依靠经济促进政策来解决各国出现的问题，以经济政策为中心不能解决欧盟的结构性问题，只有重新审视社会政策，才能更有效地保证欧盟各国的政治、经济、社会稳定。在这一背景下，欧盟发布了《欧洲社会质量阿姆斯特丹宣言》，宣言指出，欧盟各国必须要致力于提高各国的就业水平，减少贫困，增加公众所能享有的医疗和社会资源。该宣言把提升"社会质量"（social

quality）作为欧盟制定政策的主要目标，明确指出衡量社会质量的指标体系由四个方面构成，即社会保障、社会凝聚、社会包容、社会赋权。[①] 社会质量的理论体系不同于生活质量（quality of life）或人类发展指数的理论体系，它更加注重体现个体发展与社会发展的互动过程。社会质量理论通过对经济和社会指标的测量，以个体在社会中的各个方面的保障水平、融入程度、发展机遇和能动能力等为视角，对整体的社会发展水平进行衡量，从而考量社会发展的质量。

改革开放以后，随着人民生活水平的迅速提高，我国学者也开始关注生活质量问题，社会指标的重要性越来越受到重视。1983 年，国家统计局提出关于社会统计指标的提纲草案，并从 1984 年起陆续公布社会统计的系列数据。1985 年，美国社会学家林南教授和天津社会科学院社会学研究所合作在天津市进行了千户居民生活质量问卷调查。1987 年，林南又与上海社会科学院社会学研究所合作在上海市进行了一次关于市民生活的千户居民调查，并根据问卷调查资料，建立了关于社会指标与生活质量的结构模型。1987 年 10 月，在天津召开的"全国社会改革与生活方式理论研讨会"上，不少学者先后就生活质量的概念、指标及国外研究情况做了比较深入的探讨。此后，全国各地社会学界纷纷展开对生活质量的讨论和研究。

从 1988 年开始，中国社会科学院社会学研究所在与有关单位联合组成的课题组进行的"社会发展与社会指标"课

---

① 原文是："citizens should have access to an acceptable level of economic security and of social inclusion, live in cohesive communities and be empowered to develop their full potential."

题研究中，提出了衡量地区社会综合发展的五组指标。此后，中国社会科学院社会学研究所朱庆芳研究员主持的课题对我国生活质量和社会发展进行了多年的追踪评估，提出了包括居民消费、收入、吃穿用住、能源消费、生活方便程度、精神生活等在内的指标体系。1989 年，江苏省社会科学院社会学研究所"现代化和社会主义新人"课题组对江苏、河南、吉林、四川、广东五省城乡发出问卷，调查居民对自身生活质量的主观态度。1987－1990 年，北京大学社会学系生活质量课题组在北京、西安、扬州三市部分地区进行了多次抽样调查。研究人员除引入客观指标外，还对主观生活质量指标的影响这一项增加了参照标准，并通过中介评价指标将客观指标系列进行综合，形成了三级主、客观作用机制的生活质量模型。1991 年 12 月，由复旦大学人口研究所、南京大学人口研究所、北京经济学院人口研究所等共同组成的"中国人口生活质量比较研究"课题组在北京召开全国性生活质量学术研讨会，来自全国各地的学者就生活质量的定义、指标以及评估方法等进行了全面的探讨，提出了许多有益的见解，并以此次论文作为基础，于 1992 年出版了第一部关于生活质量研究的专著。

对"小康社会"的研究，把我国生活质量的研究提高到一个新的阶段。1991 年，中国社会科学院社会学研究所的陆学艺、李培林、朱庆芳等人发表了《2000 年中国的小康社会》一书，提出了包括 6 大类、60 个指标的中国小康社会指标体系，并进行了国际比较。2003 年，李培林、朱庆芳等人再次发表《中国小康社会》一书，进一步完善了全面小康社会的指标体系和评价标准，并对全国各省市区和 57 个主要城市进行了比较评价。在这一时期，国家统计局也正式公布了"小康社会指标体系"和"全面建设小康社会统计监测指标体系"。

人们对生活质量的重视推动了对生活质量的研究，而对生活质量的研究又反过来促进人们对生活质量评价标准的思考。通过对以往生活质量研究文献的梳理，我们可以概括出这样几点结论：第一，生活质量与生活水平是不同的概念，一般来说，提高生活水平是改善生活质量的基础，但生活质量并不完全由生活水平来决定；第二，在决定生活质量的物质条件中，随着生活水平的提高，人们的生活需求和期望也在发生变化，一些在生活水平较低阶段容易被忽略的因素，如空气清洁度、日照时间、交通状况、生活便捷度、人口集中程度、犯罪率等，都成为生活质量的重要影响因素；第三，随着生活水平的提高，主观指标也越来越成为衡量生活质量的关键指标，如幸福感、满意度、社会认同等，而这些主观指标还与一定的社会结构、社会关系、社会体制相联系。

第十六章　当代中国阶级阶层结构变动

　　阶级阶层分析，无论是在新民主主义革命时期，还是在社会主义建设时期，都是非常重要的问题。新中国成立初期，我国国旗的五星图案，代表了当时阶级阶层结构的基本格局，即围绕中国共产党这颗大星的人民大团结，由代表工人阶级、农民阶级、城市小资产阶级、民族资产阶级的四颗小星组成。社会主义改造完成以后，一些社会阶级阶层逐渐消失，阶级阶层结构呈现简单化趋势。1956年，党的八大政治报告提出"两个基本"和"一个主要矛盾"，即"我国的无产阶级同资产阶级之间的矛盾已经基本上解决，几千年来的阶级剥削制度的历史已经基本结束"，"我们国内的主要矛盾，已经是人民对于建立先进的工业国的要求同落后的农业国的现实之间的矛盾，已经是人民对于经济文化循序发展的需要同当前经济文化不能满足人民需要的状况之间的矛盾"（《中国共产党第八次全国代表大会关于政治报告的决议》，1956）。毛泽东的《论十大关系》（1956）和《关于正确处理人民内部矛盾的问题》（1957），都是在那个时期写成的。但是，1957年反右派斗争扩大化之后，中央提出无产阶级同资产阶级的矛盾仍然是我国社会的主要矛盾，1962年进一步强调，阶级斗争要"年年讲、月月讲"（薄一波，1993：1070 – 1097）。这些思想在"文化大革命"中形成了"无产阶级专政下继续革命"的理论，在实践中带来了极为严重的后果，导致经济和人民生活长期停滞不前（中共中央，1981）。1978 年改革开放以后，我国果断地放弃"以阶级斗争为纲"的错误口号，把全党和全国的工作中心转移到经济建设上来，并实行了大规模的阶级阶层关系调整，如为几百万人摘掉"反革命""走资派""修正主义分子""黑帮分子""臭老九"的帽子，为几十万错划的"右派"摘掉帽子，为一大批人摘掉"地主""富农分子"的帽子，为 70 万工商业者恢复了劳动者身份，等等，从而极大地调动了广大人民群众的积极性（胡绳，1991：481 - 483）。改革开放初期，经过阶级阶层关系的演变，形成了"两阶级一阶层"的阶级阶层格局，即工人阶级、农民阶级和知识分子阶层（李培林，1995：5；陆学艺，2003）。

一　阶级阶层结构的深刻变化

改革开放以来，我国在经济社会方面发生了两个重大转变：一是从单一的公有制的计划经济体制，转变为以公有制为主体、多种经济成分并存的社会主义市场经济体制；二是从农民占人口绝大多数的农业社会，逐步转向工业化和现代化社会。伴随着这两个巨大转变，我国社会阶级阶层结构也发生了极为深刻而广泛的变化，原来由工人阶级、农民阶级和知识分子阶层构成的相对简单的社会阶级阶层结构，现在变得越来越多样化、复杂化了。适应于中国特色社会主义制度和现代化要求的社会阶级阶层结构正在形成。

1. 工人队伍空前壮大，农民工成为新生力量

改革开放初期的 1978 年，在我国 4 亿多从业人员中，

6900 多万第二产业从业人员占 17.3%，第三产业从业人员近 4900 万人，约占 12.2%。现在近 40 年过去了，到 2016 年，在全国 7.7 亿多从业人员中，第二产业从业人员达 2.2 亿人，约占 28.8%，第三产业从业人员近 3.3 亿人，约占 43.5%。① 随着工人队伍总人数的大幅度增加，工人队伍的结构也发生了三个显著变化。

一是农民工成为工人队伍中庞大的新生力量，2016 年全国农民工的总量达到 2.82 亿人。在整个非农从业人员中，扣除党政干部、事业单位从业人员、社会组织从业人员等之后，农民工约占工人队伍的 60%。虽然农民工的户籍身份还是农民，其文化水平和收入水平也低于工人队伍的平均水平，但他们成为我国基础设施建设、生产流水线、一般建筑业和日常服务业的骨干力量。

二是服务业工人的人数超过工业工人，成为工人队伍中人数最多的部分。改革开放初期，服务业工人是三大产业中从业人员最少的部分，而到 2016 年，服务业工人的人数不仅超过了工业工人，也超过了农民。特别是随着以通信、金融、物流、电子商务、房地产为主体的现代服务业的快速发展，一支与新技术、新业态密切联系的、有别于传统体力劳动工人的新型工人队伍迅速成长，人数已达数千万人。

三是工人队伍中的国有企业职工比重较大幅度减少，其经济社会地位分化较大。改革开放初期的 1978 年，我国工人中大约 75% 是国营企业工人，25% 是集体企业工人，而且

---

① 本报告中引用的数据，凡未特别注明的，均来自国家统计局历年《中国统计年鉴》。

我国几乎没有其他所有制形式的经济组织。改革开放后的前十几年，随着经济的恢复和快速发展，特别是乡镇企业的崛起，国有企业工人和集体企业工人都有较大幅度的增加，但1995年是一个拐点，那时国有企业工人有7000多万人，集体企业工人约3000万人。经过国有企业改革和多种经济成分的大发展，国有企业工人的人数大幅度减少，到2015年，全国6200多万国有部门从业人员中，扣除700多万党政机关公务员、3000多万事业单位人员等，国有企业工人实际已下降到只有3000多万人，集体企业工人也只剩下400多万人，而私营企业、港澳台资企业、外资企业和各种非国有控股的混合所有制企业的工人，近2亿人，其中私营企业工人1亿多人。

这些变化也使得工人队伍的经济社会地位发生了分化，在现代服务业，效益较好的国有垄断行业，与新技术、新业态相联系的知识经济部门，工人的经济收入情况相对较好，而传统产业部门、去产能国有企业需要安置的工人的经济收入次之，农民工的收入水平和社会保障水平相对较低。

2. 农民数量大规模减少，并且日趋分化和高龄化

改革开放初期的1978年，我国9.6亿人口中，有7.9亿农民（农村居民），占82%；在4亿多从业人员中，有农民（农业从业人员）2.8亿人，占70%，是典型的农业大国。改革开放后，农民有了选择职业的自由，很多农民转换了职业，变成乡镇企业工人或管理者、进城农民工、个体经营者、私营企业主等。到2000年，农民占全国从业人员总数的比例下降到44.2%，不过由于从业人员总量增加了，农民的绝对人数增加到3.1亿人（扣除领工资的农业工人）。

经过 40 年的发展变迁，到 2016 年，在全国 13.7 亿多人口中，有 6 亿多农民（农村居民），占 42.6%，而在全国 7.7 亿多从业人员中，有 2.2 亿多农民（农业从业人员），占 27.7%。在 40 年改革开放中，尽管人口总量增加了 5.8 亿人，但农村居民和农业从业人员的绝对数都减少了，所占比例更是大幅度地减少了。根据《中国农村经营管理统计年报（2015 年）》，2015 年全国有 26744 个农户，耕作土地面积在 10 亩以下的占 79.6%，10 - 30 亩的占 10.3%，30 - 50 亩的占 2.6%，50 - 100 亩的占 0.9%，100 亩以上的占 0.4%，未经营耕地的占 6.2%（农业部农村经济体制与经营管理司、农业部农村合作经济经营管理总站，2016：6）。

农民阶级发生了几个大的变化：一是相当大部分的农业劳动力，特别是绝大多数农村青年劳动力，都转移到非农产业就业，2016 年我国持农村户籍、从事非农工作的农民工总量达 2.8 亿人，其中以进城务工为主的外出农民工近 1.7 亿人；二是在务农的农民中，出现了一些从事种植、养殖、渔业、牧业、林业等规模经营的农业大户以及数量众多的兼业户，纯粹务农的小耕农的数量和比例都大幅度减少，完全靠几亩土地耕作维持生活的小耕农，成为农村和整个社会的低收入群体；三是留在农村从事农耕的农民，呈现高龄化趋势，40 岁以下的务农农民已经很少了，如果不改变农村的耕作方式和耕农收入过低的状况，耕农将无以为继；四是务工经商、参军、上大学、嫁入城市等似乎成为农村孩子改变自身命运的主要渠道，地主、富农、中农、贫农等改革开放前仍作为农村阶级分析的"家庭成份"概念，已经成为历史记忆。

3. 专业技术人员成为中产阶层的主力

专业技术人员是指在企事业单位和各种经济社会组织中从事专业技术工作的人员，是一个以教师、医生、律师、工程师、经济师、科研人员、记者、编辑、演员、作家、艺术家等为主体的职业群体。这个群体以高学历和脑力劳动为特点，我国习惯称之为"知识分子"，而在西方研究社会分层的文献中，他们通常被划为"新中产阶层"或"白领阶层"的重要组成部分，以区别于以小资本者为主体的"旧中产阶层"和以体力劳动者为主体的"蓝领阶层"。

我国的专业技术人员分散在各行各业，总的人数还不是很多。按照国家统计局就业分类来估算，1978 年我国专业技术人员约有 1500 万人，约占全社会从业人员的 4.0%；到 2015 年，这个群体达到 5000 多万人，约占全部从业人员的 12.5%。

专业技术人员队伍也发生了一些重要变化：一是他们的政治地位提高了，他们不再是"被改造"对象或"资产阶级知识分子"，而是成为"工人阶级"的一部分，并且成为知识创造和科技创新的主体；二是他们的经济地位也显著提高了，改革开放初期经济收入"脑体倒挂"的现象，即所谓"造导弹的不如卖茶叶蛋的，拿手术刀的不如拿剃头刀的"现象，得到根本扭转，他们的平均收入水平已高于公务员的平均收入水平；三是这个在改革开放初期还几乎是完全依靠国家财政发工资的群体，现在其所在的单位，已经分化成财政全额拨款单位、差额拨款单位和完全自收自支单位。如出版行业等一些事业单位，已经转变成企业，全国公立高校的财政拨款大概占总经费支出的 50%，全国公立医院的财政拨款大概只占医院全部日常支出的近 10%。

专业技术人员也面临着一些发展的矛盾。一方面，随着人民生活水平的提高，民众对教育、医疗、文化的需求大大提高，教育、医疗和文化等事业日益繁荣，专业技术人员拥有了广阔发展空间，知识价值大为提高；另一方面，专业技术人员所在的非营利机构，在"创收"机制的驱动下，也出现某些扭曲行为，如趋利的倾向和所谓的"道德滑坡"。

4. 私营企业主成为广受关注的社会阶层

我国在 20 世纪 50 年代后期完成工商业社会主义改造之后，私营企业主作为民族资产阶级就不存在了。改革开放以后，私营企业主阶层从无到有，快速发展。根据国家工商行政管理总局的统计数据，截至 2015 年底，全国共有私营企业 1908 万户，私营企业主（投资人）3560 万人，全国实有私营企业占企业总数的 87.3%；私营企业注册资本（金）90.55 万亿元，占全国实有企业注册资本（金）的 53.8%；全国私营企业从业人员 1.64 亿人，雇工人数为 1.28 亿人。

总的来看，我国私营企业绝大多数都还属于中小企业，到 2015 年，户均资本规模为 475 万元，但在经济新常态条件下，仍呈现快速发展势头。2015 年，全国新登记私营企业 421 万户，比上年增长 22.0%，新增私营企业注册资本（金）合计 22.75 万亿元，比上年增长 55.4%。与此同时，我国也加快清理私营企业中的"僵尸企业"，2015 年，全国注销私营企业 68.25 万户，比上年增长 65.2%。

我国私营企业主群体目前呈现以下几个特征：一是从产业分布来看，私营企业主绝大多数集中在商业服务业，这一领域私营企业的户数占全国私营企业总户数的 74.0%。二是从区域分布来看，近 60.0% 的私营企业主集中在东部地区。
三是从受教育程度来看，私营企业主平均受教育程度并不
高，远低于公务员群体和国有企业负责人群体，约有 40.0%
的人只受过高中及以下教育，受过大专教育的占 31.8%，但
受过大学本科及以上教育的也占 28.7%。四是从收入和资产
状况来看，私营企业主呈现高度分化状态，绝大多数小私营
企业主个人收入并不高，2015 年的年收入中位数是 12 万元，
亿元资产以上大企业主的年薪中位数为 40 万元。但与此同
时，根据福布斯的研究报告，2016 年全球共有 1810 位富豪
净资产超过 10 亿美元，中国富豪总数位居世界第二，有 300
多位富豪净资产超 10 亿美元，其中有 251 位来自中国大陆。
五是从私营企业主的来源和政治参与看，私营企业主中有
20.0% 来自国家机关、国有企事业单位的"下海"人员，有
28.0% 是中共党员，有 4.8% 是民主党派人士，有 23.9% 担
任过人大代表和政协委员。①

5. 新社会阶层和新社会群体不断产生

新社会阶层和新社会群体，通常是指那些在改革开放以
来社会阶级阶层结构发生深刻变化的背景下，不太容易被归
入传统阶级阶层范畴的新阶层、新群体。"新社会阶层"实
际上是中国特有的一个概念。2001 年，时任中共中央总书记
的江泽民同志，在中国共产党建党 80 周年之际，发表了
"七一讲话"。他在讲话中说，"改革开放以来，我国的社会

---

① 这些调查数据来自中央统战部、全国工商联、国家工商行政管理总局
和中国民营经济研究会共同主持的"中国私营企业调查"。该调查在
全国范围内开展，中国社会科学院私营企业主群体研究中心负责该数
据的日常管理。

阶层构成发生了新的变化，出现了民营科技企业的创业人员和技术人员、受聘于外资企业的管理技术人员、个体户、私营企业主、中介组织的从业人员、自由职业人员等社会阶层"。他还强调，这些新的社会阶层，"也是有中国特色社会主义事业的建设者"（江泽民，2002）。此后，"新社会阶层"的概念就包括了六种人：民营科技企业的创业人员和技术人员、受聘于外资企业的管理技术人员、个体户、私营企业主、中介组织的从业人员、自由职业人员。

2015 年颁发的《中国共产党统一战线工作条例（试行）》把"新的社会阶层人士"作为新时期统战工作的 12 个方面的对象之一。中央统战部还对新的社会阶层人士做了新的概括，在原来六种人基础上归纳出四种人：一是私营企业和外资企业的管理人员和技术人员；二是社会组织从业人员（包括律师、会计师、评估师、税务师、专利代理人等以及社团、基金会、民办非企业单位从业人员）；三是自由职业人员；四是新媒体从业人员，同时强调，"他们"是"统战工作新着力点"（中央统战部八局课题组，2017）。此外，一些不断产生、翻新和扩张的"新社会群体"，也被媒体冠以一些新称号，如"蚁族""北漂""海归""海待""散户"等。这些新社会阶层和新社会群体，有的是伴随社会结构的发展趋势不断成长的，有的是经常变动不居的。2016年，全国新社会阶层有 5000 多万人，他们在社会上的影响不断增强。

在新社会群体中，应当特别关注被称为"我能行"的年青一代，他们具有世界视野、创新精神，思想开放、积极进取、个性鲜明，生活方式完全融入移动互联网，推动大众消费行为和消费观念进入一个新的时代。

改革开放以来，我国阶级阶层结构的深刻变化对我国的社会经济发展产生了巨大的积极影响：第一，极大地调动了全国人民和社会各阶级阶层建设中国特色社会主义的积极性，促进了我国生产力的提高，形成了我国发展的强大推动力；第二，加快了我国的社会流动，使各种社会资源实现了更有效率的配置，让一切劳动、知识、技术、管理、资本的活力竞相迸发，让一切创造社会财富的源泉充分涌流；第三，基本形成了适合我国发展阶段和社会制度的现代社会结构，为最终实现社会现代化创造了条件。

从现实情况来看，当前我国社会阶级阶层结构，既不同于马克思主义经典作家设想的社会主义社会，也在本质上不同于现代资本主义社会，与改革开放以前的情况相比也有很大的差异。正确地分析阶级阶层结构和阶级阶层之间的利益关系，是我们党确定政治路线和制定实施经济社会文化政策的客观依据，关系到党长期执政的阶级基础、群众基础和政策取向，关系到我国改革开放、经济发展和社会稳定，关系到坚持和发展中国特色社会主义。

二 阶级阶层结构变动的新特征、新挑战

1. 利益格局多样化发展，社会依然充满活力

在市场经济条件下，我国多种经济主体和多种分配方式并存，利益差距扩大。在社会转型过程中，城乡和区域之间的发展差距依然巨大，短期内也难以完全得到解决。这些情况都会造成我国利益格局朝着多样化的方向发展，在发展的

过程中，阶级阶层之间产生各种利益矛盾和利益冲突也在所难免。尽管如此，我国社会结构的一个重要特点，就是仍处于快速变化之中，仍具有很大的变动弹性，社会流动较快，具有很多发展机会和较大的发展空间，社会依然充满活力。

2. 不同发展阶段的社会矛盾重叠，面临一些两难选择

改革开放以来，我国的发展，实际上是一种跨越式的发展，用几十年走完了很多国家需要上百年走完的历程。所以，往往一个阶段还没有结束，另一个新的阶段已经开始，不同的阶段性特征并存，不同发展阶段的社会矛盾同在，从而使我国在解决一些社会矛盾时处于首尾难顾、投鼠忌器的两难境地。比如，在一些贫困状况集中的西部地区，既要大规模减少贫困，又要保护脆弱的生态环境；在企业劳动成本方面，既要注意依法保护劳动者权益，也要防止企业人工成本上涨过快导致劳动密集型企业丧失竞争力；在社会安全方面，既要防止火灾、矿难、交通事故等传统风险，也要防止因土地征用、城镇拆迁、工资待遇、下岗失业、转业安置等方面的不满而产生社会冲突，还要防止出现突发传染病、金融危机、恐怖主义行为等现代"风险社会"问题。总之，往往会出现解决一种社会矛盾，反而导致另外一种社会矛盾出现的情况，真正做到统筹兼顾很不容易。

3. 工农基础阶级的构成发生深刻变化，实现共同富裕要有一个过程

工人和农民是我国的基础阶级，人数众多，但近几十年来其构成发生了深刻变化。工人阶级的两个最大变化：一是有2亿多农民工加入工人阶级，他们在生活待遇的改善和思想意识的转变上，都需要一个过程；二是以脑力劳动为特征的"白领"职工超过了以体力劳动为特征的"蓝领"职工，这是一个非常大的变化，对整个社会的生活方式、消费方式、价值观念和行为取向都产生了重大影响。农民阶级也发生了深刻变化，不仅人数大大减少，而且高龄农民可能会成为我国最后一代"小农"，未来的新型"农业经营者"，将会极大地改变传统的农业经营模式。然而在这个变化过程中，要特别注意保护工农基础阶级的利益，特别是要防止他们当中的那些弱势群体被现代化的列车抛下。但中国工农基础阶级的人数众多，实现共同富裕，势必经历一个漫长的阶段，要有充分的心理准备和耐心。

4. 处理好精英群体与大众群体的关系至关重要，要防止社会分裂

"精英群体"并不是一个严谨的学术概念，但通常被用来描述那些在经济、政治和知识等领域中可以对社会产生重要影响的人群。他们往往领风气之先，能够更好地把握未来的发展趋势，也因此能抢占先机，成为在变革和发展中的获利者。从世界各国的发展经验来看，无论是发达国家还是发展中国家，精英群体脱离大众群体，从而造成社会认同危机和社会分裂，始终是一个巨大的危险。我国在近几十年的改革发展和对外开放中，实事求是地说，随着利益格局的分化和收入差距的扩大，也出现了精英群体脱离大众群体的倾向，这是需要特别警惕和防止的一种倾向。

5. 人民内部矛盾演化成对抗性群体性事件的情况将会长期存在

中国特色社会主义的制度建设，是一个长期完善的过程。在这个过程中，各社会阶级阶层之间的利益关系，需要长期磨合，需要通过良性互动和有效协调，不断完善相关制度。由于各种原因，在不同的发展阶段，一些群众因利益受损产生强烈不满，采取集体上访、游行示威、静坐、堵塞交通、焚烧汽车甚至冲击党政机关等对抗方式，从而使人民内部矛盾走向激化，都是可能发生的。在这些事件中，往往是参与者的合理诉求与他们的不合法的行为方式交织在一起，多数人的合理诉求与少数人的无理取闹交织在一起，群众的自发行为与一些别有用心的人插手利用交织在一起。如果处置略有不当，再加上发生在部分政府官员身上的诸如贪污腐败、决策失误、官僚主义等方面的原因，局部问题就有可能扩散到全局，从而使非对抗性矛盾转化为对抗性矛盾。所以，必须充分认识到此类矛盾的长期性和复杂性，不断提高依法、依规、靠制度解决问题的能力。

三　关于阶级阶层的一些争议问题

改革开放以来的经验表明，改革、发展和稳定的关系，是我国在现实中要处理好的最重要的关系之一，没有一个和谐稳定的社会环境，改革和发展的目标都将难以实现。在社会主义初级阶段，阶级阶层矛盾是始终存在的，只不过有时表现为缓和，有时表现为激烈。在我国社会转型时期，快速的发展使几百年的发展过程产生"时空压缩"，也使得不同发展时期的社会矛盾集中凸显，甚至产生"发展起来"以后的时期比"欠发展"时期面对的问题还要多、还要难解决的印象，形成发展起来的"苦恼"和"困惑"。本文尝试着在学理上解释和分析人们普遍关心的、与阶级阶层结构变迁相关的若干理论和现实问题。

1. 怎样理解工人阶级是领导阶级?

按照《中华人民共和国宪法》(以下简称《宪法》)总纲第一条的规定:"中华人民共和国是工人阶级领导的、以工农联盟为基础的人民民主专政的社会主义国家。"《宪法》序言中也强调,"社会主义的建设事业必须依靠工人、农民和知识分子,团结一切可以团结的力量"(《中华人民共和国宪法》,2018:7-8,5)。从《宪法》这些规定来看,工人阶级是领导阶级,也是社会主义建设事业的主要依靠者。而在学界的调查研究中,工人在现实阶级阶层结构中的经济社会地位并不高。怎样理解这种理论和现实看起来的不一致呢?其一,工人阶级是领导阶级,这是从生产力和生产关系来讲的,是说工人阶级代表着工业社会大机器生产阶段的先进生产力。就中国的发展阶段来看,这一点并没有改变,而且随着阶级阶层结构的变化和生产力的发展,工人阶级的构成发生了深刻变化,智力型、专业型、技术型工人的比例大幅度增加。这进一步增强了工人阶级作为先进生产力的代表性。其二,工人阶级是领导阶级,这是工人阶级作为一个整体而言的。在我国国有企业改革和当前过剩产能消化的过程中,一部分国企工人下岗,一部分去产能企业工人岗位变动,这是产业结构升级中的正常变动,不应对此进行不切实际的政治解读。其三,工人、农民是"广大人民群众"的主体,改善工人、农民的经济政治社会地位是一项长期的任务。我国作为一个社会主义国家应该把这项任务放在特别重要的位置。正是在这种意义上,十六大修正后的党章规定:中国共产党是工人阶级的先锋队,同时是中国人民和中华民族的先锋队。

2. 当前收入差距是在扩大还是在缩小？

根据基尼系数，在改革开放初期我国收入差距曾一度缩小，那主要是由于农民的收入最先通过获得经营的自由而较大幅度提高，但随后随着市场经济的开展，收入差距不断扩大，20 世纪 90 年代中期，基尼系数超过 0.4，到 2008 年达到峰值 0.469，收入差距扩大的趋势得到扭转，开始缓慢地缩小，这种缩小的趋势持续到 2015 年，2016 年有轻微的反弹。这样一个总的趋势，或者说收入差距开始缓慢缩小的趋势，无论是用国家统计局调查数据，还是根据学界的调查数据测算，结果是一致的。

但这样一个学界的实证研究结果，却似乎与民众的感受有很大差别。这主要是因为，影响我国居民收入差距的三个主要因素，是城乡差别、区域差别和社会成员个人之间的差别，其中城乡差别的影响最大，大概可以解释整体收入差别的约 40%。近若干年来我国整体收入差距的缩小趋势，最重要的就是来自城乡收入差距缩小和农民工收入持续增长的贡献。但这并不意味着社会成员个人之间的差距也在同步缩小。而民众的感受，可能更多地来自富豪榜、明星出场费、巨额贪腐等与普通民众生活水平的比较。另外一个因素是，我们所说的收入差距，还不是整体的贫富差距，也就是说，并不包括财产的差距。直到目前，我国还没有建立起全民的财产登记制度，而学界的一些关于家庭财产的调查，由于很多人难以真实填报，数据质量受到很大影响，因而还难以做出符合信度要求的科学分析。但根据世界各国的研究结果，财产的差距要比收入差距大很多，由于我国还没有开始实施财产税，所以，如果加上财产，估计差距会更大一些。进一步缩小收入差距，无论是从促进共同富裕、保障社会公平正义来说，还是从促进大众消费、保障经济长期持续增长来说，都是非常必要的。

3. 社会阶层真的"固化"了吗？

"社会阶层固化"，是近来媒体经常提到的一个话题，但这还算不上一个规范的学术概念，只能说是一种描述性概念。它主要是指社会流行性减弱，社会位置变动的难度加大，即产生极而言之的"龙生龙，凤生凤"的社会现象。从这种意义上说，"社会阶层固化"是与"社会流动"相对应的概念。

这个问题可以从两个方面来看：一方面，随着我国经济进入新常态，社会阶级阶层结构大调整、大变动的时期过去了，一夜暴富式的"社会流动"机会减少了，社会结构进入转型时期相对稳定的常态；另一方面，社会结构仍在转型变化的过程中，社会流动的频率仍然很高，社会仍然充满活力。

在学术界，"社会流动"是社会学研究的经典议题，在这个领域产生了很多不同的社会地位获得的模型，其主要关注的是，在一个社会中，人们改变社会位置的机制是什么？其基本的假设是，影响人们社会位置的，在传统的社会中主要是家庭背景、户籍、性别、宗教等先赋因素（ascribed factors），而在现代社会中主要应该是教育、业绩、努力程度、机会把握等自致因素（achieved factors）。我国社会学的多数经验研究表明，随着社会的发展，自致因素在人们经济社会地位的获得中发挥越来越重要的作用。所以，所谓"社会阶层固化"的判断，无法在科学意义上得到经验研究的实证基础（杨继绳，2012；顾辉，2015）。

4. 我国中等收入群体和中产阶层有多大规模？

国际上关于中等收入群体的界定，还没有一个像国际贫困线那样的统一标准，但已经有 30 多年的研究历史。笔者等的文章按照三种标准对中国中等收入群体的规模进行了测算和估计。一是世界银行等国际组织最常用的标准，即按购买力平价计算，每人每天收入或消费 10 - 100 美元（PPP $）。按此标准，我国中等收入群体占全部收入群体的比例 2015年约为 44%，这也成为一些国际媒体报道中国的中产阶层已经超过 5 亿人的依据。二是我国国家统计局的探索性标准，以家庭年可支配收入 9 万 - 45 万元人民币来界定中等收入群体。按此标准，2015 年我国中等收入家庭占全部家庭的24.3%，这也是一些媒体报道中国中等收入群体达到 3 亿多人的依据。三是相对标准，即按照收入中位数的 75% -200% 来定义中等收入群体。按此标准，我国中等收入群体的比例 2015 年为 38%，但在相对标准下多年来比例变化不大（李培林，2017；李培林、朱迪，2015）。

在这三种标准中，世界银行的标准是针对全世界发展中国家的，对我国目前发展阶段来说标准过低，难以被社会认同；国家统计局的探索性标准，比较适合我国，也能够反映我国消费市场的扩大，但存在难以反映收入差距变化的不足；相对标准，优点是便于进行国际比较，更能反映收入差距变化，但也有"中等收入线"随平均收入提高而不断变动的问题。

在国际经济学界，"中等收入群体"与"中产阶层"几乎是同义语。但在国际社会学界，这两个概念还是有较大差别的。"中产阶层"更多的是依据职业来界定，所要反映的是在后工业社会从业人员中"白领"超过"蓝领"的结构性变化。这种基于产业结构的变化，将会在生活消费方式、价值观念等方面带来一系列的变化。

5. 我国农民怎样才能普遍富裕起来？

中国的问题说到底还是农民、农业和农村问题，没有农民、农业和农村的现代化，就不可能真正实现国家和社会的现代化。我国农民人数众多，绝大多数是小农，每个农户的平均耕地面积只有约0.5公顷，相当于欧洲农户平均耕地面积的1/80－1/60，单靠农耕收入微薄，增收很难（黄树仁，2002：171）。从东南亚一些农地缺乏的国家和地区的现代化经验来看，农业普遍像西方国家那样实行规模化经营很难做到（孟德拉斯，1984/2005：156）。而目前"80后"农村青年已经很少务农，务农农民过早出现老龄化，很难再转移成非农劳动力。农产品价格也已经多数高于国际市场价格，靠政府补贴财政压力很大，难以为继。怎样让广大农民普遍富裕起来，进入中等收入群体，是我国面对的最大难题。实行新型城镇化，实现城乡一体化发展，扩大农户的多样性经营，不断提高农产品的附加值和农民的兼业收入，可能是唯一的选择。在未来的发展中，农民的总人数将会持续减少，但农业劳动者将会长期存在，农民作为一个阶级，在现代化的过程中将会逐步消退。

6. 现阶段的贫富矛盾、劳资矛盾、干群矛盾是一种什么样的矛盾？

我国现阶段社会阶层之间的矛盾，比较突出地表现在贫富矛盾、劳资矛盾、干群矛盾这三大矛盾。在贫富矛盾方面，收入和财富差距的扩大，强化了阶级阶层利益格局的分化势头。这方面的矛盾在快速发展的过程中也不断积累，并通过企业改制、征地拆迁、失业下岗等各种社会事件凸显出来，个别暴富者的狂妄言论、炫富行为和恶劣表现，极易激起公愤。世界各国的经验都表明，贫富悬殊和两极分化，必然导致社会的分裂和动荡，从而影响到社会的稳定和秩序，最终对经济增长也会产生负面影响。在劳资关系方面，多数私营业主是能够遵守法律、接受社会主义制度和道德观念约束的，但也有一些私营企业和外资企业的业主，非法延长工人的工时，克扣工资，忽视劳动安全，甚至侮辱人格，使局部劳资关系比较紧张。随着劳动力供求关系的变化和劳动者维权意识的增强，如何建设中国特色社会主义的新型和谐劳动关系，需要认真研究。在干群关系方面，总体上是好的或比较好的，但在有些地方和有些部门，干群关系疏远了，甚至比较紧张，有的还引起冲突。一些干部选拔使用方面的"买官卖官"现象，一些干部官僚主义、形式主义、虚报浮夸和说大话、空话、假话现象，特别是少数干部以权谋私、贪污腐败现象，影响了干群关系，加剧了干群矛盾，在一些地方引起群众强烈不满。

但总的来说，这些社会矛盾绝大多数属于人民内部矛盾，即便是一些矛盾演化成对抗性矛盾，也不属于"阶级矛盾"，要依法依规治理，不能简单地用"阶级斗争"的办法处理。在整个社会主义初级阶段，都要全面贯彻依法治国，推进国家和社会治理体系的现代化，但也绝不能放弃人民民主专政。

7. 农民工的大规模流动为何没有引起社会震荡？

农民工在我国是一个非常独特的现象，在世界现代化的历史上，还从来没有如此大规模的人群（数以亿计）在短时期内从农业向工业、从乡村向城市流动。农民工与我国改革开放以来的大规模基础设施建设、城镇化的快速发展和"世界工厂"形成都是紧密相连的。

在西方发达国家的现代化过程中，为了解决劳动力缺乏问题，引入欠发达国家的移民，曾是普遍的做法。但大量的外来移民，由于生活水平、生活方式、宗教信仰、民族文化习俗、价值观念等方面的差异，也带来很多社会问题，诸如社会融入难、民族宗教冲突多、犯罪率升高、排外情绪高涨、恐怖袭击威胁社会安全等。所以，中国出现的所谓"民工潮"，从一开始就受到各种质疑和担忧，一些西方学者认为中国大规模的民工流动会对社会安全、社会稳定形成"颠覆性"力量，国内也有学者提出"历代王朝都毁于流民之手"。但出人意料的是，我国大规模的农民工流动，虽然也存在生活条件和待遇较差、社会保障欠缺、欠薪问题曾经比较严重、社会排斥和社会歧视普遍存在等问题，但在几十年的过程中，还几乎从未发生过大规模的群体性事件。

相关的研究表明，与城市工人相比，农民工的收入和经济社会地位相对较低，但农民工却意外地具有比较积极的社会态度。农民工的社会安全感、总体社会公平感、对地方政府的满意度都高于城市工人。中国的农民工之所以持积极的社会态度，其背后的一个原因在于农民工在流动中收入和生活水平得到极大提高，他们更倾向于把自己过去艰难的农民生活作为比较的参照体系。他们不是与社会横向利益做比较，而是与自身的纵向利益做比较（李培林、田丰，2011）。另一个原因是，农民工以他们的辛勤劳动和社会贡献赢得了社会舆论的支持和赞誉，并通过社会传统的关系网络不断融入城市社会，政府也建立了一系列的制度来保护农民工的权益，支持农民工转化为市民。整个社会对农民工的包容性不断增强，并形成了农民工作为国家建设的"脊梁"的形象。这是一个非常值得总结的成功的社会融合案例。

8. 为什么当前很多民生问题表现为教育、医疗、环境等公共产品供给问题?

我国当前的阶级阶层矛盾，绝大多数是涉及物质利益的矛盾，这些物质利益的矛盾，又绝大多数表现为民生问题。而民生问题，在改革开放以来几十年发展过程中，在不同的阶段表现形式也有很大不同。在改革开放初期，民生问题主要表现为商品短缺问题，但随着人民物质文化需求层次的提高，随着商品领域从卖方市场到买方市场的变化，现在的民生问题更突出地表现为公共产品和公共服务的供给不足或供给体制不完善的问题。如在教育、就业、医疗、社会保障、环境保护等方面，产生了一些诸如因学校收费过高、劳动权益受损、医患关系恶化、企业职工退休金过低、空气和饮用水污染严重等问题。

这类民生问题，在任何社会、任何发展阶段，都会存在，都会有其不同的表现形式。但我国当前收入和财富差距较大，社会不公现象还普遍存在，人们的发展需求快速提升，公共产品的供给还不健全、不均衡，所以这类民生问题的突发事件，在新媒体快速传播、社会舆论快速形成的条件下，有时也会与阶级阶层矛盾以及部分公务人员的官僚主义行为纠合在一起，并引发对政府和社会的强烈不满。这是需要给予高度关注、认真面对的一种发展趋势和社会问题。

9. 什么是新集群行为或非直接利益冲突？

集群行为通常是指自发的、不受正常社会规范制约的众人的短暂狂热行为，这种行为往往具有很大的社会破坏性，并且易产生越轨行为和犯罪行为（张书维、王二平、周浩，2012）。集群行为也有可能发展成有组织、有目的的持续抗争，从而演变成社会运动。传统的集群行为，往往涉及物质利益关系，在表面的无目的、无取向的背后和深层，是直接利益关系的驱使。例如我国近年来也频频发生"邻避运动"（NIMBY，Not In My Back Yard）（何艳玲，2006），殡仪馆、垃圾处理站、PX 项目、核电站等建设，往往会遭到当地民众的抵制和抗争。

所谓"新集群行为"，是现代社会兴起的一种基于价值认同的非直接利益的社会冲突，如在民权、环境保护、女权、同性恋、反战等方面形成的集群行为。参加这类集群行为的人群，可能来自不同的社会阶层，也有不同的利益诉求，他们的集群行为更多不是为了自身的直接利益，而是基于某种价值取向。在西方社会，这些行为往往被认为是不同于传统"工人运动"的"新社会运动"。而在我国，这些"非直接利益冲突"，往往容易以"新集群行为"的形式爆发出来。这是我们在现代化过程中需要处理好的一种新型社会矛盾。

10. 为什么说要警惕权贵主义和民粹主义？

一个大变革的时期，也是各种社会思潮风起云涌、各种社会趋向展露锋芒的时期，在这样的时期，防止极端主义走向非常重要，也是我们面对的非常现实的问题。从现阶段的情况来看，主要应该防止两种可能的极端主义走向。一种是权贵主义，即在权钱交易之下，资本和权力结合，掠夺社会财富，如以"产权改革"为名鲸吞公共财富、以"土地批租"的形式完成个人原始积累、以幕后交易掠夺广大股民。几百名部级领导的被查处、一些数以亿计的巨额贪腐案件，足以使权贵主义触目惊心。另一种是民粹主义，即以反对权贵、维护大众权益为旗号，制造蔑视权威、拒绝变革、不信任政府和仇富、仇官、仇专家、仇名流的社会氛围，通过主张不切实际的福利要求迎合民众，以民权代言人自居绑架民意，甚至要把改革拉回"文化大革命"。

附录：中国社会形势分析 25 年记述 *

《中国社会形势分析与预测》（又称"社会蓝皮书"）自
1993 年出版第 1 本，到 2016 年出版第 25 本，走过了整整 25
年的时间，最早参与这项研究的课题组主要成员，有的调
离，有的退休，有的已经去世。我成为 25 年来唯一始终实
际负责和参与这项课题的人，感到有责任对这项长达 25 年
的连续滚动课题进行总结，以有利于这项课题持续下去和更
上一层楼。

一 什么是社会形势？

20 世纪 90 年代初，中国社会科学院经济学科片在总理
基金的支持下，由著名经济学家刘国光研究员主持、数量经
济和技术研究所所长李京文研究员实际负责，开始进行中国
经济形势的分析和预测，并于 1991 年出版了《1992 年中国
经济形势分析与预测》一书。该书获得极大成功，以课题组
名义撰写的总报告在《经济研究》上发表，在社会上产生极
大反响。在这一背景下，次年，当时主管社会政法学科片的
中国社会科学院副院长江流教授，提出由社会学研究所牵
头，由当时的社会学研究所所长陆学艺教授实际主持，组成

---

* 本文初载于李培林主编《中国社会形势研究 25 年》，社会科学文献出版
社，2017。

"中国社会形势分析与预测课题组"，核心组成员有我、方明、黄平、陆建华，还有负责课题辅助工作的胡刚，我成为核心组的负责人。记得当时一开始我们是从"什么是社会形势"开始讨论的。那时科研经费还比较紧张，我们核心组几个人住在中国社科院建国门大楼北侧的四川省驻京办事处招待所，彻夜讨论。因为招待所当时没有早餐，我们的早餐就在周边几条胡同的早餐摊上解决。

究竟什么是"社会形势"，我们当时查阅了很多文献，都没有找到确切的说法。国外的文献中，几乎没有人在使用"社会形势"的概念进行学术研究，国内的文献中，有"经济形势""政治形势""国际形势""军事形势"等说法，但也唯独没有"社会形势"的表述。在这种情况下，我们首先把"社会形势"拆分开，讨论什么是"社会"，什么是"形势"。对"社会"的理解比较好办，我们几个都是学社会学的，知道"社会"的含义有大小之分，可以是"社会主义社会""工业化社会"那样的包罗万象的"大社会"，也可以是相对于"经济"而言的"中社会"，也可以是排除经济、政治、文化后的"小社会"。所以，我们把分析的基本范围限定在"中社会"，但又主张要与经济相联系，因为我们认为社会形势的判断要以经济形势为基础。对于什么是"形势"，从字面上理解，就是"形态"和"趋势"，由此可以把"社会形势分析与预测"理解为社会变迁发展的现状分析和趋势预测。第一本社会蓝皮书的总报告，一开始就给"社会形势"下了一个简单的定义，认为"社会形势是包括经济增长在内的社会系统运行状况的综合性表现"。

好在当时我们已经有一定的研究基础，陆学艺教授和我于 1990 年共同主编出版了《中国社会发展报告》。这是我国第一本社会发展报告，产生了很大的社会反响，该书还获得中国社会科学院首届优秀科研成果奖。写作这本书有两个背景，一是早在 1982 年底，第五届全国人大第五次会议在通过"六五计划"时，把"国民经济五年计划"正式改名为"国民经济和社会发展五年计划"，增加了"社会发展"的理念，但什么是社会发展以及社会发展的描述和分析体系是什么，直到 20 世纪 90 年代初才开始得到认真研究；二是联合国开发计划署从 20 世纪 90 年代初开始发表"人类发展报告"，用人类发展指数替代人均 GDP 对各国的发展水平进行排序，这促使人们思考更加全面的发展。在这样的背景下，我们希望社会学的研究能够具有更广泛的影响力，所以仿照世界银行的世界发展报告，组织撰写了《中国社会发展报告》。我是这本书的总报告撰稿人，当然撰写的思路是课题组很多人在北京西郊的一个养鱼场里侃了几天侃出来的。该报告用"我国正处在一个社会转型时期"作为总判断和理论框架，用大量的资料和数据从六大方面分析和描述了改革开放以来中国的巨变，即从自给半自给的产品经济向有计划的商品经济社会转型；从农业社会向工业社会转型；从乡村社会向城镇社会转型；从封闭半封闭社会向开放社会转型；从同质的单一性社会向异质的多样性社会转型；从伦理型社会向法理型社会转型。报告最后提出"全面推进社会改革"的方案，这在当时是很罕见的。

我们那时认为社会发展报告是一种中长期的分析和预测，而社会形势是一种年度的分析和预测，应当更容易一些。但后来才感到，这种看法是有偏差的。

二 社会形势的预测及其影响因素

经济蓝皮书比社会蓝皮书早出版一年，经济形势的预测采用了预测模型，每年公布下一年度的 20 个左右主要经济指标的预测数据。这个预测模型其实是假设经济的主要指标之间具有相关性，在一定的参数之下，指标可以呈现外推的线性变化。但实际上，由于模型的预测结果往往与现实的可能性并不相符，所以也要根据经验对结果进行人为调整。

社会蓝皮书一开始也想仿照这样的做法建立预测模型，预测下一年度的一些主要社会指标，如居民收入、城镇化率、失业率、犯罪率、基尼系数等。但后来发现，这样做的风险太大。我们曾去一些发达国家的研究机构，与做经济预测研究的人员座谈，绝大多数人认为，这种短期的系统性的指标预测，准确率不会超过 20%，特别是对于社会形势来说，更是如此。

社会科学的预测与自然科学完全不同，自然科学的预测模型几乎是封闭的，变量都是确定的，比如你可以根据推动力、空气阻力、摩擦力和抛物线轨迹测算出弹道导弹的运行轨迹，并进行拦截。社会科学的预测模型都是开放的，我们并不确切知道全部的影响因素，而一旦一个新的影响因素加入，原有模型的变量之间的关系就全改变了。社会形势比经济形势的影响因素要更加复杂，比如说你预测社会政策突然变化的影响和突发事件的影响，其实严格地说与算命和掷色子没有太大区别。

那么是不是说社会形势预测没有规律可循呢？那也不

是。翻阅这 25 年的预测结果，绝大多数还是比较靠谱的。换句话说，如果没有特殊的不可预测的影响因素，多数指标的变化是稳定的。比如城镇化水平，几十年中都是以每年 1个多百分点的速度在提高，增长和变化情况相当稳定；再比如我们测算出，居民收入差距的扩大，最重要的是受城乡之间居民收入差距和区域之间居民收入差距的影响，这两个因素就可以解释整个收入差距的约 60%，那么一旦城乡和区域之间居民收入差距出现缩小的情况，就可以据此推论出居民收入差距扩大趋势开始出现逆转。当然，在社会形势方面，一些与政府政绩挂钩密切的社会指标，比如说犯罪率变化，往往很难找到稳定的变化规律。

我们经常讨论经济形势与社会形势的关系。一开始我们认为，经济形势是社会形势的基础，经济形势不好，社会形势也不会好。后来我们发现，即便在经济形势好的情况下，社会形势也未必好。再后来我们发现，即便在经济形势不好的情况下，社会形势也不必然会恶化。也就是说，经济形势与社会形势并不是一种简单的因果关系，更多的情况下是一种密切的相关关系。一般人判断经济形势，主要是根据增长速度，但经济增长速度一般并不会对社会形势产生直接影响，经济形势要通过就业、物价、居民收入等一些中介指标的变化对社会形势产生重要影响。对经济增长具有重要作用的大规模征地拆迁，反而会引发一系列上访和群体性事件，从而对社会形势产生负面影响。另外，对于影响社会形势的各种社会问题，我们一般也会归纳为经济体制转轨中的社会问题和社会结构转型中的社会问题，并根据转轨与转型的力度和速度，来判断某一类社会问题阶段性的集中程度。

总之，尽管经过了 25 年的探索，但我们对于社会形势的变化和影响因素，还不能说达到把握规律的程度，很多情况下还是凭借多年的经验进行判断，要想使社会形势的预测成为一门科学，还有很长的路要走。

三 社会形势的分析框架

这次我们收集了社会蓝皮书 25 年的目录，目录的变化，实际反映的是我们关于社会形势分析框架的变化。

经济形势的分析框架从一开始就非常明确，因为我们长期以来有国民经济的计划，政府的经济综合部门也有对经济体系的细致划分。但政府从来没有负责社会领域的综合部门，社会发展是一个什么样的体系也不明确，不仅在中国不明确，在国际上也不明确。

社会蓝皮书一开始的时候，涵盖的领域很广，甚至包括了政治、法治、宗教、民族等。随着实践的发展和研究的推进，也为了使社会形势的分析和预测更加聚焦于一些与社会发展联系密切的核心领域，各研究分报告也不断收缩范围，基本上形成了一个以民生为重点的社会形势分析框架，包括人民生活、城镇化进程、就业、教育、收入分配、社会保障、医疗、社会安全等。这就是社会蓝皮书分报告的主体部分，即"发展篇"。

每年都有一些公众关注的难点、热点、焦点问题，为了回应公众的关切，社会蓝皮书每年会根据形势的变化推出一些关于社会难点、热点、焦点问题的专题报告，形成一个"专题篇"。

为了显示社会学的分析视角，在很长一段时间里，社会蓝皮书都专门设置了一个"阶层篇"，反映各个社会阶层或社会群体的发展变化情况，如工人、农民、干部、私有企业主、青年、妇女等。但这个部分的一些报告，有时让人感到与社会形势并没有太直接的关系，所以这个部分后来就被合并掉了。

社会蓝皮书还有一个很特别的部分，就是"调查篇"，每年都要发表一些全国的大规模的社会综合调查结果和专题调查结果。我们国家的经济统计数据比较完善，社会统计是改革开放后才发展起来的，数据相对缺乏。为了使社会形势的分析和预测能够有扎实的数据支持，社会蓝皮书一开始就专门设置了这样一个部分，并坚持下来。

四　25 年社会发展趋势的几个阶段性判断

为了撰写这个记述，我重新认真研读了 25 年来社会蓝皮书的总报告，感到这些总报告在一些历史节点上所做的阶段性判断，还是很有前瞻性的，至今读起来仍然回味良久。

（一）关于 1992 年社会形势发生转折性变化的判断

《1992 - 1993 年：中国社会形势分析与预测》是第 1 本社会蓝皮书，那时刚刚发表了邓小平同志的南方谈话，国内经济社会形势发生了很大变化。记得当时为了准备这篇总报告，我和方明专门去广东省的深圳、东莞、顺德等地进行了十多天的调研，对当时发生的快速而重大的变化印象极为深刻，但同时也对一些过热的现象感到担忧，这些调研都对总报告的判断产生影响。当年的总报告提出，"社会转型进入新阶段"和"社会形势发生转折性变化"，并从六个方面分析了转折性变化的特点，即社会主导价值发生变化；改革的深度和力度发生变化；经济发展速度明显加快；对外开放迈出了新步伐；社会变革的程序和社会参与方式发生变化；社会精神面貌和社会心态发生变化。该报告也清醒地提出警告：基建投资热、开发区热、房地产热、股票债券热和办公司热成为1992年中国经济的五大热点，从主流上看，这些"热"是积极合理的，但是从固定资产投资增幅过大、银行贷款增长速度过猛、货币超发问题严重、原材料和能源供应日趋紧张、价格上涨幅度较大、交通运输全面吃紧、工业品继续积压等情况来看，这些"热"中显然存在某种盲目性和不合理因素。据统计，1992年全国各地乡以上单位计划建立开发区8700多个，如果全部投入开发的话，约需资金30000亿元。

这篇总报告关于社会形势发生转折性变化以及对过热经济现象的严厉口气，引起社会和政府部门的高度关注。而到2014年，1－9月全国商品零售价格比上年同期增长20.9%，居民消费价格同期上涨23.3%，零售物价上涨率大大超过1988年的18.7%和1989年的17.8%以及15%的严重通胀警戒线。

（二）关于中国发展进入人均 GDP1000－3000美元的关键时期的判断

2005年社会蓝皮书的总报告提出一个大的判断，认为中国发展进入人均 GDP1000－3000 美元的转型关键时期。这个关键时期往往是产业结构快速转型、社会利益格局剧烈变化、政治体制不断应对新的挑战的时期，是既充满新的机遇，又面临各种社会风险的时期。该报告还认为，国际上的一些国家和地区，曾在 20 世纪 70 年代经济起飞后进入这个时期，但后来却走上了截然不同的发展道路。一些发展顺利的国家和地区，如今人均 GDP 已达到 1 万－2 万美元，而另一些没有解决好社会矛盾和发展问题的国家和地区至今人均 GDP 还停留在不足 3000 美元的水平，这是中国应当引以为戒的。

这篇总报告还特别强调，由于人口众多、受新的全球化影响等一些特殊因素，中国在进入人均 GDP1000 美元的关键时期之后，有一些不同于其他国家和地区发展经验的特殊国情。第一，在人均 GDP 达到 1000 美元之后，中国的农民数量以及农业从业人员还如此众多，要特别注重城市化的问题和降低农业从业人员比重的问题。第二，中国在人均 GDP 达到 1000 美元以后，收入差距没有按照应有的规律向缩小的方向发展，而是继续加速扩大。第三，中国在人均 GDP 达到 1000 美元以后，没有出现劳动力短缺，而是具有劳动力在一个较长时期供大于求的趋势，就业问题一时难以得到根本缓解。第四，与一些国家人口先富裕后老化的规则不同，中国由于人均寿命延长和严格的人口控制，人口还没有富裕起来就过早老龄化。第五，中国在人均 GDP 达到 1000 美元以后，农村按国际贫困标准（按购买力平价计算每人每天收入或消费不低于 1 美元，约折合 2.5 元人民币）还有 1 亿多贫困人口，这也是中国的特殊国情。第六，在全球化的新形势下，应当高度关注民主意识的成长，通过完善社会主义民主制度，坚决遏制腐败现象，保证长期的政治稳定。

该报告还提到，中国是一个大国，大国的兴起与小国的兴起的国际影响完全不同，以往的发展经验说明，大国的兴起和更替往往会改变世界经济政治格局并可能引发势力范围争夺的国际冲突。中国在目前快速提高国际经济社会地位的时候，应保持清醒的政治头脑，处理好国际关系，特别是处理好大国之间的关系，为中国的长期稳定发展争取较好的国际环境。

关于人均 GDP1000－3000 美元关键发展阶段的判断，被广泛引用，但也有一些争议和质疑。但现在看来，它很类似于一种低水平的"中等收入陷阱"的假设和判断。

（三）关于中国发展进入新成长阶段的判断

2010 年的社会蓝皮书总报告，以"中国进入发展的新成长阶段"为题，指出我国将率先走出国际金融危机的阴影，进入新一轮的增长周期，而从工业化、城镇化进程和居民消费的发展阶段来看，我国开始进入国际金融危机后的新成长阶段。这篇总报告从六个方面阐述了新成长阶段的特征，即工业化、城市化进程进入中期加速的新成长阶段；社会结构变迁进入破除城乡二元结构的新成长阶段；人民生活进入大众消费的新成长阶段；高等教育进入大众教育的新成长阶段；社会保障进入构建覆盖全民体系的新成长阶段；改革从主要是经济改革过渡到全面改革的新成长阶段。

该总报告强调，这个新成长阶段呈现的一些新特征，与过去相比有了很大的不同。新一轮增长周期的推动力，与过去相比将发生明显变化，将更加依赖于产业结构升级、经济社会结构转型和国内消费增长。并且认为，转变发展方式、深化社会经济结构调整、调整收入分配结构、不断提高人民生活水平是新成长阶段的主要任务。

应当说，我们比较早地感觉到，在 2010 年前后，中国的发展出现了一些深刻的结构性变化，使改革开放前 30 年所面对的主要发展问题和挑战与之后的后 30 年相比，有了重大的差别。后来，我在 2015 年社会蓝皮书中，以"'新常态'背景下的新成长阶段"为题写了一篇代序，重新强调了这个判断，认为从近两年发展的情况来看，这种新成长的特征越来越明显，越来越呈现一些不同于以前发展趋势的新特点，或者说在社会发展方面呈现一些转折时期的特征。该文以一些关键性的数据表明，我国发展出现六个方面的阶段转折，即城镇化发展的阶段转折、劳动力供求关系的阶段转折、收入分配变化的阶段转折、职业结构变动的阶段转折、居民生活消费的阶段转折、社会发展质量的阶段转折。

这些关于新成长阶段的研究和判断，可以说从一个更加广泛的社会层面，诠释了经济新常态作为一种发展阶段的社会背景以及我们面对的新的战略选择。

五　社会形势判断中几个引起争议的问题

在 25 年的中国社会形势分析过程中，也不断出现一些有争议的问题，有时我作为这项课题的实际负责人，也感受到不小的压力。所以说，这项课题研究能够坚持 25 年，也的确不容易。这里，我记述几个印象深刻的例子。

（一）关于"社会转型"的提法

在写作第一本社会蓝皮书总报告时，就讨论采取什么样的理论分析框架，最后还是选用了我们当时出版不久的《中国社会发展报告》的分析框架，即"社会转型"。但这个概念，当时媒体和官方文件都还很少使用，在含义的理解上似乎也有些敏感，因为当时苏联和东欧国家刚刚发生政治巨变，人们对"转型"的概念抱有警觉。当时在讨论中，社会蓝皮书的主编之一江流教授就提出一种担心，"人们会不会有疑问，社会转型是往哪里转呢"？另一位主编陆学艺教授和我，则认为"社会转型"的概念有力度，很难找到其他的概念来分析和描述中国改革开放以来的深刻变化。经过多次讨论，江流教授拍板，同意使用"社会转型"作为核心概念。第一本社会蓝皮书的总报告专门写了一段话来定义"社会转型"："从1978年肇始的改革开放，将中国推上了由不发达的社会主义社会向社会主义现代化社会转化的轨道。十几年来改革开放成果的积累和巩固，使中国的社会运行机制和社会结构发生了巨大而深刻的变化。整个社会结构正处在转型时期，即从传统的计划经济体制向社会主义市场经济体制转化、从农业社会向工业社会转化、从封闭半封闭的社会向开放社会转化。"

"社会转型"后来成为学界普遍使用的分析概念，但伴随它的争议和讨论一直存在。对于这篇总报告中关于社会转型的定义，我后来概括为两个巨变的同步进行，即经济体制的转轨和社会结构的转型。

（二）关于"城镇调查失业率"的使用

2008－2009 年的总报告，用了一个很响亮、也很有力度的名字——《力挽狂澜：中国社会发展迎接新挑战》。2008 年是非常不平凡的一年，当时中国社会各界都在进行改革开放 30 年的回顾和总结，改革开放 30 年快速发展的成功经验，成为中国走向未来的新起点。很多人期待，2008 年在北京成功举办的奥运会，就像 1964 年的东京奥运会和 1988 年的汉城（首尔）奥运会一样，成为一个国家走向现代化的标志性事件。与此同时，国内发生了汶川地震灾害，中国政府和社会各界快速反应，国际上由美国次贷危机演变成的国际金融危机，也对中国产生深刻影响。在国际金融危机的影响下，2008 年我国经济和财政的增速明显放缓，出口导向的中小企业运行困难，我们派出的几个调查组，都感到就业形势急剧恶化，农民工失业返乡的情况比较突出。那时，国家统计局已经公布了 2008 年 1－9 月"城镇登记失业率"为 4% 多一点，但人力资源和社会保障部统计的"城镇登记失业率"，只统计城镇户籍非农从业人员的失业情况，并不覆盖一些未登记的失业或农民工失业，因而失去了准确反映我国就业形势的灵敏度，十几年中每年的城镇登记失业率都是 4% 略多一点，而这个时期的就业形势有很大波动。

课题组在讨论中，为使用什么指标反映 2008 年就业形势的恶化而苦恼。恰好那一年中国社会科学院社会学研究所进行了第二次中国社会状况综合调查，最后就决定用这个调查的数据来测算全国"城镇调查失业率"。调查失业率是各国监测就业情况时普遍使用的指标，国家统计局也已经探索多年，但因为统计还不完善，一直也没有公布。

我们那一年的总报告，在分析就业形势时指出："从2008年全年来看，就业面临五方面压力：一是以高校毕业生为主体需要就业的青年达到历史新高；二是自然灾害（雪灾、震灾、水灾）造成一批企业停产、停业和个体工商户歇业；三是一批出口导向的中小企业因经营困难倒闭；四是为节能减排关闭一些高能耗、高污染的企业；五是2008年是国有企业政策性破产的最后一年。"总报告还强调，"受国际金融危机的影响，我国东南沿海地区一批出口导向的中小企业出现经营困难和破产倒闭，农民工歇业、失业和返乡现象比较突出。根据对广东部分企业的调查，企业减员一般达到了20%。另据中国社会科学院社会学研究所2008年5-7月份的中国社会状况综合调查，城镇调查失业率达到9.6%"。就是这个"城镇调查失业率达到9.6%"的表述，因为与人力资源和社会保障部公布的"城镇登记失业率"差异很大，引起高度关注。而一些并不知道"调查失业率"与"登记失业率"差别的媒体，则对此广泛报道，一时间社会上议论纷纷。

在当年一次讨论就业的高层会议上，也有重要领导询问，到底政府部门公布的失业率准确还是中国社会科学院的调查数据准确。领导的询问给有关政府部门造成很大压力，好几个部门都来找我询问和沟通，并且详细检查我们全国大调查的抽样方案和城镇调查失业率的测算方法，我的心理压力也很大。有人授意我通过媒体采访，说明两个失业率的差别，以便消除某些误解。最后，我没有同意主动接受记者采访的建议，担心媒体会进行非学术性的新一轮炒作。我只同意就这个问题写一个内部的报告，并进行详细的说明。

在我们公布城镇调查失业率之后几个月，2009 年 2 月 2 日中央农村工作领导小组办公室主任陈锡文在国新办举行的新闻发布会上指出，受金融危机影响，目前因失业返乡的农民工达到两千万人，并预测 2009 年就业形势会十分严峻。据我了解，"失业返乡的农民工达到两千万人"的数据，是根据农业部 300 多个固定观察点的调查推算出来的，这与我们的数据反映的情况大体吻合，关于我们擅自公布城镇调查失业率一事，也因此不了了之。这次小风波和我写的关于建议使用调查失业率的内部报告，后来还是发挥了作用，近几年我国已经开始公布和使用大中城市的调查失业率。

（三）关于"幸福感"和"政府满意度"

社会形势分析有一个很独特的方面，就是它不仅仅根据客观指标的分析来反映现实层面的变化，也注重根据主观指标来反映社会心态的变化。"社会心态"这个词在我国目前已经用得很广泛，中国社会科学院社会学研究所的社会心理研究室还把"社会心态"作为一个重要的研究主题，并给"社会心态"下了一个定义："社会心态是人们对自身及现实社会所持有的较普遍的社会态度、情绪情感体验及意向等心理状态。"这个反映社会心理变化态势的概念，在英文中其实很难找到完全对应的概念，相近的有 social psychology、social mentality、social attitudes 等，但都很难准确传达中文的"社会心态"的含义。

社会心态实际上是判断社会形势的一个重要因素。常言说，"水可载舟，亦可覆舟"。在很多情况下，人心向背都会成为社会形势变化的决定性因素。而且，随着中国的社会巨变和生活水平的提高，人们也更加关注对现实生活的主观感受，幸福感、安全感、公平感、满意度、相对剥夺感、获得感等，都成为解社会形势的重要指标。但主观指标的变化，有其特殊的规律，往往与人们的常识判断有很大的不同。社会蓝皮书对社会主观指标调查数据的公布，也经常引起热议和受到非议。

2005 年的社会蓝皮书，公布了一项调查结果，即"近八成居民感到生活幸福，农村居民的幸福感强于城镇居民"。这个结果在社会上引起轩然大波，一些知名专家甚至也认为不合常理。他们认为，中国的农民那么穷、那么苦，你们还说人家幸福感强，这是御用文人在粉饰太平。其实，社会心理学界对幸福感的研究已经有近 70 年的历史，有大量的经验调查和分析结果。幸福感的变化有一个基本的公式，幸福感＝幸福的期望值/获得幸福的能力。每个人对幸福的期望是不同的，如果你的信息比较封闭，你的对照比较的圈子很小，你就是与你周边的人进行比较，那么你的幸福期望值可能较低；当你从农村走入城市，从国内走向国际，你的对照比较的圈子大了，幸福的期望值也会大大提高。而如果你获得幸福的能力不变或者提高的程度不如幸福期望值提高的程度大，那么，你的幸福感就会降低。这也是为什么富人并不都是幸福的，例如不丹那样一个经济发展水平较低的国家，国民幸福指数却很高。所以，幸福感与发展水平或生活水平完全是两回事。幸福感这个指标也有它的两面性，一方面，幸福感可能表示经济发展和生活水平的提高比较和谐平衡，社会中没有充满焦虑和戾气；另一方面，也可能表示小富即安、封闭自足、不思进取。科学研究要秉持科学精神，不能因为社会舆论把专家讥讽为"砖家"，就向社会舆论低头。后来，很多学者对农民的幸福感进行了多方面的研究，几乎都没有得出与幸福感的公式相悖的结果。

2011 年的社会蓝皮书公布了一项调查结果，即 2010 年城乡居民的总体生活满意度比上年下降，这个结果被媒体广泛报道，引起政府高层人士的关注和质疑，我也被责令对此做出说明。全国城乡居民总体生活满意度的调查，由零点调查集团公司实施，已经进行了十几年。总的来看，这条满意度变化的曲线，每年都是沿着一条轴线上下进行微小波动，2010 年的情况并没有什么特别之处。总体生活满意度这个指标，实际上是由近 20 项分项调查指标合成。造成 2010 年总体生活满意度下降的主要因素，是个人经济状况满意度、职业满意度、社会保障满意度、娱乐生活满意度和物价承受能力等指标的下降。来自政府高层的质疑也不是完全没有道理，他们认为 2010 年就业形势稳定、居民收入继续提高、社会保障的覆盖面也加速扩大，这些领域的工作成绩都显而易见，那么，为什么这些方面的居民满意度还会下降呢？

这种质疑也促使我们对满意度这种主观指标的变化原因进行更加深入的研究。研究结果显示，影响总体生活满意度变化的因素很多，我们很难像用投资、出口和国内消费三大因素来说明经济增长那样，找到固定的几大因素来推定满意度曲线的变化。但是，我们可以总结出几条变化的规则：其一，生活满意度的变化不是一条持续增长的直线，而是一条沿中轴线波动的曲线，不要期望随着人们生活水平的提高或政府工作的努力，满意度也会像 GDP 一样，不断地增长。曾有一个时期，一些地方政府为了显示政绩，也自己组织满意度调查，结果每一任领导都要求满意度高于前任，结果出现有的调查就给被调查者两个选项，"满意"和"基本满意"，令人啼笑皆非。其二，一些关键点的不满情绪会产生扩散性的影响，把对一个问题的不满扩散到对其他方面的不满上，从而产生总体性的不满。比如物价是一个关键性的因素，2010 年的物价水平在多年平稳的背景下一度上升了7%，尤其是其中影响人们日常生活的肉、蛋、菜等食品价格上升得更多，对庞大的低收入和中低收入阶层的生活产生很大影响，因为这些阶层生活消费的恩格尔系数（食品支出占家庭消费支出的比重）相对较高，这种不满产生了扩散效应，也影响到对就业、社会保障、娱乐生活等方面的评价。再比如，一年中的社会治安各项指标（包括犯罪率等）可能都还不错，但一次突发性的大规模群体性事件或暴力恐怖事件发生以后，经网络传播渲染，可能会搞得风声鹤唳，从而影响人们对整个社会安全环境的评价。其三，某些细微的社会问题，经长期积累和汇集，到一个关节点上，会借助一些偶发事情集中爆发，使社会心态发生意想不到的逆转。

总之，社会心态让人感到似乎是一个充满"神奇"和"意外"的研究领域，就像有时天气阴晴莫测，友谊的小船也说翻就翻。也正因为如此，在社会巨变的背景下，应当高度关注和深入研究社会心态的变化规律，要懂得得人心者得天下的道理。

六　继续做好社会形势研究
应重视的几个问题

我国分析形势的蓝皮书，在 20 世纪 90 年代初期，还只有经济蓝皮书和社会蓝皮书两种，当时之所以叫作蓝皮书，是按照国际惯例，相对于各国政府部门发表的白皮书而言的。中国社会科学院的社会科学文献出版社，后来竟然创造性地发展出一个"皮书"系列，到现在每年出版多达 400 种，除了蓝皮书，还有绿皮书、黄皮书等。社会蓝皮书在 25 年的编写过程中，也培养出各方面的研究专家，他们通过连续地撰写某一领域的研究分报告，在那个领域成为知名学者。这些学者的大名，大家可以在本书附录的 25 年社会蓝皮书总目录里看到。社会蓝皮书的很多分报告，后来都发展成独立的蓝皮书，如教育蓝皮书、环境蓝皮书、大学生就业蓝皮书、社会心态蓝皮书等。25 年来，社会蓝皮书的年度发行量一直保持在 1 万多册，很多人到每年年底，都在等待社会蓝皮书的发布。国际上研究中国的学者，很多都是通过这本书了解中国的最新发展状况的。在世界各著名大学图书馆的书架上，你也能看到它的身影。一种学术著作，产生如此广泛的社会影响，还是不多见的，这也被人称为"皮书"现象。

社会蓝皮书这项研究课题，尽管已经进行了 25 年，但还会长期持续下去。我希望也祝愿再经过 25 年的发展，这项研究能够推陈出新，不仅每年要争取有新的亮点，而且要有新的进步，在见证中国长期的巨大社会变迁的同时，也见证自身的成长。自 2013 年我担任新的职务以后，社会蓝皮书的具体组织工作，都由现在社会学研究所所长陈光金研究员负责。但为了使社会蓝皮书更上一层楼，我记述下继续做好社会形势研究的几点心得。

（一）写好总报告

社会蓝皮书有很多研究分报告，不少研究分报告也非常精彩，但总报告一直是社会蓝皮书的灵魂，写好总报告是保证社会蓝皮书成功的关键一环。写好总报告有几个要点，一是不能简单地根据相关数据做平铺直叙的描述，要有更深入的分析和把握全局的眼光，有一个总的逻辑线索和总的判断，从而能够引领各分报告并以各分报告的研究为支撑；二是写作语言上要注意大众化，不必做过多的学术解读和理论阐述，因为蓝皮书面对的不都是学界专家，还有各种社会人士，如政策研究和制定人员、公务人员、记者、企业家、社会组织人员等，要用通俗易懂的话来说清楚基于学理的分析，这与写学术论文有很大的差别；三是能够把握社会形势年度变化的特点，在每年一样的分析中，写出不一样的东西，写出年度变化的亮点和趋势的走向。

（二）注意中长期发展趋势的研究

社会蓝皮书是年度社会形势的分析和预测，很容易囿于短期变化而忽略中长期的发展趋势。而经过这么多年对社会形势的分析，我们发现，那些囿于年度短期变化的报告，很容易随着时间的流逝而被完全忘掉，只有那些同时能反映中长期发展趋势的报告，才能真正具有学术积累的意义。比如，随着东亚经济的快速增长，自 20 世纪 90 年代中期以来，世界银行邀请相关领域的著名专家执笔，每四年发布一次对东亚经济增长的主题研究报告，已经先后发布了《东亚奇迹》《东亚的教训》《东亚奇迹反思》《东亚复兴》等研究报告。每个报告都是对中长期发展趋势的分析，都持续地产生影响并不断被引用，"东亚模式""中等收入陷阱"等重要命题，都是在这些报告中首次提出的。

实际上，没有很好地对中长期发展趋势的把握，就很难有令人耳目一新的年度分析。

（三）注重社会形势的大数据分析

社会学是一门以调查和研究方法见长的学科，在社会形势的分析中，社会蓝皮书也专门设立了不同于其他蓝皮书的"调查篇"，而且在某些方面，大规模的社会抽样调查数据比报表统计数据更能够真实地反映实际情况。然而，2016 年的美国大选中，特朗普的当选完全出人预料，并几乎与各种民调结果相悖，这对抽样调查反映实际的有效性提出严峻挑战。当前世界正处于信息革命时代，信息的获得方式、积累方式和使用方式都发生革命性变化，整体的、综合的、不规则的、不同于一般统计数据的"大数据"，成为社会科学研究和分析的宝库。面对更多地使用新媒体获得信息和发表意见的社会，传统的入户抽样调查、电话抽样调查的有效性要得到重新的审视。对于社会形势的分析，也要大力推进大数据分析方法的使用，在这方面需要尽快做出更加积极、更加有效的探索。

（四）不断提高社会形势分析的学科规范化

蓝皮书作为一种面向社会大众的、公开出版的智库产品，不同于学术文章，一般不需要进行文献综述、研究评述、提出假设和进行论证等，但也不同于内部的动态情况报告和政策研究报告，在署名、注释、引用、参考文献等方面，还是需要遵守学术规范，以使其他研究者更加方便地使用这些材料，况且很多蓝皮书目前还出版英文版。要建立一套符合实际的、注重学术规范的、便于操作的分析智库成果的评价标准，在坚持问题导向的前提下，不断提高社会形势分析的学科规范化，使之不仅为社会所认可，也成为学术天地中的亮眼之星。

参考文献

《人民日报》，1956，《中国共产党第八次全国代表大会关于政治报告的决议》，9月28日。

《中国共产党章程》，2012，人民出版社。

《中国共产党章程》，2017，人民出版社。

《中共中央文件汇编》，1992，中共中央党校出版社。

《中华人民共和国宪法》，2018，人民出版社。

阿隆，雷蒙，1988，《社会学主要思潮》，葛智强等译，上海译文出版社。

奥斯特罗姆，埃莉诺，2000，《公共事物的治理之道：集体行动制度的演进》，上海三联书店。

白雪梅，2004，《教育与收入不平等：中国的经验研究》，《管理世界》第6期。

薄一波，1993，《若干重大决策与事件的回顾》（下卷），中共中央党校出版社。

贝尔，1986，《后工业社会的来临：对社会预测的一项探索》，商务印书馆。

贝克、邓正来、沈国麟，2010，《风险社会与中国——与德国社会学家乌尔里希·贝克的对话》，《社会学研究》第5期。

毕先萍、简新华，2002，《论经济结构变动与收入分配差距的关系》，《经济评论》第8期。

边燕杰主编，2002，《市场转型与社会分层——美国社会学者分析中国》，三联书店。

布罗代尔，［1979］1992，《15 至 18 世纪的物质文明、经济和资本主义》第 1 卷，顾良、施康强译，三联书店。

蔡元培，［1928］2004，《中国伦理学史》，商务印书馆。

曾湘泉，2006，《我国就业与失业的科学测量和实证研究》，《经济理论与经济管理》第 6 期。

常建华，2000，《20 世纪中国社会史研究》，周积明、宋德金主编《中国社会史论》，湖北教育出版社。

陈达，1929，《中国劳工问题》，商务印书馆。

陈达，1934，《人口问题》，商务印书馆。

陈达，1938，《南洋华侨与闽粤社会》，商务印书馆。

陈东原，1934，《中国科举时代之教育》，商务印书馆。

陈东原，1937，《中国妇女生活史》，上海书店。

陈独秀，［1915］1995，《东西民族根本思想之差异》，《新青年》第 1 卷第 4 号；《世纪档案（1895－1995）》，中国档案出版社。

陈鼓应、辛冠洁、葛荣晋主编，1989，《明清实学思潮史》（3 卷本），齐鲁书社。

陈翰笙，［1931］2002，《中国的农村研究》，《陈翰笙集》，中国社会科学出版社。

陈翰笙，［1937］2002，《现代中国的土地问题》，《陈翰笙集》，中国社会科学出版社。

陈翰笙，1928，《亩的差异》，国立中央研究院社会科学研究所。

陈佳贵、黄群慧、钟宏武，2006，《中国地区工业化进程的综合评价和特征分析》，《经济研究》第 6 期。

陈佳贵、黄群慧等，2007，《中国工业化进程报告》，社会科学文献出版社。

陈那波，2006，《海外关于中国市场转型论争十五年文献述评》，《社会学研究》第 5 期。

陈其南，1987，《家族伦理与经济理性——试论韦伯与中国社会研究》，载《当代》第 10 期、第 11 期。

陈锡文，2012，《认真总结经验教训，促进中国城镇化，更好的实现可持续》（在 2012 中国城镇化高层国际论坛上的演讲），http://www. town. gov. cn/csph/201204/10/t20120410_537379. shtml。

陈晓宇、陈良、夏晨，2003，《20 世纪 90 年代中国城镇教育收益率的变化与启示》，《北京大学教育评论》第 2 期。

陈序经，[1934] 2004，《中国文化的出路》，中国人民大学出版社。

陈序经，1947，《文化学概观》，商务印书馆。

陈振汉，1996，《开放经济史学与中国经济史研究》，《中国经济史研究》第 1 期。

陈宗胜，1991，《经济发展中的收入分配》，上海三联书店。

邓小平，1993，《邓小平文选》（第 3 卷），人民出版社。

邓小平，1994，《邓小平文选》（第 2 卷），人民出版社。

丁任重、陈志舟、顾文军，2003，《"倒 U 假说"与我国转型期收入差距》，《经济学家》第 6 期。

都阳、高文书，2005，《中国离一元社会保障体系有多远》，《中国劳动经济学》第 2 卷。

恩格斯，1963，《英国工人阶级状况》，《马克思恩格斯全集》第 2 卷，人民出版社。

樊纲，1993，《渐进之路：对经济改革的经济分析》，中国社会科学出版社。

方纳，2011，《给我自由：一部美国的历史》，商务印书馆。

费孝通，[1939] 1986，《江村经济：中国农民的生活》，戴可景译，江苏人民出版社。

费孝通，[1939] 2006，《江村经济》，戴可景译，上海人民出版社。

费孝通，[1943] 1990，《禄村农田》，费孝通、张之毅：《云南三村》，天津人民出版社。

费孝通，[1948] 1985，《乡土中国》，三联书店。

费孝通，[1948] 1999《乡土中国》，载《费孝通文集》第五卷，群言出版社。

费孝通，1943，《禄村农田》。

费孝通，1947，《生育制度》。

费孝通，[1979] 1985，《赴美访学观感点滴》，载《费孝通社会学文集：民族与社会》，天津人民出版社。

冯尔康、常建华，1988，《中国社会史研究概述》，天津教育出版社。

冯尔康、常建华，1999，《二十世纪社会科学与中国社会》，台北馨园文教基金会。

冯和法编，1929，《农村社会学大纲——中国农村社会研究》，黎明书局。

福泽谕吉，1982，《文明论概略》，商务印书馆。

傅玲、刘桂斌，2008，《解决收入两极分化的途径探讨》，《统计与决策》第 13 期。

傅衣凌，1944，《福建佃农经济史业考》，私立福建协和大学中国文化研究会出版。

傅振伦，［1935］1988，《中国方志学通论》，北京燕山出版社。

葛懋春、蒋俊编选，1984，《梁启超哲学思想论文选》，北京大学出版社。

顾复，1924，《农村社会学》，商务印书馆。

顾辉，2015，《社会流动视角下的阶层固化研究——改革开放以来我国社会阶层流动变迁分析》，《广东社会科学》第 5 期。

顾颉刚，1947，《当代中国史学》，胜利出版公司。

顾颉刚，1988，《顾颉刚古史论文集》第一册，中华书局。

管晓明，2006，《倒 U 假说的推演及其在中国的检验》，《山西财经大学学报》第 5 期。

郭沫若，［1930］2008，《中国古代社会研究》，中国华侨出版社。

郭书田等，1990，《失衡的中国——城市化的过去、现在和未来》，河北人民出版社。

国务院课题组，2006，《中国农民工调研报告》，中国言实出版社。

汉密尔顿（G. Hamilton），1991，《父权制、世袭主义与孝道——中国与西欧的比较研究》，载黄绍伦编《中国宗教伦理与现代化》，（香港）商务印书馆。

韩留富，2009，《长三角居民收入差距不断拉大》，《长三角观察》第 3 期。

韩明谟，2002，《百年学案·社会学卷》，陕西人民教育出版社。

洪兴建、李金昌，2007，《两极分化测度方法述评与中国居民收入两极分化》，《经济研究》第 11 期。

胡绳，1978，《枣下论丛》（增订本），人民出版社。

胡绳主编，1991，《中国共产党的七十年》，中共党史出版社。

怀特，［1943］1994，《街角社会：一个意大利贫民区的社会结构》，商务印书馆。

黄公觉，1931，《新史学概要说》，《师大史学丛刊》1 卷 1 期。

黄明同、吴熙钊主编，1988，《康有为早期遗稿述评》，中山大学出版社。

黄绍伦编，1991，《中国宗教伦理与现代化》（研讨会论文集），商务印书馆（香港）有限公司。

黄树仁，2002，《心牢：农地农用意识形态与台湾城乡发展》，巨流图书公司。

黄宗智，［1986］2000，《华北的小农经济与社会变迁》，中华书局。

黄宗智，［1990］2000，《长江三角洲小农家庭与乡村发展》，中华书局。

黄宗智，1992，《中国农村的过密化与现代化：规范认识的危机及出路》，上海人民出版社。

吉登斯，安东尼，1998，《社会的构成》，李康、李猛译，三联书店。

吉尔兹，［1983］1999，《地方性知识》，王海龙、张家瑄译，中央编译出版社。

加尔布雷斯，1965，《丰裕社会》，徐世平译，上海人民出版社。

江泽民，2002，《在庆祝中国共产党成立八十周年纪念大会上的讲话》，《求是》7月11日。

蒋方震，[1921] 1985，《〈清代学术概论〉序》，载《梁启超论清学史二种》，复旦大学出版社。

金喜在，1996，《当代中国居民收入分配研究》，东北师范大学出版社。

金耀基，1993，《儒家伦理与经济发展》，金耀基：《中国社会与文化》，牛津大学出版社。

卡西勒，[1932] 1988，《启蒙哲学》，顾伟铭等译，山东人民出版社。

康有为，1981，《康有为政论集》（上册），中华书局。

康有为，1988，《长兴学记、桂林问答、万木草堂口说》，中华书局。

康有为，1990，《康南海自编年谱（外二种）》，楼宇烈整理，中华书局。

柯象峰编著，1935，《中国贫穷问题》，正中书局。

科瑟，[1977] 1990，《社会学思想名家》，石人译，中国社会科学出版社。

克里西，汉斯彼得、鲁德·库普曼斯、简·威廉·杜温达克、马可·G.朱格尼，2006，《西欧新社会运动——比较分析》，张峰译，重庆出版集团、重庆出版社。

拉斯基，1993，《无私有化的进步：中国国有工业的改革》，《国外社会学》第6期，第1-14页。

赖德胜，2001，《教育与收入分配》，北京师范大学出版社。

雷海宗，［1940］2001，《中国文化与中国的兵》，商务印
书馆。

李安宅，［1931］2005，《〈仪礼〉与〈礼记〉之社会学的研
究》，上海世纪出版集团。

李春玲，2005，《断裂与碎片——当代中国社会阶层分化实
证研究》，社会科学文献出版社。

李达，［1926］1980，《现代社会学》，载《李达文集》第一
卷，人民出版社。

李达，［1937］2007，《社会学大纲》，武汉大学出版社。

李大钊，［1920］1984a，《唯物史观在现代社会学上的价
值》，载《李大钊文集》（下），人民出版社。

李大钊，［1920］1984b，《唯物史观在现代史学上的价值》，
载《李大钊文集》（下），人民出版社。

李方祥，2007，《三十年代的食货派与中国社会经济史研究
的兴起》，《经济史》第4期。

李华兴、吴嘉勋编，1984，《梁启超选集》，上海人民出
版社。

李济，［1928］2005，《中国民族的形成》，江苏教育出
版社。

李景汉，［1933］2005，《定县社会概况调查》，上海世纪出
版集团。

李景汉，1927，《中国社会调查运动》，《社会学界》第1
卷，第79－100页。

李景汉，1929，《北平郊外之乡村家庭》，商务印书馆。

李景汉，1933，《实地社会调查方法》，星云堂书店。

李路路，2003，《再生产的延续：制度转型与城市社会分层

结构》，中国人民大学出版社。

李培林，1995，《中国新时期阶级阶层报告》，辽宁人民出版社。

李培林，2017，《中国跨越"双重中等收入陷阱"的路径选择》，《劳动经济研究》第 1 期。

李培林、陈光金、张翼、李炜，2008，《中国社会和谐稳定报告》，社会科学文献出版社。

李培林、李强、孙立平等，2004，《中国社会分层》，社会科学文献出版社。

李培林、田丰，2011，《中国新生代农民工：社会态度和行为选择》，《社会》第 3 期。

李培林、朱迪，2015，《努力形成橄榄型分配格局——基于2006 - 2013 年中国社会状况调查数据的分析》，《中国社会科学》第 1 期。

李强，2008，《社会分层十讲》，社会科学文献出版社。

李强，2003，《影响中国城乡流动人口的推力与拉力因素分析》，《中国社会科学》第 1 期。

李强，2006，《职业共同体，今日中国社会整合之基础——论"杜尔克姆主义"的相关理论》，《学术界》第 3 期。

李实、罗楚亮，2007a，《收入差距与社会公平》，中国改革研究院（海南）2007 年中国改革评估报告。

李实、罗楚亮，2007b，《中国城乡居民收入差距的重新估计》，《北京大学学报》（哲学社会科学版）第 2 期。

李树青，1945，《蜕变中的中国社会》，里仁书局，1982年版。

李玄伯，1949，《中国古代社会新研》，开明书店。

梁启超，［1902］1989，《新史学》，《饮冰室合集》，第九卷，中华书局。

梁启超，［1923］1985a，《中国近三百年学术史》，载《梁启超论清学史二种》，复旦大学出版社。

梁启超，［1929］1985b，《〈说群〉序》，载《饮冰室合集·文集》第 2 册第 2 卷。

梁启超，［1929］1985b，《变法通议》的《论变法不知本原之害》篇，载《饮冰室合集·文集》第 1 册第 1 卷。

梁启超，［1929］1985b，《变法通议·自序》，载《饮冰室合集·文集》第 1 册第 1 卷。

梁启超，［1929］1985b，《康有为传》，载《饮冰室合集·文集》第 9 卷。

梁启超，［1929］1985b，《论君政民政相嬗之理》，载《饮冰室合集·文集》第 2 册第 2 卷。

梁启超，［1929］1985b，《论学术之势力左右世界》，载《饮冰室合集·文集》第 3 册第 6 卷。

梁启超，［1929］1985b，《儒家哲学是什么》，此文是 1927 年出版的《儒家哲学》一书的第 1 章，载《饮冰室合集·专集》。

梁启超，［1929］1985b，《十种德性相反相成义》，载《饮冰室合集·文集》第 2 册第 5 卷。

梁启超，［1929］1985b，《释革》，载《饮冰室合集·文集》第 4 册第 9 卷。

梁启超，［1929］1985b，《五十年中国进化概论》，载《饮冰室合集·文集》第 14 册，第 39 卷。

梁启超，［1929］1985b，《研究文化史的几个重要问题——

对于旧著〈中国历史研究法〉之修补及修正》，载《饮冰室合集·文集》第 14 册第 40 卷。

梁启超，[1929] 1985b，《政治学大家伯伦知理之学说》，载《饮冰室合集·文集》第 5 册第 14 卷。

梁漱溟，[1937] 2006，《乡村建设理论》，上海世纪出版集团。

梁漱溟，1989a，《究元决疑论》，载《梁漱溟全集》第 1 卷，山东人民出版社。

梁漱溟，1989b，《我的自学小史》，载《梁漱溟全集》第 2 卷，山东人民出版社。

梁漱溟，1990，《中国文化要义》，载《梁漱溟全集》第 3 卷，山东人民出版社。

梁簌溟，2006，《忆往谈旧录》，金城出版社。

林克光，1990，《革新派巨人康有为》，中国人民大学出版社。

林同济、雷海宗，1946，《文化形态史观》，大东书局。

林耀华，[1935] 2000，《义序的宗族研究》，三联书店。

林耀华，[1941] 1990，《金翼——中国家族制度的社会学研究》，庄孔韶、林宗成译，三联书店（香港）。

林耀华，[1944] 1989，《金翼——中国家族制度的社会学研究》，庄孔韶、林宗成译，三联书店。

林毅夫、蔡昉、李周，1994，《论中国改革方式》，《中国农民》第 2 期。

林毅夫、蔡昉、李周，1998，《中国经济转型时期的地区差距分析》，《经济研究》第 6 期。

林幼平、张澍，2001，《20 世纪 90 年代以来中国收入分配问题研究综述》,《经济评论》第 4 期。

刘国光,2005,《进一步重视社会公平问题》,《经济参考报》4 月 16 日第五版。

刘节,1948,《中国古代宗族移植史论》,正中书局。

刘精明,2006,《劳动力市场结构变迁与人力资本收益》,《社会学研究》第 6 期。

刘梦飞,[1933] 1985,《中国农村经济的现先阶段——任曙、严录峰先生的理论批判》,载陈翰笙、薛暮桥、冯和法主编《解放前的中国农村》,中国展望出版社。

陆学艺,2003,《关于社会主义社会阶级阶层结构是"两个阶级一个阶层"说法的剖析》,《求是》2003 年 11 月。

陆学艺、王处辉主编,2008,《中国社会思想史资料选辑·民国卷(上下卷)》,广西教育出版社。

陆学艺主编,2002,《当代中国社会阶层研究报告》,社会科学文献出版社。

陆学艺主编,2004,《当代中国社会流动》,社会科学文献出版社。

陆学艺主编,2010,《当代中国社会结构》,社会科学文献出版社。

罗奇,史蒂芬,2007,《美中贸易关系的政治化》,中国发展高层论坛学术峰会文章(3 月 17 日)。

罗香林,[1933] 1992,《客家研究导论》,南天书局。

吕振羽,[1934] 2000,《史前期中国社会研究》,河北教育出版社。

马广奇,2000,《中国经济市场化进程的分析与度量》,《求实》第 10 期。

马克思，［1853］1973，《不列颠在印度的统治》，载《马克思恩格斯选集》第二卷，人民出版社。

马克思，［1867］1975，《资本论》（第一卷），人民出版社。

马克思，1963，《工人调查表》，《马克思恩格斯全集》第 3 卷，人民出版社。

马克思，1963，《马克思致恩格斯（1866 年 7 月 7 日）》，载《马克思恩格斯全集》第 31 卷，人民出版社。

马克思，1972，《法兰西内战》初稿，载《马克思恩格斯选集》第 2 卷，人民出版社。

马寅初，［1957］1997，《新人口论》，吉林人民出版社。

毛礼锐、沈灌群主编，1989，《中国教育通史》（第 6 卷），山东教育出版社。

蒙思明，［1938］2006，《元代社会阶级制度》，上海世纪出版集团。

蒙思明，［1941－1943（遗稿）］2007，《魏晋南北朝的社会》，上海世纪出版集团。

孟德拉斯，H.，［1984］2005，《农民的终结》，李培林译，社会科学文献出版社。

何艳玲，2006，《"邻避冲突"及其解决：基于一次城市集体抗争的分析》，《公共管理研究》第 4 期。

孟祥才，1980，《梁启超传》，北京出版社。

农业部农村经济体制与经营管理司、农业部农村合作经济经营管理总站编，2016，《中国农村经营管理统计年报（2015 年）》，中国农业出版社。

帕金斯等，1992，《走向 21 世纪：中国经济的现状、问题和前景》，陈志标编译，江苏人民出版社。

帕森斯，T.，2003，《社会行动的结构》，张明德、夏遇南、彭刚译，译林出版社。

潘光旦，[1937] 1991，《明清两代嘉兴的望族》，上海书店。

潘光旦，1929，《中国之家庭问题》，新月书店。

潘光旦，1941，《中国伶人血缘之研究》，商务印书馆。

钱穆，[1940] 1996，《国史大纲》，商务印书馆。

青木昌彦，2001，《比较制度分析》，周黎安译，上海远东出版社。

瞿秋白，[1924] 1988，《现代社会学》，载《瞿秋白文集》，人民出版社。

瞿秋白，[1935] 2004，《多余的话》，载《赤都心史》附录，广西师范大学出版社。

瞿同祖，[1937] 2005，《中国封建社会》，上海世纪出版集团。

瞿同祖，[1947] 2003，《中国法律与中国社会》，中华书局。

瞿同祖，2004，《清代地方政府》，法律出版社。

全汉昇，[1934] 2007，《中国行会制度史》，百花文艺出版社。

人民日报，2010，《土地财政不可持续》，《人民日报》，12月27日。

汝信、陆学艺、李培林主编，2010，《2011 年：中国社会形势分析与预测》，社会科学文献出版社。

萨义德，1999，《东方学》，三联书店。

石美遐，2007，《非正规就业劳动关系研究》，中国劳动社会保障出版社。

史国衡，1946，《昆厂劳工》，商务印书馆。

史华兹，[1964] 1995，《寻求富强：严复与西方》，叶凤美译，江苏人民出版社。

舒马赫，1984，《小的是美好的》，虞鸿钧、郑关林译，商务印书馆。

孙本文，1935，《社会学原理》（上下两册），商务印书馆。

孙本文，1942－1943，《现代中国社会问题》，商务印书馆，4 卷。

孙本文，1946，《社会心理学》，商务印书馆。

孙本文，1948，《晚近中国社会学发展的趋向》，载《社会学刊》第 6 卷。

孙立平，2008，《社会转型：发展社会学的新议题》，《开放时代》第 2 期。

孙冶方，[1936] 1987，《为什么批评乡村改良主义工作》，《中国农村》第 2 卷第 5 期。现载陈翰笙、薛暮桥、冯和法主编，《解放前的中国农村》第 2 卷，中国展望出版社。

谭嗣同，1994，《仁学》，加润国选注《谭嗣同集》，辽宁人民出版社。

汤普森，E. P.，2001，《英国工人阶级的形成》，译林出版社。

陶孟和，[1930] 2005，《北平生活费之分析》，载李文海主编《民国时期社会调查丛编：城市（劳工）生活卷》，福建教育出版社。

陶孟和，1930，《社会问题》，商务印书馆。

陶希圣，[1934] 1992，《婚姻与家庭》，上海书店。

陶希圣，1930，《中国封建社会史》，南强书局。

田汝康，1946a，《芒市边民的摆》，商务印书馆。

田汝康，1946b，《内地女工》，该文被作为史国衡《昆厂劳工》附录，商务印书馆。

涂尔干（迪尔凯姆），1995，《社会学方法的准则》，狄玉明译，商务印书馆。

托德，2002，《帝国之后：关于美国体制的解体》，Gallimard出版社。

托马斯、兹纳涅茨基，［1984］2000，《身处欧美的波兰农民》，张友云译，译林出版社。

万广华，2006，《经济发展与收入不平等：方法和证据》，上海三联书店/上海人民出版社。

万广华，2008，《不平等的度量与分解》，《经济学（季刊）》第8卷第1期。

汪子嵩，1984，《亚里士多德》，载《西方著名哲学家评传》，山东人民出版社。

王奋宇等，2001，《中国城市劳动力流动：从业模式·职业生涯·新移民》，北京出版社。

王礼锡，1931，《中国社会史论战序幕》，《读书杂志》四、五期合刊。

王栻，1982，《严复与严译名著》，载商务印书馆编辑部编《论严复与严复名著》，商务印书馆。

王栻主编，1986，《严复集》第四册、第五册，中华书局。

王小鲁、樊纲，2005，《中国收入差距的走势和影响因素分析》，《经济研究》第10期。

王亚南，［1946］1998，《中国经济原论》，广东经济出版社。

王亚南，［1948］1981，《中国官僚政治研究》，中国社会科
学出版社。

魏特夫，［1957］1989，《东方专制主义》，中国社会科学出
版社。

吴景超，1929，《都市社会学》，世界书局。

吴景超，1936，《第四种国家的出路》，商务印书馆。

吴文藻，［1934］2002，《〈派克社会学论文集〉导言》，载
北京大学社会学人类学研究所编，《社区与功能——帕
克、布朗社会学文集及学记》，北京大学出版社。

吴文藻，1936，《中国社区研究的西洋影响与国内近况》，
《社会研究》第101、102期。

吴要武、蔡昉，2006，《中国城镇非正规就业：规模与特
征》，《中国劳动经济学》第3卷。

吴泽霖，1930，《社会制约》，世界书局。

萧公权，［1945］2005，《中国政治思想史》，新星出版社。

谢国桢，［1934］2006，《明清之际党社运动考》，上海世纪
出版集团。

谢立中编，2007，《中国社会学经典读本》，北京大学出
版社。

谢嗣胜、姚先国，2006，《农民工工资歧视的计量分析》，
《中国农村经济》第4期。

许烺光，［1948］2001，《祖荫下——中国乡村的亲属、人格
与社会流动》，王芃、徐隆德译，南天书局。

许仕廉，1934，《人口论纲要》，中华书局。

许学强、周一星、宁越敏，1997，《城市地理学》，高等教育

出版社。

薛暮桥，[1937] 1980，《旧中国的农村经济》（原名《中国农村经济常识》，新知出版社），农业出版社。

荀子，1979，《荀子·王制》，载《荀子新注》，中华书局。

严复，1996，《〈群学肄言〉译余赘语》，载《严复文选》，远东出版社。

严复，1996，《〈天演论〉序与按语》，载《严复文选》，远东出版社。

严复，1996，《〈原富〉按语》，载《严复文选》，远东出版社。

严复，1996，《社会剧变与规范重建》，卢云昆编选《严复文选》，远东出版社。

严复，1996，《译〈群学肄言〉自序》，载《严复文选》，远东出版社。

严复，1996，《与梁启超书》，载《严复文选》，远东出版社。

严复，1996，《原强》（修订稿），载《严复文选》，远东出版社。

严耕望，1961，《中国地方方制度史》，荣泰印书馆。

严景耀，[1934] 1986，《中国的犯罪问题与社会变迁的关系》，吴桢译，北京大学出版社。

严中平，1943，《中国棉业之发展》，商务印书馆。

言心哲，1935，《中国乡村人口问题之分析》，商务印书馆。

言心哲，1946，《现代社会事业》，商务印书馆。

阎明，2004，《一个学科与一个时代：社会学在中国》，清华大学出版社。

晏阳初，［1937］2008，《十年来的中国》，商务印书馆，载
　　陆学艺、王处辉主编《中国社会思想史资料选辑·民国
　　卷（上）》，广西教育出版社。

晏阳初，1928，《平民教育概论》，中华平民教育促进会。

晏阳初，1935，《农村运动的使命》，中华平民教育促进会。

杨继绳，2012，《警惕社会阶层的固化》，《新华月报》第
　　9 期。

杨开道，1929，《农村社会学》，世界书局。

杨开道，1937，《中国乡约制度》，山东省乡村服务人员训
　　练处。

杨堃，1934，《民族学与社会学》，载《社会学刊》四卷
　　三期。

杨堃，1939，《社会学发展史鸟瞰（上篇）》，燕京大学法学
　　院编（单行本）。

杨堃，［1943］1997，《中国社会学发展史大纲》，载杨堃
　　《社会学与民族学》，四川民族出版社。

杨懋春，［1945］2001，《一个中国村庄：山东台头》，张雄
　　等译，江苏人民出版社。

杨懋春，1970，《近代中国农村社会之演变》，巨流图书
　　公司。

杨庆堃，［1961］2007，《中国社会中的宗教》，范丽珠等
　　译，上海人民出版社。

杨庆堃，1959，*A Chinese Village in Early Communist Transi-*
　　tion，The M. I. T. Press。

杨雅彬，1987，《中国社会学史》，山东人民出版社。

杨雅彬，2001，《近代中国社会学》（上下卷），中国社会科

学出版社。

杨宜勇等，2000，《就业理论与失业治理》，中国经济出
　　版社。

杨志明，2009，《国际金融危机下的中国农民工问题及对
　　策》，《中国党政干部论坛》第 5 期。

游钧主编，2008，《2006－2007 年：中国就业报告》，中国
　　劳动社会保障出版社。

余英时，1987，《中国近代宗教伦理与商业精神》，联经出
　　版社。

俞德鹏，1995，《省际城市化进程的定量比较》，《人口研
　　究》第 1 期。

张德胜，1991，《儒家伦理与成就动机：事实与迷思》，载黄
　　绍伦编《中国宗教伦理与现代化》，商务印书馆（香港）。

张灏，1993，《梁启超与中国思想的过渡（1890－1907）》，
　　崔志海、葛夫平译，江苏人民出版社。

张书维、王二平、周浩，2012，《跨情境下集群行为的动因
　　机制》，《心理学报》第 4 期。

张闻天，［1931］1985，《中国经济之性质问题的研究——评
　　任曙君的〈中国经济研究〉》，载陈翰笙、薛暮桥、冯
　　和法主编《解放前的中国农村》，中国展望出版社。

张友渔，1944，《中国宪政论》，生生出版社。

张之毅，［1940］2006，《易村手工业》，载费孝通、张之毅
　　著《云南三村》，社会科学文献出版社。

张志建，1995，《严复学术思想研究》，商务印书馆。

赵承信，［1936］2002，《社会调查与社区研究》，载北京大
　　学社会学人类学研究所编《社区与功能——派克、布朗

社会学文集及学记》，北京大学出版社。

赵一平、周星，2002，《改革以来中国城市化道路及城市化理论研究述评》，《中国社会科学》第 2 期。

郑大华、任菁编选，1994，《戊戌时论选·强学》，辽宁人民出版社。

中共中央，［1981］2008，《中共中央关于建国以来若干历史问题的决议》，载中共中央党校教务部编，《十一届三中全会以来党和国家重要文献选编》，中共中央党校出版社。

中共中央文献研究室，2004，《邓小平年谱》（下），中央文献出版社。

中共中央文献研究室编，2014，《邓小平年谱》，中央文献出版社。

中央统战部八局课题组，2017，《开拓新的社会阶层人士统战工作新局面》，《中央社会主义学院学报》第 4 期。

周业安，2004，《市场化、经济结构变迁和政府经济结构政策转型——中国经验》，《管理世界》第 5 期。

朱力，2006，《变迁之痛，转型期的社会失范研究》，社会科学文献出版社。

左玉河，2008，《中国近代学术体制之创建》，四川人民出版社。

Amsden, Alice H. 1989, *Asia's next giant: South Korea and late industrialization.* New York: Oxford University Press.

Aron, R. 1967, *Les Étapes de la Pensée Sociologique*, Paris: Gallimard.

Chayanov, A. V. ［1925］1986, *The Theory of Peasant Economy.* Madison: University of Wisconsin Press.

Comte, A. 1907, *Cours de Philosophie Positive*, t. I, Paris: Schleicher Freres editeurs.

Deyo, Frederic C. 1995, "Capital, Labor, and State in Thai Industrial Restructuring: The Impact of Global Economic Transformations. " In Jozsef Borocz & David Smith, eds. , *A New World Order? Global Transformation in the Late Twentieth Century*. Westport, CT: Praeger.

Deyo, Frederic C. 2000, "Reform, Globalization, and Crisis: Reconstructing Thai Labour. " *Journal of Industrial Relations* (Australia) 42, 2 (June).

Espin Andersen. 1990. The three worlds of Welfare Capitalism. Princeton University Press.

Foucault, M. 1966, *Les Mots et les Choses*, Paris: Gallimard.

Fukuyama, F. 1993, *The End of History and the Last Man*. London: Hamish Hamilton.

Geertz, C. 1973, *The Interpretation of Cultures*. New York: Basic Books.

Huntington, Samuel 1996, T*he Clash of Civilization and the Remarking of World Order*. New York: Knopf.

Keynes, J. M. 1953, *Théorie Générale de l'Emploi , de l'Intérêt et de la Monnaie*, Traduit par J. de Largentaye, Paris: Payot.

Krueger, A. O. 1992, *Economic Policy Reform in Developing Countries*. Oxford: Basil Blackwell.

Krugman, Paul 1994, "The Myth of Asian Miracle. " *Foreign Affairs* 73.

Lynd, R. & Lynd, H. 1929, *Middletown*. New York: Harcourt

Brace Jovanovich.

Lynd, R. & Lynd, H. 1937, *Middletown in Transition.* New York: Harcourt Brace Jovanovich.

Malinowski, B. K. 1922, *Argonauts of the Western Pacific: An Account of Native Enterprise and Adventure in the Archipelagoes of Melanesian New Guinea.* London: Routledge and Kegan Paul.

Mills, C Wright 1970, *The Sociological Imagination*, Harmondsworth: Penguin Books.

Murrel, P. 1992, "Evolutionary and Radical Approaches to Economic Reform". *Economics and Planning.* Vol. 25. pp. 79—95.

Nee, V. and Start, D. (eds.) 1992. *Remaking the Economic Institutions of Socialism: China and East Europe*, California: Stanford University Press.

North, D. C. 1990, *Institution, Institutional Change and Economic Performance.* Cambridge: Cambridge University Press.

Parsons, T. 1977, Social Systems and the Evolution of Action Theory. New York: Free Press.

Popkin, S. 1979, *The Rational Peasant: The Political Economy of rural Society in Vietnam.* Berkeley: University of California Press.

Schultz, T. W. 1964, *Transforming Traditional Agriculture.* New Haven: Yale University Press.

Scott, J. C. 1976, *The Moral Economy of the Peasant: Rebellion and Subsistence in the South-east Asia.* New Haven, Conn. : Yale University Press.

Scott, J. C. 1985, *Weapons of the Weak: Everyday Forms of Peasant Resistance*. New Haven: Yale University Press.

Skinner, G. W. 1964 – 1965, "Marketing and Social Structure in Rural China." *Journal of Asian Studies*. 3 parts. 24. 1, 24. 2, 24. 3.

Spencer, H. 1904, *Autobiography*, t. II, New York: Appleton.

Veblen, T. [1899] 1994, *The Theory of the Leisure Class*. New York: Dover Publications, Inc.

Wade, Robert 1990, *Governing the Market: Economic Theory and the Role of Government in East Asian Industrialization*. Princeton: Princeton University Press.

Wade, Robert 2000, "Wheels within Wheels: Rethinking the Asian Crisis and the Asian Model." *Annual Review of Political Science*, 3.

Ware, C. F. [1935] 1977, *Greenwich Village: 1920 – 1930*. New York: Octagon Books.

Warner, W. L. (ed.) 1963, *Yankee City*. New Haven & London: Yale University Press.

World Bank 1993, *The East Asian Miracle: Economic Growth and Public Policy*. New York: Oxford University Press.

后 记

这是一本旧作合集，但又相当于老菜新炒，要炒出不一样的味道。这个不一样的味道，就是作为后西方社会学的中国社会学。

"后西方社会学"这个概念，是我和罗兰（Laurence Roulleau-Berger）教授在十几年前共同提出来的，此后我们成立了中国社会科学院和法国国家科研中心的国际合作实验室，即"后西方社会学和田野工作实验室"，北京大学社会学系、上海大学社会学院和南京大学社会学院都是参与单位。

我们邀请了中国和欧洲的社会学家共同参与关于"后西方社会学"的研究。中国社会科学院社会学研究所、北京大学社会学系、上海大学社会学院和南京大学社会学院都先后主办了相关的国际学术研讨会。从事社会学理论研究的北京大学谢立中教授对这个议题很感兴趣，也有很多独立思考，他和罗兰在研讨会论文的基础上主编了《社会学知识的建构：后西方社会学的探索》（北京大学出版社，2017）。罗兰和我则在2018年共同主编出版了一本英文的《后西方社会学：从中国到欧洲》（*Post-Western Sociology：From China to Europe*，Routledge，2018）。

现在，欧洲、中国、日本、韩国的社会学家们，正在共同撰写一本《后西方社会学手册》，但我一直有一种担心和忧虑。担心的是，"后西方社会学"这个概念，会引起西方社会学界的误解。所以，我从一开始解释"后西方社会学"

的时候就强调，"'后西方社会学'指在全球化背景下根据各国不同的新发展经验对当代社会学的重塑。'后'不是摈弃、颠覆、反抗和解构，而是创新、发展、重构甚至超越，是试图共同建构一种超越西方和非西方二元对立的社会学知识体系"。谢立中教授似乎也有这种担心，他也解释说："所谓'后西方社会学'，主要指涉的是在所谓'西方社会学'传播到非西方世界之后，由非西方和西方国家的社会学家们所建构的一些社会学说。它包括了诸种不同类型。'后西方社会学'既不等于'非西方社会学'，更不等于'去西方'甚至'反西方'的社会学。使用'后西方社会学'这个概念，主要是由于与'去西方化'甚至'本土化'概念相比，'后西方化'概念具有更大的包容性。"

除了这种担心，我还有一种忧虑，即我们所说的所谓"后西方社会学"，其实只是一些想法和观点，并没有一套系统的概念、命题、逻辑和理论。中国社会学，必然经过"本土化"的一个成熟阶段，才能成为世界性的"后西方社会学"的组成部分。

中国的社会学家，一直在努力构建中国社会学的理论和体系。这种努力，从老一辈中国社会学家就开始了，有时表现为探讨中国社会结构、社会关系、社会规则等的独特性，有时则表现为探讨这种特殊性所蕴含的普遍性。

我和清华大学李强教授、北京大学马戎教授共同主编的《社会学与中国社会》（社会科学文献出版社，2008），也是这种努力之一，就是要撰写一本体系化的基于中国经验和中国事实的社会学教科书。本书的导论"社会学与中国经验"和第一编"西学东渐与中国社会学的产生"（第一章、第二章、第三章），就是选自我为《社会学与中国社会》撰写的导论和第一章。

本书的第二编"20世纪上半叶中国社会学"的第四章、第五章、第六章、第七章、第八章，则选自我与渠敬东教授、杨雅彬教授共同主编的《中国社会学经典导读（上下册）》（社会科学文献出版社，2009）的导论，这篇导论原名为"20世纪上半叶中国社会学学术史"，是我与渠敬东教授合写的，我感谢渠敬东教授同意我把这个导论收入本书，以便保留导论的全貌。这个导论也曾被译为法文单独发表。当时编撰《中国社会学经典导读（上下册）》，也是一种构建中国社会学学科体系的努力，是为了纠正一种偏向，即中国的大学里，通常只有西方社会思想史的课程，而没有中国社会学思想史的课程，有的中国社会学史的课程，往往是学科发展史，而不是学术思想史。研究中国社会学思想史必须以读原著为基础，并能有一条学术发展的逻辑线索，这就是我们当时努力的方向。

本书第三编"传统中国的百年巨变"的第九章"中国传统社会的基本特征"和第十章"百年中国变革"，选自我为陆学艺教授主编的《社会学（中高级读本）》（知识出版社，1991）撰写的第七章"社会结构"的部分内容。第十一章"改革和发展的中国经验"，原发表在《甘肃社会科学》2010年第4期，随后《新华文摘》2010年第20期全文转载。

本书第四编"当代中国社会变迁"的第十二章"社会结构变动与和谐稳定"、第十三章"民生建设和社会建设"、第十四章"城市化与中国新成长阶段"、第十五章"走向更加注重生活质量的阶段"、第十六章"当代中国阶级阶层结构变动",选自我为一个连续性大型全国社会调查报告系列丛书写的导论、第一章或总报告。从 2006 年开始,我主持开展"中国社会状况综合调查"(CSS),每两年进行一次,每次调查都以不同的专题撰写出版研究报告。第十二章"社会结构变动与和谐稳定"是李培林、陈光金、张翼、李炜著的《中国社会和谐稳定报告》(社会科学文献出版社,2008)的第一章,第十三章"民生建设和社会建设"是李培林等著的《当代中国民生》(社会科学文献出版社,2010)的导论,第十四章"城市化与中国新成长阶段"是李培林等著的《当代中国城市化及其影响》(社会科学文献出版社,2013)的第一章,第十五章"走向更加注重生活质量的阶段"是李培林等著的《当代中国生活质量》(社会科学文献出版社,2016)的导论,第十六章"当代中国阶级阶层结构变动"是李培林等著的《当代中国阶级阶层变动》(社会科学文献出版社,2018)的总报告。

我从 1992 年开始参与并随后主持"中国社会形势分析与预测"连续性课题,至今已经快 30 年,是我参与的持续时间最长的课题,也很少有课题持续时间如此之长。本书的附录"中国社会形势分析 25 年记述"是我为我主编的《中国社会形势研究 25 年》(社会科学文献出版社,2017)一书撰写的一个总结式的开篇。

我收录编辑这些旧作,既是为了记述过去的学术生涯,也是为新的努力开篇。

是为后记。

2020 年 10 月中秋于北京

图书在版编目（CIP）数据

社会学与中国社会巨变 / 李培林著. -- 北京：社
会科学文献出版社，2020.11（2021.6 重印）
　ISBN 978 - 7 - 5201 - 7387 - 2

　Ⅰ.①社…　Ⅱ.①李…　Ⅲ.①社会变迁 - 研究 - 中国
Ⅳ.①D668

　中国版本图书馆 CIP 数据核字（2020）第 186828 号

社会学与中国社会巨变

著　　者 / 李培林

出 版 人 / 王利民
责任编辑 / 童根兴

出　　版 / 社会科学文献出版社·群学出版分社（010）59366453
　　　　　　地址：北京市北三环中路甲 29 号院华龙大厦　邮编：100029
　　　　　　网址：www.ssap.com.cn
发　　行 / 市场营销中心（010）59367081　59367083
印　　装 / 三河市东方印刷有限公司

规　　格 / 开　本：889mm × 1194mm　1/32
　　　　　　印　张：13.125　字　数：289 千字
版　　次 / 2020 年 11 月第 1 版　2021 年 6 月第 2 次印刷
书　　号 / ISBN 978 - 7 - 5201 - 7387 - 2
定　　价 / 88.00 元